DENIS MUKWEGE

MIT BERTHIL ÅKERLUND

MEINE STIMME FÜR DAS LEBEN

DENIS MUKWEGE
MIT BERTHIL ÅKERLUND

MEINE STIMME FÜR DAS LEBEN

Die Autobiografie

Friedensnobelpreis 2018

BRUNNEN
Verlag GmbH · Giessen

Aus dem Französischen von
Ulrich Probst und Heide Müller

Translated from the French language: PLAIDOYER POUR LA VIE
First published by: L'Archipel

MIX
Papier aus verantwortungsvollen Quellen
FSC® C014496

Lektorat: Konstanze von der Pahlen
Umschlagfoto: Jean Chung, Getty Images
Foto vordere Innenklappe: Torleif Svensson
Umschlaggestaltung: Daniela Sprenger
Satz: DTP Brunnen
ISBN Buch: 978-3-7655-0704-5
ISBN E-Book: 978-3-7655-7532-7

www.brunnen-verlag.de

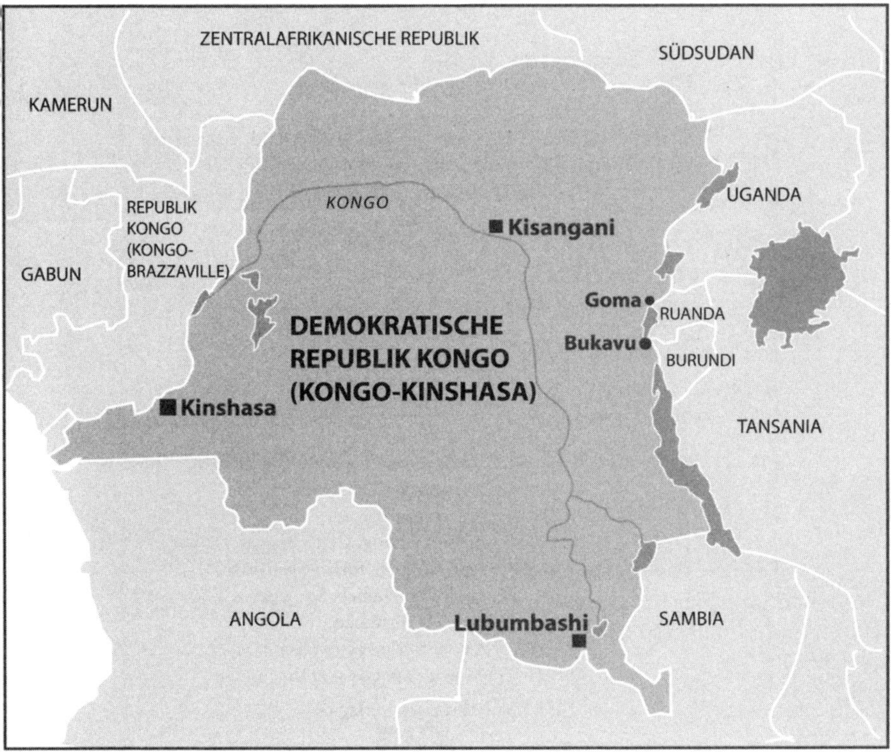
ZENTRALAFRIKANISCHE REPUBLIK
SÜDSUDAN
KAMERUN
UGANDA
REPUBLIK
KONGO
(KONGO-
BRAZZAVILLE)
KONGO
Kisangani
GABUN
Goma
RUANDA
DEMOKRATISCHE
REPUBLIK KONGO
(KONGO-KINSHASA)
Bukavu
BURUNDI
Kinshasa
TANSANIA
ANGOLA
Lubumbashi
SAMBIA

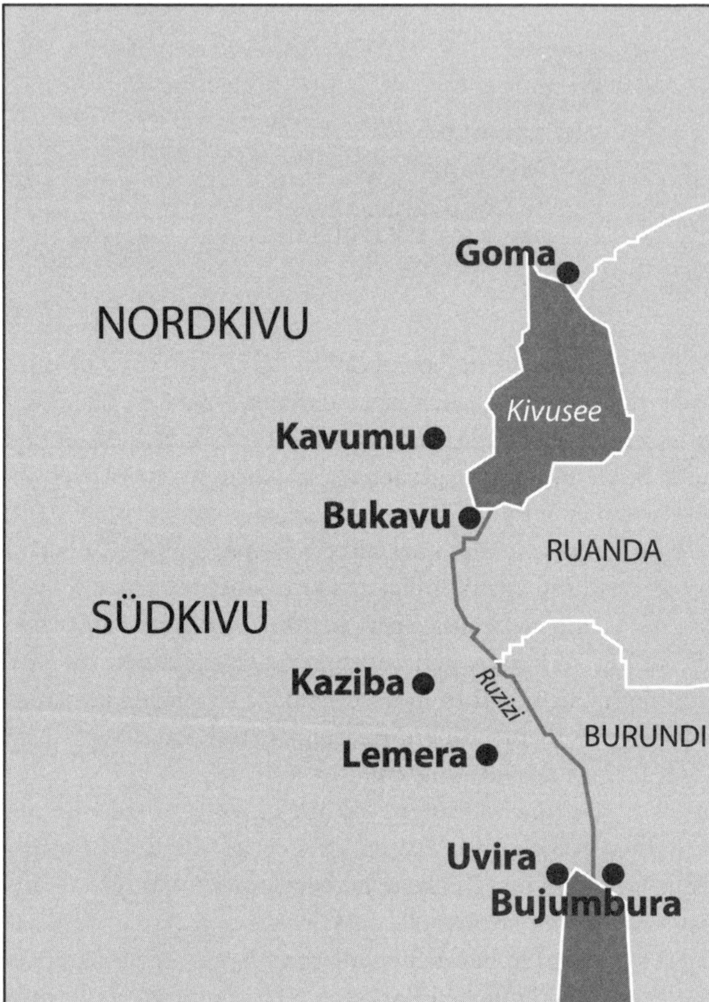
Goma
NORDKIVU
Kivusee
Kavumu
Bukavu
RUANDA
SÜDKIVU
Kaziba
Ruzizi
Lemera
BURUNDI
Uvira
Bujumbura

PROLOG

Es geschah am frühen Abend des 25. Oktober 2012 bei Einbruch der Dunkelheit. Ich hielt mit dem Wagen vor dem Tor zu unserem Gehöft. Damals wohnten wir im Nordosten der Stadt Bukavu. Ich war gerade für zwanzig Minuten weg gewesen, um eine Kleinigkeit zu erledigen.

Ich drückte zweimal kurz auf die Hupe, um dem Wächter meine Ankunft anzukündigen. Doch statt des Tors öffnete sich die kleine Nebentür einen Spaltbreit und der Kopf eines Mannes lugte heraus. Ich hatte ihn noch nie zuvor gesehen und fragte mich, was er in unserem Hof zu suchen hatte.

Er sah in meine Richtung, dann verschwand sein Kopf wieder. Kurz darauf ging das Tor auf und ich erspähte die Umrisse von fünf Männern, die auf mein Auto zuliefen. Innerhalb von Sekunden hatten sie sich zu mir ins Auto gedrängt, vier auf den Rücksitz und einer auf den Beifahrersitz. Das Ganze ging so schnell, dass ich keine Zeit hatte zu reagieren. Sie waren bewaffnet, aber mir war schnell klar, dass dies keine gewöhnlichen Banditen sein konnten. Sie wirkten diszipliniert und schienen genau zu wissen, was sie zu tun hatten. Wortlos, nur durch Gesten gaben sie mir zu verstehen, dass ich das Auto in den Hof fahren sollte.

Das Wohnhaus lag jetzt genau vor uns. Eine Flucht schien ausgeschlossen und in meiner Panik schoss mir der Gedanke durch den Kopf, mich selbst zu töten und sie mit in den Tod zu reißen. Der Abstand zwischen dem Tor und dem Haus schien mir groß genug, um dem Aufprall genügend Wucht zu verleihen. Ich drückte das Gaspedal durch und der Motor heulte auf. In diesem Moment verlor der Mann neben mir seine Selbstbeherrschung. Er riss meine Hand vom Steuer und zwang mich, das Auto zum Stehen zu bringen. „Willst du uns alle umbringen?“, herrschte er mich an.

Das waren die einzigen Worte, die ich von ihm hören sollte, aber sie genügten, um mich zum Nachdenken zu bringen. Seine Reaktion ließ ihn auf einmal wie einen ganz normalen Menschen erscheinen und ich fragte mich, ob ich die Situation falsch eingeschätzt hatte. Vielleicht waren diese Männer gar nicht gekommen, um mich umzubringen, sondern wollten lediglich mein Auto stehlen.

Einer meiner Kollegen hatte vor Kurzem ein seltsames Erlebnis gehabt. Er lebte zwar nicht in Bukavu, sondern 200 Kilometer nördlich von uns in Goma, aber er war – genauso wie ich jetzt – von unbekannten Männern angegriffen worden. Sie hatten ihn gezwungen, aus dem Auto zu steigen, dann hatten sie ihm die Hände auf dem Rücken gefesselt und ihn wieder ins Auto gestoßen. Einer der Angreifer hatte sich ans Steuer gesetzt und sie waren zu einer längeren Fahrt aufgebrochen. Sie schienen kein bestimmtes Ziel zu haben, sondern fuhren einfach aufs Geratewohl drei Stunden lang durch die Gegend. Dann erhielten sie einen Anruf mit dem Befehl, ihn laufen zu lassen. Sie beendeten ihren gemeinsamen „Ausflug“, indem sie ihn auf einen Friedhof warfen. Mein Kollege war zwar erschöpft, aber ansonsten unverletzt. Der Sinn der ganzen Unternehmung hat sich ihm bis heute nicht erschlossen. Sein Auto hat er nie wiedergesehen.

An diese Geschichte erinnerte ich mich in dem Moment, als wir auf die Mauer zurasten. War ich dabei, mich umzubringen und fünf andere Menschen mit in den Tod zu reißen, nur um einen einfachen Autodiebstahl zu verhindern? Blitzartig trat ich mit voller Kraft auf die Bremse und brachte den Wagen einen knappen Meter vor der Hauswand zum Stehen. Ich wollte gerade aussteigen, um meinen Angreifern das Auto zu überlassen, als mein Beifahrer mir den Zündschlüssel entriss und zwei seiner Komplizen ihre Waffen auf mich richteten: Eine Pistole zielte auf mein Genick, eine Maschinenpistole auf meine Schläfe. Dann drehte mir der Pistolenmann den Arm auf den Rücken und zwang mich, aus dem Auto zu steigen. Sein Kollege mit der Maschinenpistole postierte sich neben mir.

In diesem Moment war mir klar, dass es sich hier nicht um einfache Autodiebe handelte. Was nun? Vielleicht konnte ich mich an ihnen vorbei ins Haus flüchten? Es war offensichtlich meine einzige Rückzugsmöglichkeit. Doch kaum hatte ich eine Bewegung in Richtung Haus angedeutet, stellte sich mir der Mann mit der Maschinenpistole in den Weg. Wir standen einander direkt gegenüber und er hielt seine Waffe nur wenige Zentimeter von meinem Körper entfernt. Sein Finger ruhte auf dem Abzug. Sein Blick und seine Körperhaltung ließen erkennen, dass er bereit war zu schießen. Er würde seinen Auftrag zu Ende bringen und mich vor meinem eigenen Haus niederstrecken.

Ich war überzeugt, dass mein letztes Stündchen geschlagen hatte. Doch in diesem Moment hörte ich laute Schreie. Jemand brüllte aus Leibeskräften. Es war Joseph Bizimana, genannt Jeff, unser Mann für alles. Er kam auf einmal hinter dem Haus hervorgerannt und warf sich mit emporgestreckten Armen auf meinen Angreifer.

Es war das Letzte, was er in dieser Welt tun sollte. Jedes Mal, wenn ich an diese Situation denke, überkommt mich ein tiefer Schmerz. Der Angreifer drehte sich zu ihm und gab zwei Schüsse ab. Joseph wurde direkt ins Gesicht getroffen. Ich war so schockiert, dass ich zusammenbrach. Ein dritter Schuss – diesmal in den Rücken – tötete Jeff endgültig. Allerdings bekam ich das gar nicht mehr mit. Ich war bereits ohnmächtig.

An das, was folgte, kann ich mich nicht mehr erinnern. Ich muss wohl einige Minuten bewusstlos im Hof gelegen haben. Als ich wieder zu mir kam, stand ich so unter Schock, dass ich nicht verstand, was geschehen war. Mühsam stand ich auf und schleppte mich zum Haus. Meine beiden Töchter Lisa und Denise öffneten mir die Tür. Sie waren ebenfalls völlig verstört. Nachdem die Schüsse gefallen waren, dachten sie, ich sei tot und sie hätten ihren Vater verloren – und nun erschien ich plötzlich an der Haustür. Ich war zwar völlig durcheinander, aber ansonsten hatte ich nicht einmal einen Kratzer abbekommen. Meine Töchter verstanden genauso wenig wie ich, was passiert war, und schrien nur: „Runter! Weg von der Tür! Du musst auf den Boden, sonst werden sie weiter auf dich schießen!“

Dieses Attentat ereignete sich am Tag nach meiner Rückkehr von einer einwöchigen Europareise. Ich hatte bei einer wichtigen Konferenz in Genf einen Vortrag gehalten und war anschließend nach Brüssel gereist. Dort war ein neues Buch über sexuelle Gewalt im Osten des Kongo vorgestellt worden, an dem ich mitgearbeitet hatte.

Der größte Teil meiner Fernreisen beginnt und endet am internationalen Flughafen von Bujumbura, wo mich mein Mitarbeiter Ngabo abholt. Wenn ich morgens oder im Lauf des Tages ankomme, fahren wir direkt zurück nach Bukavu. Diesmal jedoch war ich mit einem Tagflug aus Brüssel gekommen und um 20 Uhr gelandet. In einem solchen Fall reserviere ich normalerweise ein Hotelzimmer in Bujumbura, aber diesmal hatte ich aus Sicherheitsgründen auf eine Reservierung verzichtet. Niemand sollte wissen, dass ich die Absicht hatte, eine Nacht in Bujumbura zu verbringen. Es gab zwar keine konkreten Hinweise auf eine Bedrohung, aber ich hatte eine dunkle Vorahnung und wollte auf Nummer sicher gehen.

Leider gestaltete sich die Suche nach einem Zimmer an diesem Abend sehr schwierig. Alle Hotels waren ausgebucht. Ich dachte schon, mein Mitarbeiter, der inzwischen gekommen war, und ich müssten im Auto schlafen. Erst beim fünften Hotel gab es noch freie Zimmer. Inzwischen war es bereits nach 23 Uhr. Wir waren sehr hungrig und bestellten uns eine Mahlzeit aufs Zimmer. Während des Essens fiel plötzlich der Strom aus. Nur einen Augenblick später klopfte jemand an unsere Tür. Wir erwarteten keinen Besuch. Mein Mitarbeiter ging zur Tür und fragte, wer da sei. Keine Antwort. Auch als er seine Frage wiederholte, blieb alles still. Wir riefen die Rezeption an und baten um eine Erklärung, doch dort hatte niemand etwas Ungewöhnliches bemerkt. Alles sei in bester Ordnung, sagte man uns. Kein Grund zur Beunruhigung.

Einige Minuten später kam ein Mann zu uns und erklärte, er sei die Person gewesen, die in der Dunkelheit an unsere Tür geklopft habe. Er habe uns die Quittung für die bezahlte Hotelrechnung bringen wollen. Das erschien uns sehr merkwürdig, denn wir hatten noch gar nicht bezahlt.

In dieser Nacht fand ich keinen Schlaf mehr. Ich hatte gute Gründe, auf der Hut zu sein. Einen Monat zuvor hatte ich auf Einladung des britischen Außenministers William Hague eine Rede vor der UNO gehalten. Großbritannien sollte die G8-Präsidentschaft übernehmen und wollte das Thema „Sexuelle Gewalt“ auf die Tagesordnung bringen. Ich war wieder einmal als Experte zu diesem Thema gehört worden und hatte die Gelegenheit genutzt, auf die Ursachen für die Probleme in den Kivu-Provinzen hinzuweisen. Darüber hinaus hatte ich meine Gedanken in einem Buch veröffentlicht („L'homme qui répare les femmes", etwa: Der Mann, der die Frauen wiederherstellt). Ich war mir dessen bewusst, dass ich mit meinen Aussagen Kräfte herausgefordert hatte, die den Weg der Gewalt gewählt hatten und bereit waren, ihn bis zum Ende zu gehen. Ungefähr ein Jahr zuvor hatte man mich schon einmal bedroht. Damals war ich gezwungen gewesen nachzugeben. Hatte ich mit meinen offenen Worten die alten Dämonen wieder aufgeweckt?

Mit dem Auto dauert die Reise von Bujumbura nach Bukavu ungefähr zwei Stunden. Die Strecke ist 135 Kilometer lang und führt über zwei Landesgrenzen. Mein Mitarbeiter und ich hatten geplant, um 7 Uhr morgens loszufahren, verschoben die Abfahrt aber um eine Stunde. Wir hatten immer noch Angst und wollten warten, bis auf den Straßen mehr Verkehr herrschte. Schließlich brachen wir auf. Im letzten Abschnitt der Reise, die durch Ruanda führt, konnten wir zwischen zwei verschiedenen Strecken wählen. Wir nahmen die Route, die ich sonst nur selten benutze. Sollte ein Hinterhalt geplant sein, dann wäre er hoffentlich an der falschen Stelle.

Zurück in Bukavu brachte ich meine Ängste dadurch zum Schweigen, dass ich mich sofort in die Arbeit stürzte. Wir fuhren direkt zum Krankenhaus. Es war Donnerstag – Sprechstundentag – und zahlreiche Patienten warteten bereits vor der Tür. Gegen 15 Uhr rief mich meine Frau Madeleine an und bat mich, nach Hause zu kommen. Sie erinnerte mich daran, dass ich eine ganze Woche weg gewesen war und auch an meine Familie denken solle. „Ich bin so gut wie fertig", antwortete ich. „Gleich mache ich mich auf den Heimweg."

Eine halbe Stunde später verließ ich das Krankenhaus. Unterwegs schaute ich noch kurz bei meiner Mutter vorbei und fuhr dann nach Hause. Dort tauschte ich mich mit meiner

Frau aus und fragte meine Töchter nach den Neuigkeiten der letzten Woche. Das Innere unseres Hauses war frisch gestrichen worden, und da es noch stark nach Farbe roch, zog ich es vor, das Abendessen im Hof einzunehmen. Madeleine war damit beschäftigt, sich schön zu machen, denn sie war zur Hochzeitsfeier einer Freundin eingeladen.

Gegen halb sechs kam ein leitender Mitarbeiter der Krankenhausverwaltung vorbei. Er bereitete sich auf eine Reise vor und wollte vorher noch einige Dinge abklären. Er setzte sich zu mir in den Hof und wir besprachen seine Anliegen. Als wir fertig waren, sagte Madeleine, sie müsse jetzt gehen, und da der Mitarbeiter auch zur Hochzeit eingeladen war, machten sie sich gemeinsam auf den Weg.

Wenige Minuten später klopften zwei Frauen an unser Tor, eine Mutter mit ihrer Tochter, und baten um eine Unterredung. Es kommt immer wieder vor, dass Patienten mich zu Hause aufsuchen. Wenn es mir möglich ist, nehme ich mir Zeit für sie. Es wurde bereits dunkel und die Luft kühlte ab, deshalb schlug ich vor, ins Haus zu gehen. Nach fünfzehn Minuten Konsultation bat ich sie, sich auf den Heimweg zu machen. Ich war sehr müde, denn ich hatte die Nacht zuvor nicht geschlafen und musste mich dringend ausruhen. Die Ältere zeigte mir ihren Fuß, der stark angeschwollen war, und sagte, das Gehen falle ihr schwer. Ob ich sie und ihre Tochter zum Molamba-Platz fahren könne; von dort aus würden sie ein Taxi oder einen Bus nehmen. Die Fahrt würde nur ein paar Minuten in Anspruch nehmen, denn der Molamba-Platz liegt nur ein oder zwei Kilometer entfernt. Also stiegen wir ins Auto und fuhren los.

Während dieser kurzen Abwesenheit kamen die fünf Angreifer zu unserem Gehöft. Vermutlich kletterte einer über die Mauer und machte den anderen die Tür auf. Dann trennten sie sich. Zwei von ihnen gingen ins Haus, wo sich meine

Töchter mit einer Freundin gerade etwas zum Abendessen machen wollten. Die beiden Bewaffneten befahlen den Mädchen, sich auf den Boden zu setzen, und nahmen ihnen die Handys ab. Sollten die Mädchen versuchen, um Hilfe zu rufen oder sonstwie auf sich aufmerksam zu machen, würde man sie sofort erschießen. Blieben sie dagegen ruhig, würde ihnen nichts passieren.

Die beiden Angreifer setzten sich schweigend aufs Sofa und beobachteten die Mädchen. Einer hatte seine Maschinenpistole auf dem Schoß liegen. Die Männer konnten nicht wissen, wie lange ich weg sein würde, ließen jedoch keinerlei Anzeichen von Stress oder Nervosität erkennen. In aller Ruhe warteten sie auf meine Rückkehr.

Wie viele andere Familien im Kongo haben wir einige Angestellte. Während meiner Abwesenheit waren meine Mädchen also nicht allein. Joseph, unser Nachtwächter und zwei Freunde der beiden befanden sich ebenfalls auf unserem Gehöft. Als ich wegfuhr, unterhielten sich die vier im kleinen Wachhäuschen neben dem Tor. Während die ersten beiden Angreifer ins Haus eindrangen und meine Töchter und ihre Freundin bedrohten, fesselten die anderen drei unsere Angestellten und ihre Freunde und hielten sie mit ihren Waffen in Schach. Als ich vor dem Tor hupte, verließen die Angreifer das Wohnzimmer und das Wachhäuschen, öffneten das Tor und stürzten sich auf meinen Wagen. Währenddessen konnte Joseph sich befreien und heimlich das Wachhäuschen verlassen.

In dem Moment, als ich vor dem Wagen stand und mein Angreifer mit der Maschinenpistole auf mich zielte, rannte Joseph hinter das Haus und begann zu schreien, um die Nachbarn zu alarmieren. Dann lief er wieder nach vorne und warf sich auf meinen Angreifer, um ihn niederzuringen. Es sollte ihn das Leben kosten.

Nachdem die Angreifer mit meinem Auto geflohen waren,

nahm meine jüngere Tochter mich an der Hand, führte mich in ihr Zimmer und half mir, mich hinzulegen. Ich schwitzte, zitterte und verstand nicht im Geringsten, was mir soeben widerfahren war. In meinem Kopf ging alles durcheinander. „Ruh dich aus", sagte meine Tochter. Schließlich schlief ich ein.

Als ich Stimmen im Hof hörte, wachte ich wieder auf. Jemand erwähnte Josephs Namen. Wie in einem Film sah ich die Szenen, die ich erlebt hatte, in kurzen Sequenzen vor meinem inneren Auge ablaufen. Ich fuhr auf und konnte nur an Joseph denken. Ich musste hinaus in den Hof und sehen, wie es ihm ging. Bestimmt war er ernsthaft verletzt, aber dass er tot sein sollte, das konnte ich mir nicht vorstellen. Vielleicht war noch ein Fünkchen Leben in ihm. Vielleicht konnte man ihn noch retten. Ich hatte derartige Situationen im Krankenhaus schon öfter erlebt. Einmal lag eine Frau auf meinem Operationstisch, die so schwer verletzt war, dass alle sie aufgegeben hatten. Obwohl ich mit ihrem Tod rechnete, operierte ich sie – das ist meine ärztliche Pflicht. Und siehe da: Das Leben weigerte sich, sie zu verlassen, und sie erholte sich wieder. Ich habe daraus gelernt, dass es nie zu spät ist zu helfen.

Ich verließ Denises Zimmer, doch als ich die Haustür öffnen wollte, traten meine Töchter mir weinend in den Weg und baten mich, nicht hinauszugehen. „Sie werden dich töten", klagten sie, doch ich ließ mich nicht aufhalten. Draußen sah ich meinen Schwager. Er wohnt zusammen mit meiner Schwiegermutter im Nachbarhaus und war gekommen, als er Josephs Schreie und die Schüsse gehört hatte.

„Sie haben Jeff getötet", sagte er mit leiser Stimme, „sie haben Jeff getötet." Ich drehte mich um und sah Joseph auf der Erde liegen. Er lag auf der Seite und blutete aus dem Rücken. Mir wurde klar, dass er von einer dritten Kugel getroffen worden war, die ich nicht mehr mitbekommen hatte.

Es muss um diese Zeit gewesen sein, als meine Frau Madeleine mitten in der Trauzeremonie einen rätselhaften Anruf bekam. Eine unbekannte Stimme sagte zu ihr: „Du solltest nach Hause gehen. Es gibt dort Probleme." Madeleine befürchtete, dass ein Feuer ausgebrochen war, und machte sich sofort auf den Weg. Bis heute weiß sie nicht, wer sie damals angerufen hat.

Meine Frau war schon fast zu Hause, als sie am Straßenrand eine Bekannte entdeckte. Sie hielt das Auto an und fragte, ob sie wisse, was passiert sei, bekam aber keine Antwort. Auch bei der zweiten Nachfrage erntete sie nur Schweigen. Inzwischen hatte sich eine kleine Gruppe um die beiden geschart und die Leute ließen hier und da ein paar Andeutungen fallen. Jemand sagte: „Bei dir zu Hause wurde jemand ermordet." Madeleine fing an zu weinen und bat um weitere Einzelheiten. „Ist es mein Mann?", schluchzte sie. Wieder entstand eine peinliche Stille. Schließlich legte sie den Gang ein und fuhr weiter.

Als sie zu Hause ankam, stand das Tor zu unserem Hof weit offen und Soldaten der UNO patrouillierten vor dem Haus. Jetzt war Madeleine vollends überzeugt, dass man mich ermordet hatte, und fing laut an zu klagen, wie das in der afrikanischen Kultur üblich ist. Man kann sich ihre Überraschung vorstellen, als sie das Haus betrat und mich im Wohnzimmer auf dem Sofa sitzen sah. Sie warf sich mir in die Arme und weinte: „Ich habe geglaubt, du seist tot."

Wer waren die Männer, die uns angegriffen hatten – oder vielmehr: Wer hatte sie geschickt? Natürlich gibt es Verdächtige; ich habe verschiedene Möglichkeiten in Betracht gezogen, aber erfahren werde ich es wohl nie. Auf jeden Fall weiß ich, dass sich meine Angreifer sehr sicher fühlten. Es war, als wüssten sie, dass man sie beschützen würde.

Unser Haus liegt in einer gut bewachten Umgebung. Bis zur Basis der UN-Friedenstruppen sind es nur 50 Meter. Die nächste Polizeiwache ist 200 Meter entfernt und nicht weit von unserem Haus befindet sich ein gut besuchtes Gartenrestaurant. Für unsere Angreifer war das Risiko, entdeckt zu werden, sehr hoch, besonders als sie vor der Mauer standen. Jemand hätte sich fragen können, was sie dort zu suchen hatten, insbesondere da einer von ihnen mit einer Maschinenpistole bewaffnet war. Jeden Moment hätte ein offizielles Fahrzeug vorbeifahren können. Man hätte sie beim Überklettern der Mauer beobachten und Alarm schlagen können.

Hatte sie jemand direkt vor unserem Haus abgesetzt? Hatten sie einen Moment lang die Straße gesperrt, um ungestört in unser Gehöft zu gelangen? Ähnliche Fragen stellen sich in Bezug auf ihre Flucht. Als sie mit meinem Auto aus dem Hof fuhren, haben sie da einfach den Rückwärtsgang eingelegt und sind mit voller Geschwindigkeit auf die Straße gefahren, obwohl sie mit einem anderen Fahrzeug hätten zusammenstoßen können? Hatten sie Komplizen, die die Straße sperrten, sodass gar kein anderes Auto hätte vorbeifahren können?

Die Angreifer waren nicht maskiert. Ich habe sie gesehen, wenn auch nur kurz. Meine Töchter mussten sogar längere Zeit vor zwei Bandenmitgliedern sitzen bleiben. Diese Momente des Schreckens werden für immer in ihr Gedächtnis eingegraben bleiben, und damit auch die Gesichter ihrer Angreifer. Ich glaube kaum, dass sie aus unserer Gegend stammten. Vielleicht aus einem anderen Teil des Kongo oder aus einem Nachbarland. Sie unterhielten sich auf Suaheli, einer der Sprachen, die man im Ostkongo spricht. Aber das muss nicht bedeuten, dass Suaheli ihre Muttersprache ist. Sie haben nur wenige Worte gewechselt – wohl damit man nicht heraushören konnte, woher sie stammten.

Man hat ihre Spur wenige Kilometer von unserem Haus entfernt verloren. Sie haben mein Auto stehen gelassen und ein anderes gestohlen, mit dem sie ihre Flucht fortgesetzt haben. Einer meiner Töchter hatten sie das Handy abgenommen, und als meine Cousine dort anrief, nahm tatsächlich einer der Männer ab. „Das Blut, das ihr vergossen habt, werdet ihr niemals abwaschen können“, schnaubte meine Cousine. „Eure Untat wird euch für immer verfolgen.“ Die einzige Antwort war ein langes höhnisches Lachen.

Nur wenige Minuten nach dem Attentat war die Polizei bei uns. Ich hatte erwartet, dass sie das Viertel abriegeln und die Einwohner befragen würden. Aber nichts dergleichen geschah. Den ganzen Abend gab es keine einzige Vernehmung. Wir fragten uns, warum die Polizisten überhaupt gekommen waren. Und warum waren die Soldaten der UNO erst mit so viel Verspätung eingetroffen? Sie mussten die Schüsse doch gehört haben – schließlich befindet sich ihr Hauptquartier nur wenige Meter von unserem Haus entfernt. Trotzdem hat es sehr lange gedauert, bis sie kamen. Es ist ihre Aufgabe, die Bevölkerung zu schützen. Die Tatsache, dass sie praktisch unsere Nachbarn sind, hatte uns immer ein Gefühl der Sicherheit gegeben. Aber ihre verspätete Reaktion zeigte uns, dass es niemand gab, der uns verteidigen wollte.

Was sollten wir nun tun? Sollten wir in Bukavu bleiben? Sollten wir umziehen? Meine erste Reaktion war, mich nicht vom Fleck zu rühren, denn wegzugehen wäre einer Kapitulation vor den Hintermännern des Attentats gleichgekommen. Trotz der Passivität der Polizei war ich zuversichtlich, dass die Staatsanwaltschaft nach den Angreifern fahnden würde. Ich rechnete damit, am nächsten Tag Besuch von einem Staatsanwalt zu bekommen, der die Ermittlungen einleiten sollte. Aber niemand kam. Da wurde mir klar, dass wir nicht in Bukavu bleiben konnten. Man würde nicht nach den Tätern suchen und das Risiko eines erneuten Anschlags war zu groß.

Unsere ganze Familie stand unter Schock und trauerte um

Joseph. Wir konnten uns kaum an den Gedanken gewöhnen, dass er nicht mehr da war. Er hatte über zwanzig Jahre lang für uns gearbeitet und gehörte zur Familie. Es war mir bewusst, dass er sein Leben für mich geopfert hatte, und ich litt darunter. Hätte er nicht so einen Radau im Hof gemacht und die Aufmerksamkeit der Attentäter auf sich gezogen, wäre die Sache für mich anders ausgegangen.

Man kann sich fragen, ob die Männer mich gar nicht töten, sondern lediglich einschüchtern wollten – warum sonst hätten sie mich am Leben lassen sollen? Ich kann mir nicht vorstellen, dass man auf so kurze Entfernung sein Ziel verfehlt, besonders wenn der Schütze ein kampferprobter Killer ist. Trotzdem ordne ich die Ereignisse dieses Abends anders ein. Die Körpersprache des Mannes, der Joseph getötet hat, verriet, dass er nicht gekommen war, um mir nur ein wenig Angst einzujagen. Sein Ziel war vielmehr gewesen, mich für immer zum Schweigen zu bringen.

Ich vermute, dass die Kugeln, die für mich bestimmt waren, über mich hinwegflogen, als ich ohnmächtig zusammenbrach, und dass der Angreifer, als er meinen leblosen Körper sah, dachte, er habe mich getroffen. Dazu kam, dass unser Hof im Halbdunkel lag und sich das Ganze in einem engen Korridor zwischen Auto und Hauswand abspielte. Wie dem auch sei – für mich ist es ein Wunder, dass ich noch am Leben bin.

Übrigens nicht das erste. Ich bin schon öfter aus derartigen Situationen wieder herausgekommen. In meinem Leben gab es viele kritische Momente, die sich auf überraschende Weise gelöst haben. Eine knappe Woche nach meiner Geburt bekam ich eine schwere Infektion. Meine Mutter hatte mich schon aufgegeben und wartete darauf, dass ich in ihren Armen starb. Aber das Schicksal wollte, dass uns eine mutige Person begegnete und mich durch ihr energisches Eingreifen rettete.

Meine Mutter hat immer gesagt, dass seit diesem Moment mein Lebensweg vorgezeichnet war: Ich würde mein Leben dafür einsetzen, anderen zu helfen, denn ich selbst war durch die Hilfe einer anderen Person gerettet worden.

Ich denke auch an ein Erlebnis aus dem Jahr 2004. Es war später Nachmittag und ich war gerade in meiner Privatpraxis angekommen, die ich zusätzlich zu meinem Dienst im Krankenhaus betrieb. Ich wollte gerade meine Arbeit aufnehmen, als ein Freund anrief und mich bat, ihn zu besuchen. Er war nur auf der Durchreise in Bukavu und plante, am nächsten Morgen nach London zu fliegen. Er wollte mich unbedingt sehen und bestand darauf, dass ich sofort zu ihm kommen müsse. Ich antwortete, dass das unmöglich sei und ich meine Patienten jetzt nicht im Stich lassen könne. Aber er gab nicht auf. Er erklärte mir, er brauche nur eine halbe Stunde von mir, dann könne ich wieder zu meinen Patienten zurück. Schließlich stimmte ich widerwillig zu und informierte die Wartenden, dass ich in einer halben Stunde zurück sei.

In diesem Moment hatte ich keine Ahnung davon, was als Nächstes geschehen würde. Kaum hatte ich das Haus verlassen, nahmen ein oder mehrere Scharfschützen meine Praxis unter Feuer. Sie befindet sich in einem Gebäude mit weiteren Arztpraxen. Der oder die Schützen müssen vom Dach eines Nachbarhauses aus geschossen haben. Bei meiner Rückkehr waren alle in Panik. Eine Schwester kam mit ausgebreiteten Armen auf mich zugerannt, um mir den Weg zu versperren, und rief: „Man schießt auf Ihre Praxis! Gehen Sie weg! Laufen Sie, so schnell sie können!“

Als ich später in die Praxis zurückkehrte, stand ich lange Zeit vor den Einschusslöchern in der Wand meines Arztzimmers. Die Schützen hatten genau den Platz anvisiert, an dem ich normalerweise saß. Die Schüsse waren aus zwei verschiedenen Richtungen gekommen: durch das Fenster links von meinem Schreibtisch und durch das Fenster, das ihm gegenüberlag. Wie sollte ich meinem Freund aus London danken? Ohne seine Beharrlichkeit wäre ich nicht mehr am Leben.

Dieser Anschlag ereignete sich zu einem Zeitpunkt, als die sexuelle Gewalt in der Region wieder drastisch zunahm. Das lag vor allem daran, dass Bukavu seit über einer Woche von einer Rebellentruppe besetzt war. Zwei ehemalige Offiziere der kongolesischen Armee waren desertiert und hatten mit ihren Truppen die Stadt eingenommen. Es kam zu Gewalttaten von unvorstellbarer Brutalität.

Als der Angriff der Rebellen begann, saß ich gerade im Büro des International Rescue Committees (IRC) in einem Meeting. Alle Fluchtwege waren abgeschnitten und wir saßen in der Falle, ohne Nahrung und Trinkwasser und ohne jede Möglichkeit, mit der Außenwelt Kontakt aufzunehmen.

Nach drei Tagen gelang es uns, einen Hilferuf an die in der Nähe stationierten UN-Truppen abzusetzen. Kurz darauf kam eine Gruppe Blauhelme mit einem gepanzerten Fahrzeug und befreite uns aus unserer misslichen Lage. Für mich als Arzt war es befremdlich, in einem Panzerwagen zu sitzen, aber ich hatte keine Wahl. Wir fuhren durch eine verwüstete Stadt, die am Rande einer humanitären Katastrophe stand. Als wir das Lager der UN-Truppen erreichten, begriff ich den Ernst der Lage. Unzählige Zivilpersonen hatten dort Schutz gesucht, darunter viele Frauen mit einer verstümmelten Vagina. Ich blieb dort, um sie zu behandeln. Im Lager gab es mehrere Ärzte und die kleine Krankenstation wurde rasch zum Anlaufpunkt für die vielen Verletzten.

Jeden Tag kamen neue Frauen an. Der Druck war enorm. Wir arbeiteten in Schichten und operierten rund um die Uhr. Als die Belagerung aufgehoben wurde, konnten wir einige Patientinnen ins städtische Krankenhaus verlegen, aber dessen Kapazitäten reichten bei Weitem nicht aus. Gemeinsam mit den Ärzten der Hilfsorganisation „Malteser International" eröffneten wir ein Notkrankenhaus in der Stadt.

Am Ende des Jahres 2004 zogen wir Bilanz: Unser Krankenhaus hatte – teils allein und teils in Zusammenarbeit mit anderen Einrichtungen – 2500 Frauen behandelt, die Opfer sexueller Gewalt geworden waren. Zum Vergleich: Im Vorjahr hatte es etwas mehr als 1000 ähnliche Fälle gegeben.

Am Abend des 27. Oktober 2012, sechsunddreißig Stunden nach dem Attentatversuch in unserem Hof, war ich mit meiner Familie auf dem Weg zum Flughafen im Norden von Bukavu. Unser Konvoi wurde zum Schutz von Soldaten der UNO begleitet. Die Schwedische Pfingstmission bezahlte die Evakuierung. Wir würden nicht nur unsere Stadt verlassen, sondern auch unser Land.

Verständlicherweise ging es mir nicht besonders gut. Ich hatte zwei Nächte lang nicht geschlafen und war voll Trauer über Josephs Tod. Ein derartig schreckliches Erlebnis weckt für gewöhnlich die Erinnerung an andere schlimme Erfahrungen in der Vergangenheit. Ich fühlte mich zweieinhalb Jahre zurückversetzt in eine Zeit, in der wir einen ähnlichen Albtraum durchlebt hatten. Damals waren ein Junge und ein Mädchen getötet worden, die für uns wie unsere eigenen Enkel gewesen waren. Die beiden waren zehn und elf Jahre alt gewesen. Der Junge hatte meinen Vornamen getragen und das Mädchen den Vornamen unserer jüngeren Tochter. Ihr Vater war ein Verwandter, um den Madeleine und ich uns seit seiner frühesten Kindheit gekümmert hatten. Seine Kinder waren sein ganzer Stolz. Sie hatten seinem Leben einen Sinn gegeben und dank ihnen blickte er hoffnungsvoll in die Zukunft.

Aber dann geschah das Undenkbare: Als die Kinder mit ihrer Mutter unterwegs waren, wurden sie in der Nähe eines Militärstützpunkts von Soldaten angegriffen und getötet. Ich habe ihre Leichen im städtischen Krankenhaus von Bukavu gesehen: Der Junge war von einer Kugel ins Herz getroffen worden; seine Schwester hatte man mit der Machete erschlagen. Nach diesem entsetzlichen Doppelmord verlor ihr Vater jede Lebensfreude. Er wurde krank und starb zwei Jahre später.

Nun war auch Joseph tot. Ermordet in unserem Hof. Wie sollte man unter solchen Umständen nicht die Hoffnung für unsere Region verlieren? Ständig werden Unschuldige getötet. Es scheint unmöglich, die Kräfte des Bösen aufzuhalten. Und doch durfte ich nicht aufgeben, das war mir klar.

Wir wussten nicht, wie lange wir außer Landes sein würden. Vielleicht einige Monate lang? Man würde sehen. Den Kongo für immer zu verlassen war undenkbar. Hier war meine Arbeit, hier entfalteten sich die Projekte, die ich ins Leben gerufen hatte. Ich kannte die Nöte meines Landes und hätte es nicht ertragen, die Entwicklung einfach nur aus der Sicherheit und Bequemlichkeit eines westlichen Landes heraus zu beobachten. Ich sage oft: Das Einzige, was die Gewalt besiegen kann, ist die Liebe. Und noch mehr Liebe.

Wir brauchten etwas Zeit, um uns zu erholen und die Wunden heilen zu lassen, aber dann würden wir an den Platz zurückkommen, an den wir gestellt waren. Es konnte nicht anders sein.

Das Attentat ereignete sich ungefähr sechs Jahre nachdem ich zum ersten Mal vor der UNO gesprochen hatte. Diese Rede war in vielerlei Hinsicht ein entscheidendes Ereignis gewesen. Deshalb beginne ich den Bericht über mein Leben an dieser Stelle – mit der Einladung, im Dezember 2006 vor der Vollversammlung der Vereinten Nationen zu sprechen.

1

Die ganze Welt war vor mir versammelt. Ich fühlte mich wie im Traum. Ich legte meinen Text auf das Rednerpult und rückte meine Krawatte zurecht. Langsam ließ ich meinen Blick über die Versammlung schweifen. Die Schilder mit den Ländernamen der Delegierten funkelten im Scheinwerferlicht. Während ich beobachtete, wie die Botschafter ihre Kopfhörer aufsetzten, wurde mir die Bedeutung dieses Augenblicks bewusst. Ich sollte vor den Vereinten Nationen sprechen. Es war eine einzigartige Gelegenheit.

Seit Jahren versuchte ich mit allen Kräften, auf die schrecklichen Geschehnisse im Kongo aufmerksam zu machen. Ich schrieb Artikel, gab Interviews in Radio und Fernsehen, erzählte die Geschichten, die ich erlebt hatte, deckte die Hintergründe dieser Entwicklung auf und bat um Unterstützung. Aber das alles hatte keine greifbaren Ergebnisse gebracht. Die Gewalttaten gegen Frauen hatten nicht nachgelassen. Doch von jetzt an würde sich etwas ändern, davon war ich überzeugt. Die internationale Gemeinschaft hatte auf die Gräueltaten in Bosnien und in Liberia reagiert und dafür gesorgt, dass ihnen ein Ende gesetzt wurde. Warum sollte nicht auch eine Lösung für die Demokratische Republik Kongo gefunden werden?

Ich ging im Geist noch einmal meine Rede durch. Sie enthielt alle wichtigen Gedanken, die ich an die Delegierten der Vereinten Nationen weitergeben wollte. Jetzt war der Augenblick dazu gekommen. Doch als ich meine Lesebrille aufsetzen wollte, entdeckte ich etwas, das mich mitten in der Bewegung erstarren ließ: Die Vereinten Nationen waren vollzählig versammelt, die Botschafter aller Länder zusammengekommen – außer einem: Der Platz für mein Land, den Kongo, war leer.

Die Botschaft hätte klarer nicht sein können: Mein Land boykottierte mich.

Je länger ich den leeren Sitz anstarrte, desto stärker hielt mich dieser Gedanke in seinem Bann. Ich war drauf und dran, die Nerven zu verlieren. Schließlich gab ich mir einen Ruck, setzte die Brille auf und begann zu sprechen. Aber die Voraussetzungen für meine Rede hatten sich entscheidend geändert und ich sprach mindestens so sehr zu diesem leeren Stuhl wie zu all den Delegierten, die vor mir saßen.

Ich hielt diese Rede sechs Jahre nachdem ich das Panzi-Krankenhaus gegründet hatte. Hätte mir damals jemand gesagt, dass ich eines Tages vor den Vereinten Nationen auftreten würde, ich hätte ihn ausgelacht. Mit der Welt der Politiker und Diplomaten hatte ich nichts zu tun. Zwar war ich es als Laienpastor gewohnt, vor Menschen zu sprechen, aber es ist doch etwas anderes, vor einer kleinen Kirchengemeinde mit 500 Besuchern zu stehen als vor den UN-Delegierten von über 200 Ländern.

Ich hielt meine Ansprache auf Französisch, einer der sechs Amtssprachen der Vereinten Nationen, während sie simultan in die fünf anderen offiziellen Sprachen übersetzt wurde: Arabisch, Chinesisch, Englisch, Russisch und Spanisch. So konnten alle Anwesenden verstehen, was ich sagte. Sollte meine Botschaft sie nicht erreichen, dann läge es nicht daran, dass sie die Sprache nicht verstehen oder die Stimme des Redners nicht hören konnten.

Ich war als Zeuge geladen und sollte von dem berichten, was ich in der chirurgischen Abteilung des Panzi-Krankenhauses beobachtete. Es war kein Geheimnis, dass im Ostkongo systematisch Frauen vergewaltigt wurden. Schon im Jahr 2001 wurden die Übergriffe in einer Studie von Human Rights Watch zum ersten Mal dokumentiert. Trotzdem waren sie weitgehend unbeachtet geblieben. Im Gegensatz zu anderen Ereignissen erregte die Situation in meiner Heimatprovinz kaum Aufmerksamkeit. Damals waren die Augen der Weltgemeinschaft auf den Konflikt in Darfur und den Tsunami im Indischen Ozean gerichtet. Unbeachtet von der Öffentlichkeit versanken die Kivu-Provinzen in Barbarei. Scharenweise strömten die Frauen ins Krankenhaus von Bukavu.

Das Phänomen der sexuellen Gewalt ist nicht so offensichtlich wie Naturkatastrophen und bewaffnete Auseinandersetzungen. Sexuelle Gewalt wird zumeist im Geheimen ausgeübt, an entlegenen Orten und unter Ausschluss der Öffentlichkeit. Es gibt kaum Zeugen, und wenn, dann ziehen sie es vor zu schweigen oder sie verschwinden gleich ganz. Das Einzige, woran man das Ausmaß der Gewalt ablesen kann, sind ihre körperlichen Folgen. Wenig überraschend, dass sich diese vor allem in den Krankenhäusern zeigen. Dort bahnt sich die Wahrheit einen Weg ans Licht. Uns entging nicht, was sich um uns herum abspielte. Wir hatten Statistiken und Zeugen genug.

Ich hatte Himmel und Erde in Bewegung gesetzt, damit die Weltgemeinschaft wahrnahm, was sich bei uns ereignete. Meine Hoffnung war, dass der Druck der öffentlichen Meinung so stark werden würde, dass die Mächtigen handeln mussten. So wie es an anderen Orten geschehen war.

Aber die Reaktion der Welt ließ auf sich warten. Bei der UNO begann man sich bereits zu fragen, warum sich kaum jemand für das Drama interessierte, das sich im Kongo abspielte. Die führenden Diplomaten der UNO hofften, dass mein Auftritt vor der Vollversammlung die Situation zum Besseren wenden würde. Ich war nicht gekommen, weil ich so große Lust auf einen derartigen Auftritt hatte. Für mich war der Besuch in New York eine Aufgabe, die erledigt werden musste. Er stellte keine Sprosse auf meiner Karriereleiter dar und ich machte auch keine Werbung in eigener Sache. Es ging mir um die vielen Frauen im Ostkongo, die zu mir ins Krankenhaus gekommen waren, und um die noch größere Zahl derer, die das Krankenhaus nie betreten würden, sondern still unter ihrem unaussprechlichen Schicksal litten. Bisher war noch nie jemand für sie eingetreten. Es war höchste Zeit, damit anzufangen.

Die erste Operation im Panzi-Krankenhaus fand im September 1999 unter primitivsten Bedingungen statt. Wir standen erst ganz am Anfang unseres Projekts. Die Instrumente wurden in einem Schnellkochtopf über dem Feuer sterilisiert und als OP-Tücher kamen Einmalprodukte aus Schweden zum Einsatz. Die Patientin war eine ältere Frau mit einer schweren Schussverletzung. Sie war zu Hause von Soldaten angegriffen worden, die von draußen durch die Tür auf sie geschossen hatten. Eine Kugel hatte ihr linkes Bein durchschlagen und ihren Oberschenkel vier Mal gebrochen. Wir befürchteten, dass sie das Bein verlieren würde. Als ich noch einmal nachfragte, wie es zu dieser Verletzung gekommen sei, erzählte sie mir stockend die ganze Geschichte. Es fiel ihr sichtlich schwer, darüber zu sprechen. Sechs Soldaten hatten sie vergewaltigt und am Ende hatte einer von ihnen sein Gewehr genommen und in ihre Scheide geschossen.

Der Bericht dieser Frau traf mich mit seiner vollen, grausamen Wucht. Ich war bereits seit zehn Jahren als Gynäkologe tätig, aber so etwas hatte ich noch nie erlebt: eine Gruppenvergewaltigung, die damit endete, dass man das Opfer durch den Einsatz einer Waffe gezielt verstümmelte.

Was ich da gehört hatte, ließ mir keine Ruhe. In dieser Nacht fand ich keinen Schlaf. Ich wälzte mich von einer Seite auf die andere, bis Madeleine mich fragte, was eigentlich mit mir los sei. Aber wie sollte man eine derartige Entsetzlichkeit erklären? Wie kamen diese Soldaten dazu, das Leben einer unschuldigen und wehrlosen Frau mit voller Absicht für immer zu ruinieren?

Unsere Operation gelang. Wir konnten das Bein retten und die Frau wurde wieder vollständig gesund. Nie hätte ich mir träumen lassen, dass wir Zeugen eines Phänomens geworden waren, das gerade erst am Anfang stand und sich zu einer regelrechten Epidemie entwickeln würde. Nur dass es sich dabei nicht um einen Krankheitserreger handelte, sondern um brutalste Gewalt, die bewusst eingesetzt wurde, um Menschen zu zerstören. Offensichtlich befand sich der Ostkongo auf dem Weg in die Finsternis.

Bald darauf wurde das Krankenhaus von Patientinnen mit ähnlichen Verletzungen regelrecht überschwemmt. Sie kamen von überallher. Was war da los? Offensichtlich handelte es sich nicht um Einzelfälle. Systematisch zielten die Soldaten auf die Genitalregion ihrer Opfer und fügten ihnen schwerste, heftig blutende Wunden zu. Keiner von uns hatte jemals mit vergleichbaren Traumata zu tun gehabt. Wir versuchten, den Ursprung dieser nie gekannten Welle von Gewalt zu ergründen, aber wir fanden keine Erklärung.

Die Operationen führte ich gemeinsam mit einem Kollegen durch, der sich autodidaktisch zum Chirurgen fortgebildet hatte. An manchen Tagen arbeiteten wir ohne Pause von morgens bis abends. Unsere chirurgischen Handbücher waren uns keinerlei Hilfe, denn niemand hatte je solche Verletzungen operieren müssen. Wir mussten unsere eigenen Behandlungstechniken entwickeln, um diese Frauen, die innerlich buchstäblich zerrissen waren, wieder zusammenzunähen.

Und die Wunden waren nicht nur körperlicher Natur. Zu Beginn betrachtete ich es als meine Verantwortung, den Frauen auch durch einfühlsame Gespräche zu helfen. Aber viele ihrer Geschichten waren so schrecklich, dass sie mein Fassungsvermögen überstiegen. Sie gingen mir so nahe, dass ich mir nach einiger Zeit eingestehen musste, dass meine eigentliche Arbeit darunter litt.

Während ich diese Frauen operierte, fragte ich mich, welche Schrecken sie durchlitten hatten und wie ihre Zukunft aussehen würde. Wie würden ihre Verlobten oder Ehemänner reagieren? Würden sie ihre Frau verlassen? Was würden ihre Eltern und andere Verwandte sagen? Würde man sie aus der Familie ausstoßen? Würden sie erneut angegriffen werden und bald wieder bei uns landen?

All diese Gedanken und Fragen raubten mir die Konzentration. Es liegt auf der Hand, dass ein Chirurg nicht abgelenkt sein darf, wenn er das Skalpell führt. Deshalb entschloss ich mich schließlich, mir die Berichte meiner Patientinnen nicht mehr anzuhören, sondern überließ diese Aufgabe meinen Mitarbeitern. Meine Verantwortung war es, sie körperlich wiederherzustellen, soweit es irgend möglich war. Also schirmte ich mich gegen ihre Leidensgeschichten ab und beschränkte mich auf die handwerkliche Arbeit.

Aber das war leichter gesagt als getan. Wie soll man sich abschirmen, wenn ein dreijähriges Mädchen mit zerfetzten Genitalien vor einem auf dem Operationstisch liegt? In solchen Momenten fühle ich mich, als würde die ganze Welt um mich herum einstürzen, und ich kann meine Tränen nicht zurückhalten. Jedes Mal, wenn ich den Operationssaal betrete, muss ich all meine Kräfte mobilisieren, um stark zu bleiben.

Meine Entscheidung, den Frauen nicht mehr zuzuhören, brachte mir eine gewisse Erleichterung, aber doch nur in sehr begrenztem Maß, denn all diese zerstörten Geschlechtsorgane erzählten ihre eigene Geschichte.

Im Frühjahr 2006 besuchte uns Jan Egeland aus Norwegen. Er war damals stellvertretender Generalsekretär der UNO und als solcher zuständig für Menschenrechtsfragen. Jan ist ein warmherziger Mensch mit einem großen Einfühlungsvermögen und einer ebenso großen Durchsetzungskraft. Als er zu uns kam, lagen in unserem Krankenhaus 1100 Frauen, die Opfer sexueller Gewalt geworden waren. Ich führte ihn zu dem Flügel unseres Krankenhauses, der für sie reserviert war, und bat ihn: „Sagen Sie den Frauen einige Worte. Das ist wichtig für sie."

Zögernd erwiderte er: „Aber ich habe keine Rede vorbereitet."

„Lassen Sie Ihr Herz sprechen, das genügt", riet ich ihm.

Er nickte und trat einen Schritt vor. Dann stand er einige Augenblicke lang schweigend da und ließ seinen Blick über seine Zuhörerinnen schweifen. Später erzählte er mir, dass dieser Moment einen unauslöschlichen Eindruck in seinem Herzen hinterlassen hatte: „Da waren Frauen jeden Alters, feierlich und würdevoll in ihren bunten Kleidern. Jede hatte ihre eigene Leidensgeschichte und trug sie wie ein schreckliches Joch auf ihrer Schulter. In dem Moment, als ich diese tausend Frauen vor mir sitzen sah, begriff ich das Ausmaß der Gräuel, die in dieser Region verübt werden. Ja, jetzt verstehe ich."

Nachdem Jan einige tröstende Worte gesagt hatte, setzte er sich zu den Frauen. Eine von ihnen, gerade sechsundzwanzig Jahre alt, war an Händen und Füßen gelähmt. Eine Gruppe von dreißig Milizsoldaten hatte sie gefangen genommen und mit ausgestreckten Armen und Beinen an einen Baum gebunden. Drei Wochen lang wurde sie mehrmals täglich vergewaltigt. Fast alle Soldaten aus der Gruppe beteiligten sich daran. Die Seile, mit denen man ihre Hand- und Fußgelenke gefesselt hatte, schnitten so tief in ihr Fleisch, dass sie die Blutzufuhr unterbrachen und schließlich die Nerven durchtrennten. Deshalb waren ihre Hände und Füße gelähmt.

Als Jan und ich uns schließlich in mein Büro zurückzogen und einander gegenübersaßen, konnte ich an seinem Blick sehen, wie erschüttert er war. Das Schicksal dieser gelähmten Frau hatte ihn im Innersten getroffen. „Sie war nur in den Wald gegangen, um Feuerholz für das Abendessen zu suchen", sagte er, „aber sie kam nicht mehr zurück. Ihre Familie wartete umsonst."

Diese Geschichte hat sich in den letzten Jahren tausendfach wiederholt: Frauen, die das Haus verließen, um etwas zu erledigen, kehrten nie mehr zurück. In anderen Fällen wurden sie zu Hause vergewaltigt, vor den Augen ihrer Ehemänner und Kinder, manchmal sogar vor der ganzen Großfamilie. Und immer mussten diese Frauen am Ende ihre Familien verlassen. Sie waren der Mittelpunkt des Familienlebens gewesen und hatten für alles gesorgt. Aber nun waren sie eine Schande und wurden gemieden und ausgegrenzt. Obwohl sie Opfer eines Verbrechens geworden waren, fühlten sie sich schuldig und waren voller Scham.

In meinem Büro wurde es sehr still. Wenige Tage nach Jans Besuch bekam ich die die Einladung, vor der UNO-Vollversammlung zu sprechen.

Einige Tage vor der Rede versuchte ich, mit dem UN-Botschafter meines Landes Kontakt aufzunehmen. Ich wollte ihm mein Konzept zeigen und ihn um seine Meinung bitten. Mir war daran gelegen, Missverständnisse zu vermeiden. Aber trotz mehrerer Versuche erreichte ich ihn nicht. Seine Mitarbeiter informierten mich lediglich darüber, dass er am Tag meiner Rede in New York sein würde. Deshalb kam ich gar nicht auf den Gedanken, er könne der Versammlung fernbleiben. Aber als es dann so weit war, blieb sein Stuhl leer ... Ich war enttäuscht und getroffen, aber ich sagte mir, dass seine Abwesenheit nichts daran ändern konnte, dass ich jetzt an diesem symbolträchtigen Ort stand. Was auch immer er von mir hielt, die Wirklichkeit im Kongo war nicht zu leugnen. Trotzdem hatte ich gehofft, mich hinterher mit ihm austauschen zu können.

Diese merkwürdige Situation stand wohl im Zusammenhang mit einem anderen Ereignis: Zu Beginn dieses Jahres hatten in der Demokratischen Republik Kongo die ersten freien Wahlen seit 46 Jahren stattgefunden. Endlich würde wieder eine Regierung ins Amt kommen, die durch eine landesweite demokratische Wahl legitimiert war. Nur wenige Länder in Afrika – vielleicht nur wenige überhaupt – haben einen so schlechten Ruf wie der Kongo. Die ganze Welt erinnert sich nur zu gut an Mobuto, der während seiner 32 Jahre währenden Präsidentschaft die Staatskassen bis zum Letzten geplündert hat. Man sagt, dass sein Privatvermögen sich auf über 4 Milliarden Dollar belief. Jetzt hoffte man auf einen Neubeginn ohne Korruption und Machtmissbrauch mit Politikern, die sich in den Dienst des Volkes stellen würden.

Da stand ich nun vor der UNO und starrte auf einen leeren Stuhl – den einzigen leeren Stuhl im Saal – und er starrte unbarmherzig zu mir zurück. Das war kein gutes Zeichen. In meinem Inneren kämpften verschiedene Gefühle miteinander.

Natürlich war ich glücklich, in diesem Rahmen meine Ansichten erläutern zu können, aber zugleich war ich traurig, dass mein eigenes Land sich von mir abwandte. Welch ein Paradox: Ich befand mich im Herzen der internationalen Gemeinschaft und fühlte mich völlig allein.

Nach meiner Rede stellte ich mich den Fragen der internationalen Presse. Es war nicht das erste Mal, dass ich Journalisten vor mir hatte, aber diese Situation war doch etwas anderes. Als ich die vielen Vertreter der großen Medienanstalten vor mir sah, war ich ziemlich eingeschüchtert. Ich fragte mich, was ich ihnen schon zu sagen hätte – schließlich war ich nur ein einfacher Arzt. Glücklicherweise kam Jan Egeland dazu, um mich zu unterstützen. Es zeigte sich, dass die Fragen, die die Presseleute mir stellten, mir wohlvertraut waren: Wie erklären Sie diesen massiven und barbarischen Ausbruch sexueller Gewalt? Wer steckt dahinter? Welche Rolle spielen die Bodenschätze im Ostkongo? Ist die kongolesische Regierung mitverantwortlich für die Situation?

Während meines Aufenthalts in New York traf ich eine Reihe interessanter Persönlichkeiten. Dazu gehörte Eve Ensler, die Autorin des Theaterstücks „Vagina-Monologe", das bereits in über 140 Ländern aufgeführt worden ist. Eve hat die Bewegung V-Day ins Leben gerufen, die sich zum Ziel gesetzt hat, Gewalt gegen Frauen in der ganzen Welt zu bekämpfen. Dass Eve sich mit solchem Engagement für die Rechte und den Schutz von Frauen einsetzt, hat wohl auch mit den Erfahrungen zu tun, die ihre eigene Kindheit geprägt haben.

Die UNO organisierte eine Podiumsdiskussion mit uns beiden – wir verstanden uns hervorragend. Dank der Arbeit ihrer Organisation hatte sie bereits eine große Anzahl von Frauen in aller Welt kennengelernt, die Opfer sexueller Gewalt geworden waren. Den Kongo aber hatte sie noch nie besucht. Also lud ich sie kurzerhand zu uns nach Bukavu ein. „Kommen Sie und helfen Sie uns“, bat ich sie. Meine Einladung überraschte sie sichtlich. Vermutlich hatte sie aufgrund unseres völlig verschiedenen Hintergrunds nicht damit gerechnet: Ich bin nicht nur Arzt, sondern auch Pastor und das Krankenhaus, das ich leite, gehört zu einer einflussreichen Denomination innerhalb der evangelikalen Bewegung. Sie dagegen ist ein Aushängeschild der intellektuellen Szene in New York, überzeugte Feministin und erfolgreiche Autorin. Zweifellos waren wir in vielen Fragen völlig unterschiedlicher Meinung. Trotzdem nahm sie meine Einladung an.

Ich war zunächst skeptisch, ob sie tatsächlich kommen würde. Im Laufe der Jahre habe ich unzählige Menschen kennengelernt, die sich begeistert über unser Krankenhaus geäußert und mir das Blaue vom Himmel versprochen haben – nur um hinterher nie wieder etwas von sich hören zu lassen. Ich war zu oft enttäuscht worden und traute solchen Versprechen nicht mehr.

Aber in Eves Fall erwiesen sich meine Zweifel als unbegründet. Einige Zeit nach unserer Begegnung in New York kam sie tatsächlich nach Bukavu. Ich war begeistert. Noch nie hatte ein Besucher so viel vorbehaltloses Mitgefühl für die Patientinnen gezeigt. Sie setzte sich zu ihnen, hielt ihnen die Hand und trocknete ihre Tränen. Mir wurde schnell klar, dass Eve eine echte Verbündete war, die mir neue Energie gab. Wenn ich mit ihr durch die Gänge des Panzi-Krankenhauses ging, hatte ich das Gefühl zu fliegen.

Es war nur logisch, dass sich aus dieser Begegnung eine Zusammenarbeit entwickelte. Wir beschlossen, ein Schulungszentrum zu gründen, das den Frauen, die im Krankenhaus behandelt worden waren, eine Ausbildung ermöglichen würde. Ich bin sehr stolz auf unser Projekt, denn es beweist, dass man über Trennendes hinwegsehen und sich auf ein gemeinsames Anliegen konzentrieren kann, selbst wenn man aus völlig verschiedenen Milieus stammt.

2

Einige Tage nach meiner Rede vor den Vereinten Nationen kehrte ich nach Bukavu zurück. Welch ein Kontrast zu New York!

Als ich im Krankenhaus ankam, registrierte ich mit Verwunderung die lange Schlange von Frauen, die vor der Rezeption warteten. Normalerweise lege ich die 50 Meter vom Eingang des Krankenhauses zu meinem Büro in 30 Sekunden zurück. An diesem Tag brauchte ich fast eine halbe Stunde, um mir einen Weg zu meinem Arbeitsplatz zu bahnen. Während meiner Abwesenheit hatten die Probleme sich offensichtlich verschärft. Trotzdem musste ich erst mal Ruhe bewahren.

Vermutlich wusste keine einzige dieser Frauen, dass ich in New York gewesen war. Die Stadt ist ihnen völlig unbekannt und die UNO für sie bestenfalls eine abstrakte Idee, die mit ihrer Lebenswirklichkeit nichts zu tun hat. Sie waren gekommen, um sich behandeln zu lassen. Nicht alle waren Opfer sexueller Gewalt; bei uns leiden die Menschen an vielerlei Krankheiten, für die es kaum ärztliche Hilfe gibt, besonders die Frauen.

Im Vorbeigehen musterte ich die Wartenden. Dabei entdeckte ich eine Patientin, die ich kannte, und erkundigte mich nach ihrem Zustand. „Es geht mir besser“, sagte sie. In ihren Augen konnte ich einen leichten Hoffnungsschimmer erkennen. Eine andere Frau nannte auf meine Frage, woher sie komme, den Namen eines 100 Kilometer entfernten Dorfes. Sie war drei Tage lang zu Fuß unterwegs gewesen, um das Krankenhaus zu erreichen. Auf halbem Weg zu meinem Büro löste sich eine Frau aus der Schlange, nahm meine Hand und presste sie an sich, während sie mich mit flehendem Blick ansah. Ohne Worte gab sie mir zu verstehen, wie sehr sie litt und darauf hoffte, hier im Krankenhaus Hilfe zu erfahren.

Im Büro angekommen legte ich mein Mobiltelefon auf den Tisch und zog mir den Arztkittel an. Ich hatte ihn noch nicht richtig zugeknöpft, als schon die erste Besucherin an die Tür klopfte. Ich öffnete und vor mir stand eine Frau mit einem bunten Kopftuch und einem gackernden Huhn im Arm. „Du hast mich operiert und jetzt habe ich eine Tochter bekommen. Ich bin so glücklich!", sagte sie, während sie mir das Huhn entgegenstreckte.

So sehr ich mich mit ihr freute, war das eine delikate Situation für mich, die ich zur Genüge kannte. Ich nehme grundsätzlich keine Geschenke von meinen Patienten an. Bei uns verbreiten sich Gerüchte mit atemberaubender Geschwindigkeit, und ehe man sich versieht, gilt man in der ganzen Gegend als korrupter Funktionär, der sich auf Kosten seiner Patienten die Taschen füllt.

Also legte ich meiner Besucherin die Hand auf die Schulter und erwiderte sanft: „Ich schätze deine Großzügigkeit, aber ich kann dieses Geschenk leider nicht annehmen." Ich sah ihr an, dass meine Ablehnung sie verletzte, deshalb fügte ich hinzu: „Das größte Geschenk habe ich schon bekommen. Du hast ein gesundes Kind geboren. Das zu wissen, ist mir mehr als genug. Eine andere Belohnung brauche ich nicht." Da formte sich trotz ihrer Enttäuschung ein Lächeln auf ihrem Gesicht. Sie trat einen Schritt zurück und schloss leise die Tür hinter sich. Es tat mir weh, sie zurückweisen zu müssen, aber diese Entscheidung hatte ich ein für alle Mal getroffen. Von diesem Grundsatz würde ich nicht mehr abweichen.

Im nächsten Augenblick klingelte mein Mobiltelefon. Ich kannte zwar die Nummer nicht, nahm aber trotzdem ab. Das

Telefonat dauerte nur 15 Sekunden. Eine feindselige Stimme kritisierte meine Rede bei der UNO und warnte mich davor, mein Land weiter in Verruf zu bringen. Dann wurde die Verbindung getrennt.

Ich hatte das Telefon noch in der Hand, als die Tür erneut aufging. Vor mir stand einer meiner Kollegen aus der Chirurgie mit heruntergezogenem Mundschutz und OP-Kappe auf dem Kopf. An diesem Vormittag standen für mich sechs Operationen an, in einer halben Stunde sollte ich mit der ersten beginnen. Aber mein Kollege bat mich, sofort in seinen OP zu kommen. Die Verletzung, die er operieren sollte, war so kompliziert, dass er Unterstützung brauchte.

Während wir durch die Gänge des Krankenhauses eilten, beschäftigte mich noch immer der Telefonanruf. Ich war beunruhigt, aber noch stärker war das Gefühl der Trauer. Mein Anrufer hatte wahrscheinlich noch nie eine zerfetzte Scheide gesehen oder das herzzerreißende Schluchzen einer mehrfachen Mutter gehört, die ihre Weiblichkeit verloren hatte.

Auf dem Weg zum Operationsblock begegneten wir mehreren Patientinnen und ich erinnerte mich an einen Offizier, der kürzlich unser Krankenhaus besucht hatte. Er war Staatsanwalt am Militärgericht und hatte in Bukavu an einem Seminar über sexuelle Gewalt teilgenommen. Er wollte verstehen, was sich tatsächlich im Ostkongo abspielte. Deshalb hatte er den Wunsch geäußert, einige Frauen kennenzulernen, die sich bei uns in Behandlung befanden.

Er war ein kräftiger Mann von beeindruckender Statur, fast zwei Meter groß. Auf seiner Uniform prangten goldene Sterne, die ihn als einen der höchsten Offiziere des Landes auswiesen. Als ich ihn zu einer Gruppe von Frauen führte, trat ein zierliches Mädchen auf ihn zu. Es war nicht älter als 13 oder 14 Jahre und reichte ihm gerade bis zur Brust. Die junge Frau blickte den Offizier unverwandt an und erzählte ihm in schonungsloser Offenheit, was Männer in Uniform in unserem Land den Frauen antun.

Während er ihr zuhörte, vollzog sich vor unseren Augen eine regelrechte Verwandlung. Seine Gesichtszüge nahmen einen schmerzerfüllten Ausdruck an und sein riesiger Körper fing an zu zittern. Dann stieg ein herzzerreißendes Schluchzen aus seiner Brust auf und er brach ohnmächtig zusammen. Einen Moment lang war sein Zustand so ernst, dass ich meine Kollegen alarmierte. Gemeinsam halfen wir ihm auf die Beine und legten ihn in einem Behandlungszimmer auf die fahrbare Trage. Er fand seine Fassung erst wieder, nachdem wir ihm eine Dosis Beruhigungstabletten verabreicht hatten. Die Geschichte dieser jungen Frau hatte ihn zutiefst erschüttert und wir hofften, dass er sie bei seiner weiteren Arbeit als Militärstaatsanwalt nicht vergessen würde.

Während mir diese Erinnerungen durch den Kopf gingen, erreichten wir den Operationsblock. Ich schlüpfte in meine Gummischuhe, zog mir den grünen Kittel über, setzte meine OP-Kappe auf und band mir den Mundschutz vors Gesicht. Dann wusch ich mir sorgfältig Hände und Unterarme und streifte mir die Handschuhe über – die Routine, durch die jeder Chirurg vor dem Betreten eines Operationssaals geht.

Auf dem Tisch lag eine Frau mit gespreizten Beinen. Man hatte ihr ein Lokalanästhetikum verabreicht. Sie war bei vollem Bewusstsein und starrte mit angsterfüllten Augen an die Decke. Sorgfältig untersuchte ich ihre Verletzungen. Es waren zwar nicht die allerschlimmsten, die ich je gesehen hatte, aber sie waren schrecklich genug. Ich sah auf den ersten Blick, welche Waffe der Täter verwendet hatte. Mein Kollege hatte mich zwar aufgeklärt, aber das wäre nicht nötig gewesen. Ich habe gelernt, an den Verletzungen zu erkennen, welche Miliz das Verbrechen begangen hatte. Jede Gruppe hat ihre eigene „Handschrift“.

Ich bin gegen meinen Willen zum Experten für eine ganz besondere Art von Verletzungen geworden – Traumata der Genitalien durch Waffengewalt. Manche Täter stoßen zum Abschluss der Vergewaltigung ein Bajonett in die Scheide, andere verwenden einen Stab mit erhitztem flüssigem Kunststoff, wieder andere gießen Säure über den Unterleib oder führen einen Gewehrlauf ein und drücken ab. Das Ziel ist immer dasselbe: Die Täter wollen ihr Opfer nicht töten, sondern körperlich und seelisch zerstören.

Das ist ein Akt von unvorstellbarer Brutalität mit verheerenden Konsequenzen. Viele der verletzten Frauen können ihren Urin und ihren Stuhl nicht mehr halten. Schmutzig und stinkend quälen sie sich durch ihre täglichen Aufgaben. Sexuelle Beziehungen sind nicht mehr möglich, oft ist ihre Genitalregion so zerstört, dass sie nie wieder Kinder bekommen können. In den Augen ihrer Ehemänner sind sie besudelt – nicht wegen ihrer Verletzungen, sondern weil andere Männer mit ihr geschlafen haben. Es spielt keine Rolle, dass man sie mit Gewalt dazu gezwungen hat. Sie werden ausgestoßen und müssen ein Leben in sozialer Isolation führen. Wenn sie Glück haben, finden sich Verwandte oder Freundinnen, die sie zu unserem Krankenhaus begleiten, wo sie Hilfe finden.

Ich weiß nicht, wie viele solcher Verletzungen ich zu diesem Zeitpunkt schon operiert hatte. Drei- oder viertausend? Statistiken zu führen gehört nicht zu meinen Aufgaben im Krankenhaus.

Und so stand ich wieder einmal vor der Aufgabe, eine Genitalregion zusammenzuflicken. Ich konnte nicht sagen, wie hoch die Chancen für eine erfolgreiche Behandlung waren. Mir blieb nur, mein Bestes zu tun. Vielleicht würden eine zweite und eine dritte Operation erforderlich sein.

Wie oft habe ich die Bitte gehört: „Herr Doktor, wahrscheinlich ist es nicht mehr möglich, mich völlig wiederherzustellen, aber vielleicht könnten Sie es so hinbekommen, dass ich wieder wie eine normale Frau aussehe. Das würde mir sehr viel bedeuten. Bitte versuchen Sie Ihr Bestes."

Ich nahm das Skalpell und begann das verwundete Fleisch vorsichtig so zurechtzuschneiden, dass man es wieder zusammennähen konnte. Dabei dachte ich an den Botschafter meines Landes bei der UNO und an den Anrufer vor wenigen Minuten. Ich wünschte, sie könnten jetzt zuschauen – vielleicht würden sie dann verstehen …

3

Ich wurde am 1. März 1955 geboren, als drittes Kind der Familie und als ihr erster Sohn. Wie erwähnt, waren meine ersten Lebenstage dramatisch und ich wäre aufgrund eines Kunstfehlers bei der Geburt beinahe gestorben.

Meine Mutter brachte mich bei uns zu Hause zur Welt – mit Unterstützung einer Hebamme, deren medizinische Kenntnisse mehr als lückenhaft waren. „Ich habe direkt gesehen, dass sie einen Fehler machte, als sie die Nabelschnur durchschnitt“, erzählte mir meine Mutter später, „aber ich lag erschöpft auf dem Bett und konnte es nicht verhindern.“

Normalerweise bindet man die Nabelschnur an zwei Stellen ab: einige Zentimeter vor dem kindlichen Nabel und direkt neben der Plazenta. So wird der Blutfluss in beide Richtungen unterbrochen, bevor man die Nabelschnur durchtrennt.

Die Hebamme jedoch schnitt die Nabelschnur ab, bevor sie sie abgebunden hatte. Vermutlich verwendete sie dazu eine alte Rasierklinge. Dazu kam, dass sie den Schnitt viel zu nahe an meinem Körper durchführte. Als sie dann den Nabel mit einer Schnur abbinden wollte, war nicht mehr genug Gewebe übrig, um die Schnur zu halten. So hatte sie allen Krankheitserregern die Tür zu meinem Körper geöffnet.

Die Wunde entzündete sich und begann zu eitern. Daraus entwickelte sich eine schwere Infektion des gesamten Organismus. Nach einer Woche war meine Haut dunkelgelb und ich hatte hohes Fieber. Meine Mutter machte sich große Sorgen; sie war mit mir und meinen beiden Schwestern allein und wusste nicht, was sie tun sollte. Mein Vater war auf einer Fortbildung im Kivu und nur brieflich erreichbar.

Schließlich sah sie nur noch einen Ausweg: Sie musste mich zu einer der beiden Krankenstationen in der Innenstadt bringen. Allerdings war es nicht sicher, ob man sie dort überhaupt aufnehmen würde, denn beide Stationen wurden von katholischen Schwestern geleitet und es war so gut wie unmöglich, dort als Nichtkatholik Hilfe zu bekommen. Meine Mutter war evangelisch und mit dem ersten evangelischen Pastor von Bukavu verheiratet. Sie konnte also kaum damit rechnen, mit offenen Armen empfangen zu werden.

Wir wohnten damals in Kadutu, dem Schwarzenviertel von Bukavu. Es lag etwas außerhalb der eigentlichen Stadt, vier Kilometer vom Stadtzentrum entfernt. In der Innenstadt lebten die Weißen in ihrer eigenen Welt, klar getrennt von uns Schwarzen.

Die Belgier hatten Bukavu als Festung am Ufer des Kivusees gebaut. Ursprünglich war der Ort ein einfacher afrikanischer Fischerhafen, aber die Belgier hatten ihn nach und nach in eine Art kleines Europa mit mächtigen Verwaltungsgebäuden, luxuriösen Villen, Läden, Restaurants und Hotels verwandelt. Zu Ehren des ehemaligen Gouverneurs Paul Costermans gaben sie dem Ort den Namen Costermansville. Erst im Jahr 1954 wurde die Stadt in Bukavu umbenannt. In der Kolonialzeit entwickelte sie sich zum Urlaubsziel reicher Europäer, die sich an die Côte d'Azur erinnert fühlten – mitten in Zentralafrika.

Das Wetter war angenehm warm und sonnig, es gab wunderschöne Badestrände und auf den Wellen schaukelten prächtige Schiffe. In der Abenddämmerung trafen sich die Urlauber unter den violetten Blüten der Bougainvillea-Sträucher zu einem Glas Wein und einer Zigarre. Sie beobachteten die Fischer in ihren Einbäumen und lauschten ihrem Gesang, mit dem sie versuchten, die Fische anzulocken. Wenn die Nacht hereinbrach, färbte der See sich türkisgrün und später tiefviolett und verzauberte die Besucher jedes Mal aufs Neue. Sie hätten sich nicht träumen lassen, dass irgendwo auf der Welt solch ein wunderschöner Ort existierte.

Die Belgier hegten und pflegten ihre Stadt, alles war vollkommen – bis ins kleinste Detail. Die Straßen waren asphaltiert und von Tulpen und Palisanderbäumen gesäumt. Blumenbeete zierten das Stadtbild. Mit ihrer üppigen Blütenpracht sahen sie aus, als seien sie aus einem europäischen Schlossgarten direkt hierher verpflanzt worden. Costermansville war fast zu schön, um wahr zu sein, ein Stück Paradies auf Erden ... nur dass nicht Gott, sondern Maria darüber wachte.

Der katholische Glaube dominierte alles. Das ist wenig überraschend, denn es war der Glaube der belgischen Kolonialmacht, und deren Politiker standen weitestgehend unter seinem Einfluss. Mein Vater bekam die Macht der katholischen Kirche zu spüren, als er Ende der 1940er-Jahre zusammen mit dem schwedischen Missionar Oscar Lagerström die erste protestantische Kirche in Bukavu gründete. Die Reaktion der Katholiken ließ nicht lange auf sich warten.

Damals mussten die evangelischen Gottesdienste unter freiem Himmel oder in behelfsmäßigen Unterständen abgehalten werden und dabei ging nicht selten eine Sturzflut von Beleidigungen auf die Gläubigen nieder; manchmal flogen auch mehr als Worte.

Mein Vater hatte zwar die Erlaubnis, die christliche Botschaft zu verbreiten, aber eine Krankenstation für seine Gläubigen hatte er nicht. Die beiden Stationen, die es in Bukavu gab, waren in katholischer Hand und es war eher ungewöhnlich, dass sie einen Andersgläubigen aufnahmen.

Das war also die Situation, als meine Mutter mich damals in ein Tuch wickelte und sich auf den Weg in die Stadt machte. Sie wollte daran glauben, dass die Barmherzigkeit stärker war als die Grenzen zwischen den Konfessionen. Diese Hoffnung trieb sie an. Doch die Tür zur Krankenstation blieb ihr verschlossen. Für die belgischen Nonnen kam es nicht infrage, uns aufzunehmen. Meine Mutter hob mich hoch, damit sie mich sehen konnten, sie bat und flehte, bettelte und weinte, aber die Schwestern ließen sich nicht erweichen, sondern sagten ihr, sie solle sich davonscheren – was sie schließlich auch tat; sie hatte ja keine andere Wahl.

Der Rückweg nach Kadutu war eine Qual. Je näher sie unserem Haus kam, desto schwerer wurden ihre Schritte. Das Gefühl völliger Hilflosigkeit lähmte sie. Ihre Hoffnung war verloren und sie wusste keinen Ausweg mehr. Zu Hause angekommen kauerte sie sich auf den Boden, presste meinen fiebrigen kleinen Körper an sich und ließ ihren Tränen freien Lauf. Sie war überzeugt, dass ich die Nacht nicht überstehen würde, und hatte das Gefühl, sie hätte mich schon verloren.

Doch jemand aus unserem Viertel – vermutlich ein Nachtwächter, der meine Mutter gesehen hatte – schrieb eine Nachricht an Majken Bergman, eine schwedische Lehrerin, die an der Mädchenschule der Pfingstmission unterrichtete: „Der neugeborene Sohn von Pastor Mukwege ist schwer krank. Seine Mutter hat ihn in die Stadt zur Krankenstation gebracht, aber man hat ihr die Hilfe verweigert. Sie ist völlig verzweifelt und fürchtet, dass ihr Kind sterben wird."

Die Nachricht erreichte Majken Bergman, die in einem anderen Teil von Kadutu wohnte, um drei Uhr früh. Sie machte sich sofort auf den Weg zu uns. Mein Zustand hatte sich in der Zwischenzeit noch verschlechtert. Neben Gelbsucht und Fieber quälte mich jetzt auch noch akute Atemnot. Ich kämpfte um jeden Atemzug. Frau Bergman begriff den Ernst der Lage sofort. Als meine Mutter ihr erzählte, wie der Besuch in der Krankenstation abgelaufen war, versprach sie, die Sache in die Hand zu nehmen.

Beim ersten Morgengrauen rannte sie hinunter in die Stadt zur zweiten Krankenstation. In aller Deutlichkeit beschrieb sie den Schwestern meinen Zustand und konfrontierte sie mit ihrer Verantwortung. Mein Leben lag in ihren Händen. Wenn sie sich weigern würden, mir zu helfen, würde ich sterben.

Frau Bergman wurde völlig anders behandelt als meine Mutter in der ersten Station. Die Schwestern gaben ihr einen auf rotes Papier geschriebenen Passierschein mit, der meine Mutter berechtigte, direkt ins Behandlungszimmer zu gehen.

Kurz darauf brachte Majken Bergman uns die gute Nachricht, dass wir nicht nur aufgenommen, sondern bevorzugt behandelt würden. Dann weckte sie den Chauffeur der schwedischen Mission und ließ uns zur Krankenstation fahren, wo wir um kurz nach 7 Uhr ankamen. Mit dem roten Passierschein in der Hand trug mich meine Mutter an der gesamten Warteschlange vorbei und brachte mich direkt zur Rezeption.

Die Schwestern legten mich auf den Untersuchungstisch und merkten sofort, dass Majken Bergman mit ihrer drastischen Schilderung kein bisschen übertrieben hatte. Mein Zustand war so kritisch, dass mein Leben an einem seidenen Faden hing. Ich kämpfte mit letzten Kräften darum, Luft zu bekommen. Die Schwestern spritzten mir ein starkes Antibiotikum. Dann schickten sie uns wieder nach Hause. Meine Mutter sollte mich in sechs Stunden für die nächste Dosis des Antibiotikums wieder vorbeibringen.

Die folgenden Stunden vergingen quälend langsam. Immer wieder musterte meine Mutter mich und suchte nach einem Anzeichen von Besserung, aber es war nichts zu erkennen. Die Angst fraß sie beinahe auf – was war, wenn die Behandlung zu spät begonnen hatte? Als ich die zweite Dosis erhielt, ging mein Atem noch genauso schwer wie am Morgen. Doch die Schwestern, denen die Angst im Blick meiner Mutter nicht entgangen war, beruhigten sie. Mein Zustand würde sich bald bessern, sie müsse sich nur noch etwas gedulden.

Und tatsächlich, nach der dritten Dosis wurde meine Atmung ruhiger und meine Gesichtszüge entspannten sich. Die Behandlung schlug an. Die Krise war überwunden.

Ich wurde weiter dreimal täglich mit Antibiotika behandelt. Eine Woche später war die Wunde an meinem Nabel verheilt und das Fieber verschwunden. Während dieser ganzen Zeit stand Majken Bergman meiner Mutter bei. Sie kam jeden Tag nach der Arbeit und kümmerte sich um mich, sodass meine Mutter Zeit für meine beiden Schwestern hatte.

Sie hat nie vergessen, was Majken Bergman damals für uns getan hat. „Ihr verdankst du dein Leben", erinnerte meine Mutter mich im Lauf der Jahre immer wieder. Als ich 2009 in Stockholm den Olof-Palme-Preis entgegennahm, war Frau Bergman mit dabei. Sie war inzwischen sehr alt und lebte in einem anderen Teil Schwedens, aber meine Mutter hatte darauf bestanden, sie zur Preisverleihung und zum Galadiner einzuladen.

Im Jahr 1955 lebten nur wenige Weiße in Kadutu. Majken Bergman entschied sich bewusst dafür, mit der einheimischen Bevölkerung zusammenzuleben, um in der Nähe ihrer Schülerinnen zu sein. Als sie damals im Morgengrauen zur Krankenstation rannte, wusste sie sehr genau, was sie tat. Sie war zwar ebenso eine Protestantin wie wir, aber ihr war klar, dass man sie als Weiße besser behandeln würde als uns.

Meine Mutter sagt immer, dass Majken Bergmans Eingreifen mehr als eine lebensrettende Hilfeleistung war. Sie sollte sich als entscheidend für meinen gesamten Lebensweg erweisen. Mama ist überzeugt, dass Gott eine Botschaft in mein Herz geschrieben hat, als die Schwestern in der Krankenstation mich behandelten. Sie lautet: „Dein Lebensziel soll sein, anderen zu helfen, denn dir wurde geholfen."

Bereits im Alter von acht Jahren wusste ich, dass ich eines Tages ein *Muganga* sein würde – ein Heiler, der kranke Menschen gesund macht. Ob mich das später zu einem Arzt oder einem Krankenpfleger machen würde, konnte ich damals noch nicht sagen. Der Unterschied war mir völlig unbekannt. Aber ich wollte eines Tages einen weißen Kittel tragen und Medikamente verteilen, um Menschen zu heilen.

Gegen Ende meines Medizinstudiums gab es noch einmal einen Kurswechsel. Für mich hatte schon lange festgestanden, dass ich eines Tages Kinderarzt sein wollte. Aber dann wurde ich während meiner Famulaturen (medizinische Praktika) mit den Bedingungen konfrontiert, unter denen die Frauen im Südkivu ihre Kinder bekommen müssen. Ich habe Mütter und Kinder während der Geburt sterben sehen. Manchmal kamen im Krankenhaus Mütter an, zwischen deren Beinen das tote Kind baumelte, das im Geburtskanal stecken geblieben war. Von da an war mir klar, dass ich mich zum Facharzt für Gynäkologie und Geburtshilfe weiterbilden wollte.

Inzwischen kämpfe ich seit 25 Jahren darum, dass die Frauen in unserer Provinz ihre Kinder in einem Krankenhaus oder einer Gesundheitsstation zur Welt bringen können. Viel zu viele Schwangerschaften enden in einer Tragödie. Die meisten Kinder werden nach wie vor in einfachen Wohnhäusern mit gestampften Lehmfußböden geboren, in abgelegenen Dörfern und mit Hebammen, die überfordert sind, sobald eine Komplikation eintritt. Ich bin das lebende Beispiel für die Schwierigkeiten, die aus dieser Situation entstehen können. Bis heute sterben in unserem Land unzählige Neugeborene an genau derselben Infektion, die ich damals hatte.

Daher kann ich meiner Mutter schlecht widersprechen,

wenn sie immer wieder voller Überzeugung darlegt, warum die Medizin meine Berufung ist. Sie ist eine der weisesten Personen, die ich kenne, und an dieser Stelle hat sie zweifellos recht.

4

Eine meiner frühesten Kindheitserinnerungen – vielleicht die früheste überhaupt – betrifft die Straße in Kadutu, in der wir wohnten. Wenn ich daran denke, sehe ich lauter Kühe vor mir, eine neben der anderen. Das ganze Viertel war regelrecht von Kühen überschwemmt. Sie waren überall und schoben sich durch die Straßen wie eine zähe braune Masse. Ihre Hörner reckten sich in die Luft wie Bäume in einem Wald und ihre Körper formten einen riesigen lebenden Teppich, dessen Geruch mir stechend in die Nase stieg.

Ich hatte keine Ahnung, woher all diese Tiere kamen, und wenn man es mir erklärt hätte, hätte ich es wohl kaum verstanden. Ich war nur ein kleines Kind und bewunderte das Spektakel, das sich mir bot. Wie hätte ich ahnen können, dass ich gerade Augenzeuge einer humanitären Katastrophe wurde? Erst Jahre später, als ich von den Konflikten zwischen Hutu und Tutsi in Ruanda erfuhr, verstand ich, was ich damals gesehen hatte. Es war der erste große Zusammenstoß zwischen den beiden Volksgruppen gewesen: Die Hutu lehnten sich gegen die Diktatur des Tutsi-Regimes auf und viele Menschen starben. Damals flohen Tausende von Tutsi über die Grenze des Kongo. Die Tutsi bilden die herrschende Klasse in Ruanda. Sie besitzen fast alle Ländereien und das ganze Vieh des Landes und sie gehen nirgendwo hin, ohne ihre Herden mitzunehmen. So kamen sie damals mit ihren riesigen Viehherden nach Bukavu, das direkt an der Grenze zu Ruanda liegt, und überschwemmten den Ort mit ihren Kühen. Und ich war mittendrin und konnte mich an diesem Spektakel nicht satt sehen …

Das alles geschah im Jahr 1959. Ich war damals vier Jahre alt. Im selben Jahr ereignete sich noch etwas, was ich nie vergessen werde: Ein Mann hielt eine Rede und ich stand mit meinen Eltern mitten in der Menge der Zuhörer. An das Gesicht des Mannes kann ich mich nicht erinnern, aber seinen Namen kennt jeder Kongolese. Es war Patrice Lumumba, der wenig später der erste Premierminister des Staates Kongo werden sollte.

Am 30. Juni 1960 erlangte unser Land die Unabhängigkeit. 75 Jahre belgischer Kolonialregierung waren zu Ende. In den ersten 20 Jahren der Kolonisation war der Kongo sogar Privateigentum des belgischen Königs Leopold II. gewesen. Die belgische Regierung war nicht begeistert von der Aussicht, eine Kolonie zu verlieren, die über viele Jahre wesentlich zum Wohlstand Belgiens beigetragen hatte. Sie hätte den Übergang zur Unabhängigkeit lieber über mehrere Jahrzehnte gestreckt, aber der junge Lumumba zwang ihnen in seiner Ungeduld einen anderen Zeitplan auf und setzte durch, dass die Macht innerhalb kürzester Zeit in kongolesische Hände übergeben wurde.

Ich erinnere mich noch gut an die Aufmärsche und Tänze, die diesen wichtigen Tag begleiteten. Das ganze Land vibrierte damals im Rhythmus der Musik, überall wurden Fahnen gehisst und alle waren sich einig, dass es eine wunderbare Sache sei, frei zu sein. Ich war noch zu klein, um die Bedeutung des Wortes „Unabhängigkeit“ zu verstehen, aber da die Menschen um mich herum so offensichtlich glücklich waren, musste es etwas Gutes sein. Ich erinnere mich aber auch daran, dass die ganze Stadt sich veränderte. Häuser leerten sich, überall sah man Möbelwagen herumfahren und der Himmel war voller Flugzeuge, deren tiefes Brummen mir bis heute in den Ohren klingt. Ich verstand nicht, warum auf einmal so viele Menschen die Stadt verlassen mussten, aber da alle ständig von der „Unabhängigkeit“ sprachen, musste es wohl etwas damit zu tun haben.

Ich kann mich noch gut an den Tag erinnern, als ich zum ersten Mal dem Phänomen der Gewalt begegnete. Das geschah Anfang des Jahres 1961, sechs Monate nachdem der Kongo unabhängig geworden war. Ich war damals sechs Jahre alt.

Es war ein Sonntagvormittag. Unsere ganze Familie saß im Gottesdienst, mein Vater in seiner Eigenschaft als Pastor auf der Bühne und meine Geschwister, meine Mutter und ich auf einer Kirchenbank in der ersten Reihe. Das Gebäude roch noch leicht nach frischer Farbe, denn es war erst vor Kurzem eingeweiht worden. Es handelte sich um eine große Halle mit weißen Wänden und zahlreichen Fenstern, durch die das Sonnenlicht hereinflutete. Die Gläubigen saßen nach Geschlecht getrennt in den Kirchenbänken – die Frauen samt Kindern links und die Männer rechts – und hatten ihre Aufmerksamkeit auf die gewaltige Bühne gerichtet. An der Wand hing ein riesiges Kreuz aus dunklem Holz, das dem Raum einen ehrwürdigen, fast mystischen Charakter verlieh.

Mein Vater saß mir schräg gegenüber. Es war noch nicht lange her, dass er zum Pastor geweiht worden war und die Verantwortung für diese Gemeinde bekommen hatte. Während des Gottesdienstes stand er meistens mitten auf der Bühne. Zu Beginn hatten zwei Chöre ein Stück vorgetragen, dann hatte sich die Gemeinde zum Gebet erhoben und mehrere gemeinsame Lieder gesungen. Die Kirche war wie immer bis zum letzten Platz besetzt; die Leute standen mit geschlossenen Augen da und hoben ihre Hände, während sie ein einfaches schwedisches Loblied sangen, das eine Missionarin auf Suaheli übersetzt hatte. Es war ein gewaltiger Chor, dessen Harmonien den ganzen Raum erfüllten.

Doch plötzlich tauchten in der Kirche schwer bewaffnete

uniformierte Männer auf und marschierten durch den Mittelgang geradewegs auf die Bühne zu, wo mein Vater mit seinen Pastorenkollegen und unserem schwedischen Missionar Platz genommen hatte. Innerhalb eines Augenblicks veränderte sich die gesamte Atmosphäre. Wo eben noch ausgelassene Freude zu spüren war, herrschte jetzt lähmende Angst.

Ich verstand das alles nicht. Was wollten diese Soldaten in unserer Kirche?

Inzwischen hatten sie die Bühne umzingelt. Ihr Interesse galt offensichtlich vor allem dem Missionar: Mit barscher Stimme befahlen sie ihm, aufzustehen und die Bühne zu verlassen. Dann nahmen sie ihn in die Mitte und marschierten wieder Richtung Ausgang. Ihre stampfenden Schritte dröhnten durch die Stille und mein Herz klopfte vor Angst im Takt dazu.

Dieser Einbruch von Gewalt in meine Welt versetzte mich in Angst und Schrecken. Mit offenem Mund und starr vor Furcht beobachtete ich jede ihrer Bewegungen, ohne zu verstehen, was gerade ablief. Ein tiefes Gefühl der Verunsicherung überkam mich. Warum nahmen sie unseren Missionar mit? Er hatte doch nichts Böses getan!

Dass jemand sich an einem Missionar vergreifen konnte, erschütterte meine ganze kindliche Welt. Pastoren und Missionare waren Teil meines täglichen Lebens. Sie gingen bei uns zu Hause ein und aus und waren, wie ich mit meinen sechs Jahren schon erkennen konnte, unverzichtbar für das Funktionieren einer Gemeinde. Als diese Soldaten unseren Missionar aus der Kirche führten, untergruben sie das Fundament meiner inneren Geborgenheit.

Tausend Fragen schwirrten mir durch den Kopf. Ich war seit meiner Geburt an den Umgang mit Europäern gewöhnt und machte keinen Unterschied zwischen Schwarzen und Weißen. Die Hautfarbe eines Menschen hatte für mich keinerlei Bedeutung. Der einzige Unterschied, den ich zwischen Menschen ausmachen konnte, war der Unterschied zwischen protestantischen Pastoren und katholischen Priestern. Während die Protestanten sich ganz normal kleideten, trugen die Priester ein besonderes Gewand, die Soutane. Das erschien mir seltsam.

Bei ihrem Rückzug marschierten die Soldaten so dicht an mir vorbei, dass ich sie hätte berühren können. Ich machte mich auf meinem Sitz so klein wie möglich, warf aber trotzdem verstohlene Blicke auf den Missionar in ihrer Mitte. Als sie an mir vorbeigestampft waren, wagte ich nicht, mich umzudrehen, um ihnen nachzublicken. Ich versuchte lediglich, aus den Augenwinkeln zu erkennen, was die Erwachsenen links und rechts neben mir taten. Sie saßen genauso versteinert da wie ich und blickten starr nach vorn. Schließlich hörte ich, wie draußen im Hof Fahrzeuge angelassen wurden und die Kolonne den Berg hinunterholperte und Richtung Stadt fuhr.

Als ich sah, dass mein Vater sich erhob, um ein Fürbittgebet für den verschleppten Missionar zu sprechen, konnte ich nicht mehr an mich halten. Mitten in die Stille hinein begann ich aus Leibeskräften zu schreien und zu weinen. Meine Mutter legte mir tröstend den Arm um die Schulter und zog mich an sich. Die Gewalt war in mein junges Leben getreten und hatte es von Grund auf erschüttert. Von nun an würde nichts mehr so sein wie vorher.

Verantwortlich für diese Erfahrung war der Politiker Anicet Kashamura. Nach dem Ende von Lumumbas kurzlebiger Regierung, in der er einen Ministerposten bekleidet hatte, kehrte er in den Kivu zurück, stellte den gewählten Gouverneur unter Hausarrest und riss die Macht über die Provinz an sich. Kashamura hasste die Weißen. Das wichtigste Ziel seines politischen Programms war die Tilgung aller Spuren der Kolonialherrschaft. Um die Weißen zu vertreiben, war ihm jedes Mittel recht; Razzien in Kirchengemeinden waren eine seiner bevorzugten Methoden.

Auch Schwarze, die Umgang mit Europäern pflegten, wurden zum Ziel von Kashamuras Angriffen. Eine ganze Reihe wurden festgenommen, darunter auch mein Vater. Ich erinnere mich, als sei es gestern gewesen, wie die Polizei ihn aus dem Haus führte und zu ihrem Auto brachte. Diesmal hielt man sich zurück und ließ nichts von der Aggressivität erkennen, die wir bei der Festnahme des Missionars gespürt hatten. Deshalb rechneten wir auch nicht damit, dass ihm etwas geschehen könnte.

Doch nachdem mehrere Stunden ohne Nachricht verstrichen waren, begann meine Mutter sich Sorgen zu machen. Inzwischen hatte sich unser Wohnzimmer mit Verwandten und Freunden gefüllt, die wissen wollten, wie es ihm ging. Dann kehrte Papa auf einmal zurück und platzte mitten in die angespannte Atmosphäre hinein. Meine Mutter erschrak zu Tode, als sie ihn auf einmal vor sich stehen sah.

Papa erzählte, wie man ihn zur Polizeistation gebracht und in eine Zelle gesteckt hatte. Kurz darauf war der Polizeichef in seine Zelle gekommen und hatte ihn vernommen, wobei er während des ganzen Verhörs mit der Pistole vor Papas Gesicht herumfuchtelte. Es lag eine solche Spannung in der Luft, dass mein Vater mit dem Schlimmsten rechnete.

Der Kongo war seit sechs Monaten unabhängig, und seit die Belgier das Land verlassen hatten, glauben viele Leute, alles sei erlaubt. Für sie bedeutete Freiheit, alles tun zu können, wonach ihnen der Sinn stand. Wenn es einem die Situation gestattete, ungestraft zu töten, warum sollte man es nicht tun? Das Land war dabei, sich in seine Bestandteile aufzulösen, und Premierminister Lumumba war seit mehreren Wochen verschollen.

Mein Vater war überrascht, dass ihn statt des Militärs die Polizei abgeholt hatte. Niemals hätte er mit einer solchen Feindschaft gerechnet, wie sie der Polizeichef an den Tag legte. Offensichtlich hatte die Anarchie von allen Bereichen der Gesellschaft Besitz ergriffen, auch von der Polizei. Niemand konnte sich noch länger seines Lebens sicher sein, nicht einmal ein schlichter und bescheidener Pastor einer Pfingstkirche.

Schließlich hob der Polizeichef die Waffe, zielte auf den Kopf meines Vaters und legte den Finger an den Abzug. Als er gerade abdrücken wollte, trat jemand zu ihm, packte ihn am Arm und sagte: „Tun Sie das nicht!" Der Kommandant sah den Störenfried erstaunt an, doch dann senkte er langsam die Waffe, als käme er erst jetzt wieder zu sich, drehte sich auf dem Absatz um und verließ die Zelle.

Bis heute weiß ich nicht, wer meinen Vater damals vor dem sicheren Tod gerettet hat. Sein Retter hat es vorgezogen, anonym zu bleiben. Mein Vater war in ganz Bukavu bekannt und geachtet für seine Sanftheit und sein Mitgefühl. Jeden Sonntag feierte er in aller Frühe protestantische Gottesdienste in den Kasernen von Militär und Polizei. Vielleicht war das der Grund für seine Rettung. Möglich wäre es jedenfalls.

5

Der Übergriff durch die Soldaten war nicht die einzige Begegnung mit Gewalt, die ich während meiner Kindheit hatte. Eine andere Form der Aggression begegnete uns in der Feindschaft der Katholiken gegen die Protestanten. Mein Vater hatte sie seit seiner Ankunft in Bukavu im Jahr 1940 zu spüren bekommen, und sie begleitete unsere Familie durch meine ganze Kindheit hindurch.

In unserer Provinz gab es zahlreiche Kirchengemeinden. Viele davon waren deutlich größer als die meines Vaters. Aber seine Gemeinde hörte nicht auf zu wachsen. Bei der Einweihung des neuen Kirchengebäudes im Juli 1960 zählte sie bereits 1500 Mitglieder. Das Gebäude glich eher einer Lagerhalle oder einer großen Werkstatt als einer Kirche. Um unnötige Provokationen zu vermeiden, hatte man an den Außenwänden auf Kreuze oder andere religiöse Symbole verzichtet.

Natürlich waren uns nicht alle Katholiken feindlich gesinnt, aber einige waren sehr stur und wollten sich keinesfalls an den Gedanken gewöhnen, dass es in Bukavu auch Protestanten geben sollte. Sie brachten ihr Missfallen auf verschiedenste Weise zum Ausdruck, unter anderem dadurch, dass sie uns während des Gottesdienstes mit Steinen bewarfen. Wir hörten zunächst mehrere Salven von Kieseln gegen die Fenster prasseln; dann erklangen einige dumpfe Schläge, als größere Brocken auf dem Dach landeten, und schließlich stießen die Störenfriede die Tür auf und ließen einen wahren Steinhagel auf uns niedergehen. Wieder einmal war ich vor Angst wie gelähmt. Steinewerfer im Gotteshaus! Wir beugten uns vor und versuchten, mit den Händen unsere Köpfe zu schützen. Manchmal kam es auch vor, dass fanatische Katholiken in unsere Kirche einbrachen und die Inneneinrichtung zerstörten.

Noch schlimmer waren für uns Kinder die Anfeindungen, denen wir tagtäglich ausgesetzt waren. Als Grundschüler besuchte ich die evangelische Missionsschule in Kadutu. Jemand war auf die Idee gekommen, unsere Schuluniform in den schwedischen Landesfarben Gelb und Blau zu gestalten. Die katholischen Kinder dagegen waren ganz in Weiß gekleidet. Dadurch waren wir für jedermann sofort als Protestanten zu erkennen und der Spott unserer Altersgenossen war uns gewiss. Da die leuchtenden Farben unserer Schuluniform weithin sichtbar waren, gab es kaum eine Möglichkeit, den Schikanen auszuweichen. Für ein protestantisches Kind war es nahezu aussichtslos, Wasser zu holen, denn der Weg zur Wasserstelle wurde uns jedes Mal von unseren katholischen Altersgenossen versperrt, und wir brauchten die Hilfe eines Erwachsenen, um überhaupt durchzukommen.

Heutzutage hat sich die Situation entspannt; nur manchmal brechen die alten Vorurteile noch auf, wie zum Beispiel an dem Tag, als ein junger Mann um die Hand meiner Tochter Sylvie anhielt. Ich gab den beiden meinen Segen, denn der junge Mann war ein wunderbarer Mensch, und ich sah keinen Grund, mich der Hochzeit zu widersetzen. Meine Entscheidung löste einige Bestürzung in meinem Umfeld aus; für manche Verwandten kam diese Ehe einer Katastrophe gleich.

Das liegt daran, dass in diesem Fall neben den religiösen auch ethnische Grenzen betroffen sind. Unsere Familie gehört zum Volk der *Bashi,* das seit Jahrhunderten im Südkivu lebt. Die allermeisten *Bashi* sind Katholiken. Allerdings bildet unser Heimatort Kaziba eine Ausnahme, denn dort gibt es schon seit Langem eine norwegische Missionsstation.

Daher sind so gut wie alle Einwohner von Kaziba Protestanten und bilden eine eigene Untergruppe der *Bashi,* die in der Gegend *Bazibaziba* genannt wird. Die *Bazibaziba* haben einen starken Zusammenhalt und heiraten in der Regel nur innerhalb der Gruppe. Mischehen mit Katholiken sind äußerst selten.

Deshalb schlug die Verlobung meiner Tochter mit einem katholischen jungen Mann solche Wellen: Wie konnte sie so etwas tun, wo ihr Großvater doch einer der allerersten protestantischen Pastoren von Bukavu gewesen war? Und wie konnte ich, Dr. Mukwege, dieser Verbindung zustimmen, anstatt die Familientradition zu verteidigen?

Für mich war es überhaupt keine Frage, den jungen Mann in unsere Familie aufzunehmen. Es ist nie gut, sich von der Außenwelt abzuschotten; außerdem sollen meine Kinder selbst entscheiden dürfen, wen sie heiraten. Wenn ich sehe, dass sie mit ihrem Partner glücklich sind, dann kann ich nicht anders, als sie zu unterstützen. Was sonst sollte ich als Vater tun? Wer bin ich, dass ich ihrer Liebe Hindernisse in den Weg lege? Zumal sowohl meine eigene Ehe als auch die meiner Eltern althergebrachte Grenzen überschritten und mit manchen Traditionen gebrochen haben.

Allerdings nahm ich nur an der standesamtlichen Trauung teil und blieb der Zeremonie in der katholischen Kirche fern, um nicht noch mehr Öl ins Feuer zu gießen. Meine gesamte Verwandtschaft lehnte die Ehe der beiden vehement ab und ich hoffte, auf diese Weise den Konflikt etwas abzumildern. Meine Tochter hatte Verständnis für diese Entscheidung, zumal sie weiß, dass sie ansonsten auf meine völlige Unterstützung zählen kann.

Ich hoffe sehr, dass solche Spaltungen eines Tages überwunden und Hochzeiten über Konfessionsgrenzen hinweg normal werden. Was einen Menschen rettet, ist seine Beziehung zu Gott und nicht seine Zugehörigkeit zu einer Konfession. Leider ist das engstirnige Denken diesbezüglich weit verbreitet und es wird wohl noch lange Zeit dauern, bis es verschwindet.

Viel zu selten stehen Katholiken und Protestanten gemeinsam für eine Sache ein. Aber es gibt Ausnahmen, wie zum Beispiel den Jahrestag der Ermordung von Erzbischof Christophe Munzihirwa am 29. Oktober 1996. Munzihirwa war ein aufrechter Mann, der sich nicht scheute, Missstände öffentlich anzuprangern. Damit war er den Milizen aus Ruanda, die Bukavu besetzt hatten, ein Dorn im Auge.

Eines Tages wurde er bei einer Straßensperre angehalten. Er stieg mit dem Kreuz in der Hand aus dem Auto. Als die Soldaten ihn erkannten, fragten sie per Funk bei ihren Offizieren nach, wie sie mit ihm verfahren sollten, und erhielten den Befehl, ihn zu töten. Man führte ihn einige Meter beiseite und erschoss ihn an Ort und Stelle.

Ich habe Bischof Munzihirwa nicht persönlich gekannt, aber ich erinnere mich noch sehr gut an den Tag, an dem er ermordet wurde, denn ich war in diesem Moment selbst auf der Flucht und wurde in einem Kofferraum aus der Stadt geschmuggelt. Man suchte mich wegen „Hochverrats".

Jeden Tag komme ich auf meinem Weg zum Krankenhaus an der Kreuzung vorbei, an der Bischof Munzihirwa getötet wurde. Auf beiden Straßenseiten sind Bilder aufgestellt, die an sein Leben und Sterben erinnern. Die Bilder werden jedes Jahr im Rahmen einer großen Gedenkveranstaltung erneuert, zu der auch ich schon geladen war. Bei dieser Veranstaltung wird nicht nur des Verstorbenen und seines vorbildlichen Einsatzes für die Bürger von Bukavu gedacht. Die katholischen Geistlichen nutzen sie auch als Bühne, um die aktuellen Entwicklungen zu kritisieren und die Gewalttaten anzuprangern, die in unserer Region begangen werden. Angesichts all dessen, was ich täglich in den Nachrichten höre und im Krankenhaus mit eigenen Augen sehe, und auch angesichts der Bedrohung, der ich immer wieder ausgesetzt bin, sind solche Veranstaltungen von unschätzbarem Wert. Es kann gar nicht genug davon geben.

Hier im Kongo gibt es ein Phänomen, das wir „Protest der Zivilgesellschaft“ nennen. Kirchliche und politische Verbände, die einen weitreichenden Rückhalt in der Bevölkerung haben, ermutigen die Bürger, sich gegen die zunehmende Gewalt in der Region zu stemmen und Machtmissbrauch und Korruption öffentlich anzuprangern. Immer wieder organisieren sie weitreichende Generalstreiks, an denen alle Aktivitäten ruhen: Fabriken, Werkstätten, Läden, Schulen und alle anderen öffentlichen Einrichtungen bleiben einen Tag lang geschlossen, um dem Unmut der Bürger Ausdruck zu verleihen. Nach dem Attentat, dem ich im Oktober 2012 beinahe zum Opfer gefallen wäre, organisierten die Verbände einen solchen Generalstreik, um gegen diesen Akt der Gewalt zu protestieren und ihre Unterstützung für unsere Arbeit kundzutun. An diesen Tagen stehen Protestanten, Katholiken und alle anderen Gläubigen, ja die ganze Stadt, fest zusammen. Der Kampf gegen die dunklen Mächte, die den Ostkongo zerstören, eint die Bevölkerung. Die Kirchen spielen dabei eine wichtige Rolle, denn man respektiert sie und hört auf sie.

An jenem Tag Anfang August 2012 waren die Straßen schwarz vor Menschen. Eine riesige Menschenmenge demonstrierte gegen das, was wir die „Balkanisierung des Kongo“ nennen. Es gibt hier im Osten des Landes zerstörerische Kräfte, die die Kivu-Provinzen abspalten und in einen eigenen Staat verwandeln wollen. Diese Demonstration war ein unmissverständliches Zeichen gegen solche Bestrebungen:

Der Kongo ist eins und soll eins bleiben. Gemeinsam kämpfen wir für den Frieden!

Eines Tages werden die Stimmen der Bürger vereint mit den Stimmen der Kirchen stark genug sein, um die Mächte des Bösen zu überwinden. Vielleicht wird es uns dann endlich möglich sein, unser Land weiterzuentwickeln.

6

Als ich neun Jahre alt war, durchlebte unsere Familie einige erschütternde Momente. Rebellentruppen waren in den Süden der Provinz einmarschiert. Sie hatten viele Bewohner getötet, Häuser geplündert und Gehöfte niedergebrannt. Die Namen aller, die sich den Rebellen widersetzten oder sie kritisierten, wurden auf eine schwarze Liste gesetzt. Ihr Leben war fortan keinen Pfifferling mehr wert.

Zu den Ermordeten gehörte auch ein junger Mann namens Isaak, der Sohn eines der besten Freunde meines Vaters. Als wir von seinem brutalen Tod erfuhren, übermannte uns alle eine tiefe Trauer. Mein Vater beerdigte ihn und hielt in unserer Kirche einen großen Trauergottesdienst.

Isaaks Vater Ibrahim war der leitende Regierungsbeamte der Bergregion Lemera. In Lemera war 1920 die erste schwedische Missionsstation im Kongo gegründet worden. Die Rebellen hatten Isaak vor den Augen seines Vaters ermordet und wollten ihm anschließend dasselbe Schicksal bereiten. Allerdings zielten sie nicht genau genug, und so überlebte Ibrahim schwer verletzt. Doch er wusste, dass sie ihn nicht in Ruhe lassen würden, und da er nicht in Lemera bleiben konnte, bot ihm mein Vater an, ihn bei uns zu verstecken. Allerdings musste er dafür erst einmal 100 Kilometer zu Fuß durch die Berge marschieren, ohne entdeckt zu werden, was ihm tatsächlich gelang.

Damals führten die Rebellen über Monate einen Guerillakrieg in den Provinzen, aber die Regierungstruppen in Bukavu schafften es lange Zeit, alle Angriffe auf die Stadt abzuwehren.

Der Name des Rebellenchefs war Pierre Mulele. Als junger Politiker hatte er ebenso wie Kashamura einen Ministerposten in Lumumbas Regierung innegehabt. Um Soldaten für seine Miliz zu gewinnen, bediente er sich des Aberglaubens und der Zauberei. Alle neuen Rekruten wurden in einem Initiationsritus mit geweihtem Wasser besprengt, das aus einem Sud von verschiedenen Kräutern bestand. Dieser „Zaubertrank“ sollte dafür sorgen, dass die gegnerischen Kugeln wirkungslos am Körper abprallten und wie Regentropfen auf den Boden prasselten.

Die meisten Rekruten waren junge Taugenichtse, die sich in den Wäldern herumgetrieben hatten. Sie bemalten ihre Gesichter mit weißer und roter Erde und flochten sich Bananenblätter in die Haare. Vollgepumpt mit Drogen stürzten sie sich mit nackten Oberkörpern in die Schlacht. Ihr Kriegsruf lautete „Mai ya Mulele“ („Wasser von Mulele“). Sie waren überzeugt, unbesiegbar zu sein. Im Gegenzug wanden die Soldaten der regulären Armee geflochtene Kränze um ihre Gewehrläufe, um den Zauber Muleles unwirksam zu machen – sofern er überhaupt existierte ...

Schließlich nahmen die Aufständischen Bukavu ein. Von da an schwebten wir in großer Gefahr, denn unser Haus war voller Flüchtlinge aus den Bergen, deren Namen auf der Todesliste standen, darunter auch Ibrahim. Sie hatten gehofft, bei uns eine sichere Zuflucht zu finden; doch jetzt mussten wir alle unser Haus verlassen. Als wir uns gerade zur Flucht bereit machten, stürmten die Rebellen den Kirchhof und eröffneten das Feuer. Sie schossen ohne Unterschied auf uniformierte Polizisten und einfache Zivilisten und ich sah Menschen im Kugelhagel zusammenbrechen. Während wir durch die Hintertür unseres Hauses hinausstürzten, brachen die Rebellen die Kirchentür auf. Sie hofften, Ibrahim und andere Flüchtlinge, die auf ihrer Liste standen, in der Kirche zu finden. Nachdem sie festgestellt hatten, dass das Gebäude leer war, wandten sie sich unserem Haus zu – aber auch dort fanden sie keine Menschenseele mehr. Wir hatten es wenige Minuten zuvor verlassen.

So schnell wir konnten, rannten wir durch die Straßen der Stadt. Immer wieder blickten wir uns ängstlich um. Die Furcht vor den Rebellen trieb uns vorwärts. Nach einigen Kilometern machten wir kurz bei einer befreundeten Familie Rast, brachen jedoch nach wenigen Minuten wieder auf. So erreichten wir vor Einbruch der Dunkelheit ein Dorf, in dem wir in Sicherheit waren.

Muleles Miliz hielt die Stadt drei Tage lang. Dann starteten die Regierungstruppen einen Gegenangriff und zwangen sie zum Rückzug. Nach einer Woche im Dorf konnten wir nach Hause zurückkehren. Wieder einmal hatte sich in meinem Inneren etwas verändert: Vor meinen Augen waren grundlos unschuldige Menschen getötet worden. Und das alles vor dem Eingang der Kirche. Diese Szenen habe ich bis heute nicht vergessen.

Wir selbst waren gerade noch einmal davongekommen. Einige Minuten später wären Ibrahim und seine Freunde aus den Bergen dem Tod verfallen gewesen und niemand weiß, was aus uns geworden wäre. Ibrahim konnte sich auch weiterhin dem Zugriff der Rebellen entziehen und lebte danach noch viele Jahre.

Die Erinnerungen an diese traumatische Erfahrung beschäftigten mich lange Zeit und erklären meine heftige Reaktion, als drei Jahre später, im Jahr 1967, eine Armee von weißen Söldnern unter dem Kommando des Belgiers Jean Schramme vor den Toren Bukavus erschien. Mussten wir jetzt eine weitere Besatzung über uns ergehen lassen?

Seit zwei Jahren war Joseph-Désiré Mobutu Präsident des Landes. Mithilfe der Söldner war es ihm gelungen, Mulele und seine Rebellen aus dem Kivu zu vertreiben. Aber das Problem war, dass die Söldner ihren Sold nicht erhalten hatten. Deshalb drohten sie, in Bukavu einzumarschieren, um sich mit Gewalt zu holen, was ihnen ihrer Meinung nach zustand. In der Umgebung der Stadt gab es zahlreiche Minen, die sie unter ihre Kontrolle bringen wollten.

Für mich war Schramme mit seinen Soldaten eine Art Ungeheuer, dessen bloße Erwähnung mir einen Schauer des Entsetzens über den Rücken jagte. Aufgrund der traumatischen Erfahrungen in den letzten Jahren war ich innerlich recht labil. Ich schlief schlecht und hatte schreckliche Albträume. Deshalb kam ich auf den Gedanken, die Stadt zu verlassen und für einige Zeit bei meinen Verwandten in Kaziba zu bleiben, das ungefähr einen Tagesmarsch von Bukavu entfernt liegt. Zufällig waren zu diesem Zeitpunkt einige von ihnen zu Besuch, und so ergriff ich die Gelegenheit und fragte meine Eltern, ob ich mit den Verwandten nach Kaziba gehen dürfe, bis die Situation in Bukavu sich beruhigt hätte. Doch meine Eltern lehnten ab und ich musste weiter mit meinen Ängsten leben. In diesen Wochen kam es vor, dass ich die ganze Nacht über kein Auge zutat, sondern einfach regungslos auf meinem Bett lag, bis es wieder hell wurde.

Dann kam der Tag, an dem unsere Verwandten nach Kaziba aufbrachen. Ich hörte, wie sie um fünf Uhr morgens aufstanden und das Haus verließen. Kaum waren sie fort, kletterte ich leise aus meinem Bett, zog mich an und schlich ebenfalls aus dem Haus. Es war noch dunkel und ziemlich kalt (Bukavu liegt 1500 Meter hoch und zudem am Ufer eines Sees). Im Hof blieb ich einige Sekunden lang unbewegt stehen und lauschte. Im Haus war alles still, niemand hatte meinen Aufbruch bemerkt.

Erleichtert verließ ich den Hof und machte mich auf den Weg. Nach einigen Metern kamen mir Zweifel. Sollte ich mein Vorhaben wirklich in die Tat umsetzen? Es kam so gut wie nie vor, dass ich meinen Eltern ungehorsam war. Doch die Angst quälte mich so sehr, dass ich mir nicht vorstellen konnte, länger in der Stadt zu bleiben. Ich konnte nicht anders, ich musste fort. Mit der Reaktion meiner Eltern musste ich mich eben später auseinandersetzen.

Es war Trockenzeit, deshalb war der Himmel klar und die Sterne erleuchteten den Weg. Meine Verwandten hatten einige Minuten Vorsprung und ich wusste, dass ich sie leicht hätte einholen können, aber ich wollte ihnen lieber in einiger Entfernung folgen. Hätten sie mich bemerkt, hätten sie mich womöglich direkt wieder nach Hause geschickt, und das kam überhaupt nicht infrage.

Bald konnte ich im Licht der Sterne ihre Silhouetten erkennen. Die Straße vor uns stieg leicht an und führte direkt nach Süden. Langsam wurde es heller und ich begegnete den ersten Passanten, die sich auf den Weg in die Stadt gemacht hatten. Wir durchquerten die Gegend, in der sich heute das Stadtviertel Panzi mit unserem Krankenhaus befindet. Damals gab es dort noch keine Häuser, sondern lediglich große Wälder und Plantagen, die allerdings seit dem Weggang der Belgier nicht mehr bewirtschaftet wurden.

Nach ungefähr zwei Stunden war ich der Meinung, meine Vorsicht sei jetzt nicht mehr nötig, und ging schneller, bis ich meine Verwandten eingeholt hatte. Sie waren sehr überrascht, dass ich ihnen gefolgt war. „Großer Gott, was machst du denn hier?“, riefen sie. „Ich komme mit nach Kaziba“, antwortete ich. „Du bist ohne die Erlaubnis deiner Eltern aufgebrochen, nicht wahr?“, fragten sie. Ich senkte die Augen und nickte. In diesem Moment wäre ich am liebsten im Erdboden versunken. Aus den Augenwinkeln sah ich, wie sie sich Blicke zuwarfen. Schließlich verkündeten sie: „Einer von uns wird dich nach Hause zurückbringen.“ Da kamen mir die Tränen und ich schluchzte: „Ich will nicht nach Hause. Ich habe solche Angst."

Zur Reisegruppe gehörte ein Mann namens Zacharias. Er wohnte etwas außerhalb von Kaziba und hütete die Viehherden unserer Großfamilie. Er bot an, mich aufzunehmen. „Ich brauche sowieso Hilfe bei den Kühen", sagte er. „Du kannst bei mir wohnen." Und so war die Sache beschlossen.

Solange ich denken kann, liebe ich die Natur. Schon als Kind streifte ich stundenlang durch die Wälder oder stieg auf Berge und Hügel, um die Aussicht zu genießen. Mich draußen in Gottes Schöpfung zu bewegen gab mir Kraft und Ruhe.

Zacharias wohnte in einer traumhaft schönen Gegend und ich genoss in vollen Zügen die stundenlangen Fußmärsche durch die Berge, wenn wir das Vieh zu den Weiden trieben. Alles war so friedlich und Jean Schramme schien unendlich weit weg zu sein.

Doch die Ruhe war trügerisch. Kaum war die erste Woche vergangen, da erreichte mich die Nachricht, dass die Söldner Bukavu eingenommen hatten. Alle meine Befürchtungen hatten sich bewahrheitet. Aber damit nicht genug. Man sagte mir auch, dass unser Haus in Kadutu von einer Bombe getroffen worden sei. Wenn man im Alter von zwölf Jahren fern der Familie eine solche Nachricht erhält, vergisst man diesen Schock nie mehr. Ich war völlig verstört. Was sollte das bedeuten – eine Bombe hatte unser Haus getroffen? War ich jetzt ein Waisenkind? Hatte ich meine Geschwister verloren?

Ich verließ Zacharias und suchte Zuflucht in Kaziba. Dort befand sich eine große Station der norwegischen Missionsgesellschaft mit einem Krankenhaus und einer Schule. Der Schuldirektor war ein guter Freund meines Vaters und nahm mich in seinem Haus auf.

Viele Einwohner von Bukavu versuchten, sich vor diesem neuerlichen Ausbruch von Gewalt in Sicherheit zu bringen, und flohen aus der Stadt. Vom Straßenrand aus beobachtete ich den nicht enden wollenden Strom von Flüchtlingen, der sich durch Kaziba wälzte. Immer wieder fragte ich Passanten, ob sie etwas über das Schicksal von Pastor Mukwege und seiner Familie wüssten. Mehrere Leute bestätigten mir, dass unser Haus von einer Bombe getroffen und teilweise zerstört worden sei. Aber niemand konnte mir sagen, ob es Verletzte oder gar Tote gegeben hatte.

Ein oder zwei Tage lang schwebte ich in völliger Ungewissheit. Dann erzählte mir jemand, er habe zwei Leichen im Hof unseres Gehöfts gesehen. Vielleicht zwei Erwachsene, ein Mann und eine Frau. Oder zwei Jugendliche. Das könne er nicht so genau sagen, er habe sie nur aus einiger Entfernung erspäht.

Doch schließlich traf meine Familie in Kaziba ein und meine Ängste kamen zur Ruhe. Niemand war tot oder verletzt. Beim Einschlag waren nur mein Vater und meine große Schwester zu Hause gewesen und sie waren nicht getroffen worden. Meine Mutter und meine anderen Geschwister hatten Bukavu schon am Vorabend verlassen. „Aber was ist mit den beiden Toten?“, fragte ich. Mit trauriger Stimme erwiderte mein Vater: „Das waren Leah und Job.“ Diese Nachricht erschütterte mich zutiefst. Die beiden gehörten zu unseren engsten Freunden. Leah war dreizehn Jahre alt und Job zwanzig. „Leah und Job?“, wiederholte ich betroffen. „Warum waren sie bei uns im Haus?“, fragte ich. „Sie wollten sich vor den Kämpfen in Sicherheit bringen“, antwortete mein Vater.

Die Gefechte zwischen Söldnern und Regierungstruppen hatten sich auf wenige Stadtviertel beschränkt. Niemand hatte erwartet, dass sie auch Kadutu erreichen würden – was im

Übrigen auch nicht wirklich geschah. Die Bombe war ein tragischer Fehler. Als die Regierungstruppen in Schwierigkeiten gerieten, forderten sie Luftunterstützung an. Allerdings bekamen die Piloten so ungenaue Angaben, dass sie ihre Bomben weit entfernt von den gegnerischen Truppen abwarfen. Eine davon landete unglücklicherweise auf unserem Haus.

Unser Haus war ein langes, schmales Gebäude aus dunklen Ziegeln und einem rauen Lehmputz. Es hatte vier Zimmer und ich wohnte normalerweise in einem der beiden mittleren. Genau in diesem Zimmer schlug die Bombe ein. Leah und Job, die dort schliefen, hatten keine Chance. Die Druckwelle war so stark, dass sie die Wände einriss und das Dach zusammenstürzen ließ. Auch in den Nebenzimmern erlitten die Leute schwere Verletzungen. „Ich habe die beiden vor dem Eingang zu unserem Haus begraben", schloss mein Vater seinen Bericht.

Die Armee brauchte mehr als zwei Monate, um Jean Schrammes Söldnertruppe aus der Stadt zu vertreiben. Als meine Familie schließlich nach Bukavu zurückkehrte, bat ich darum, in Kaziba bleiben zu dürfen. Obwohl ich es nicht zugab, hatte ich immer noch große Angst und konnte mir nicht vorstellen, wieder in Bukavu zu leben.

Wir einigten uns schließlich darauf, dass ich in Kaziba zur Schule gehen sollte, was sich allerdings im Nachhinein als recht kompliziert herausstellte. Die Rebellen führten nämlich weiterhin einen Guerillakrieg in der Umgebung. Deshalb konnte man bestimmte Gegenden immer wieder für längere Zeit nicht betreten, und so musste ich während des ersten Halbjahrs mehrmals die Schule wechseln.

Letztlich blieb ich ein ganzes Jahr in Kaziba. Als ich endlich wieder zu Hause war, fiel mein Blick immer wieder auf den kleinen Grabhügel neben dem Eingang, unter dem die sterblichen Überreste von Leah und Job ruhten. Mit der Zeit musste ich mich wohl oder übel an den Anblick gewöhnen, aber es fiel mir nicht leicht: Dort lagen zwei Jugendliche, die in meinem Zimmer gestorben waren – an dem Ort, wo ich gewesen wäre, wenn ich nicht gegen den Willen meiner Eltern das Haus verlassen hätte. Ich hatte überlebt, und das war nicht leicht zu ertragen.

7

Schwitzend und von Krämpfen geschüttelt lag der kleine Junge auf seinem Bett. Mein Vater, der auf Bitten der Eltern zum Krankenbesuch gekommen war, nahm das kleine Fläschchen mit dem Salböl, schraubte es auf und goss einige Tropfen in seine Hand. Dann beugte er sich über das Kind und rieb ihm das Öl auf die Stirn, während er ein Gebet sprach. Ich stand mit gesenktem Kopf und geschlossenen Augen neben ihm und hörte, wie der Junge unter Papas sanfter Hand stöhnte.

Dieses Kind war schwer krank und ich empfand starkes Mitgefühl. Ich fragte mich, ob Papas Gebet ausreichen würde, um es zu heilen. Warum konnte Papa ihm nicht auch ein Medikament verabreichen? Wenn ich krank war, tat er immer beides: Er betete und gab mir Medikamente. Warum nicht auch bei diesem Kind? Ich beschloss, ihn auf dem Heimweg danach zu fragen.

Wie jeden Sonntagnachmittag begleitete ich auch heute meinen Vater bei seinen Krankenbesuchen. Sonntags war ich immer den ganzen Tag über mit ihm unterwegs. Wir standen weit vor Sonnenaufgang auf, denn der erste Gottesdienst begann bereits um 4.30 Uhr. Es war ein Soldatengottesdienst in der Kaserne am anderen Ende der Stadt und wir mussten 5 Kilometer zu Fuß gehen, um dorthin zu gelangen. Die frühe Uhrzeit war dem Umstand geschuldet, dass der Gottesdienst beendet sein musste, bevor um 6 Uhr die katholische Frühmesse begann. Das war die Bedingung, dass Papa dort überhaupt Gläubige versammeln und predigen durfte. Nach diesem hielt mein Vater einen weiteren Gottesdienst in der Polizeikaserne und danach begann der Hauptgottesdienst in unserer Kirche, der bis ungefähr 14 Uhr dauerte. Direkt nach dem Hauptgottesdienst brachen wir auf, um in Krankenstationen und Privathäusern die Kranken zu besuchen.

Ich war sehr gerne mit meinem Vater unterwegs. Es beeindruckte mich, wie er sich um Menschen in jeder Lebenslage kümmerte und ihnen mit Rat und Tat zur Seite stand. Am meisten aber bewunderte ich seinen Umgang mit Kranken. Sein Ziel war stets, ihnen Hoffnung zu vermitteln, und er betete mit großer Ernsthaftigkeit für sie.

Nur eine Sache wollte eben nicht so recht in dieses Bild passen: Warum gab er den Leuten keine Medikamente?

Wir hatten das Haus des kleinen Jungen kaum verlassen, da platzte die Frage auch schon aus mir heraus: „Warum gibst du mir Medikamente, wenn ich krank bin, aber nicht den anderen Kranken? Vielen von ihnen geht es doch noch viel schlechter als mir, wenn ich einmal Husten oder Fieber habe?“

Papa hielt mitten auf der Straße an und erklärte mir: „Ich bete und ermutige die Kranken, denn das ist etwas, was ich kann. Medikamente dagegen müssen von Menschen verabreicht werden, die dafür ausgebildet wurden.“

Ich war solchen Menschen natürlich schon oft begegnet, wenn wir die Krankenstationen besuchten. In weißen Kitteln liefen sie durch die Flure und verteilten Tabletten und Säfte in kleinen Plastikbechern. Man nannte sie *Muganga* (Heiler). Wahrscheinlich hatte einer von ihnen meinem Vater die Medikamente gegeben, die er mir verabreichte.

„Dann werde ich ein *Muganga*“, verkündete ich.

„Das ist hervorragend“, erwiderte Papa, „so können wir uns ergänzen. Du verteilst die Medikamente und ich bete für die Leute.“

Damit war unser Gespräch beendet. Und doch war das einer der bedeutsamsten Momente in meinem Leben, denn von da an stand mein Entschluss fest: Ich werde ein Heiler, der Medikamente an Kranke verteilt. Von diesem Tag an konnte ich mir keinen anderen Beruf mehr vorstellen, weder Pilot noch Lehrer noch sonst irgendetwas. Ich würde ein Mann im weißen Kittel werden. Diesen Entschluss fasste ich im Jahr 1963 im Alter von acht Jahren. Mein Vater hatte mir den Weg dorthin gewiesen.

Papa und ich blieben über die Jahre eng miteinander verbunden. Als er im Oktober 2010 starb, verlor ich nicht nur einen Vater, sondern auch ein Vorbild, einen Ratgeber und eine unerschütterliche Stütze. Wir trafen uns jeden Samstag zum Teetrinken und zum Beten. Wir standen uns so nahe, dass ich nach seinem Tod das Gefühl hatte, es sei ein Teil von mir selbst gestorben.

Sein Tod kam so unerwartet, dass wir alle vollkommen überrascht waren. Mein Vater schien bei ausgezeichneter Gesundheit und war bis zu seinem letzten Atemzug voller Tatendrang. Aber er hatte eine Vorahnung. Zwei Wochen vor seinem Tod sagte er plötzlich zu mir: „Ich werde gehen." Ich verstand zunächst gar nicht, was er mir damit sagen wollte, und fragte zurück: „Wohin gehst du denn?" „Ich gehe nach Hause", antwortete er. „Ich habe mein Leben gelebt. Jetzt ist es genug." „Nein", protestierte ich, „sag so etwas nicht. Du hast noch viele gute Jahre vor dir." Aber er lachte nur sanft, wie er es immer tat, und sagte dann: „Es ist wirklich genug. Ich habe alles erledigt, was ich hier auf der Erde tun wollte. Jetzt will ich meinen Vater im Himmel sehen."

Ohne recht zu verstehen, warum, wurde ich ein wenig ärgerlich. Aber eigentlich hatte er recht. Er beurteilte seine Lage aus der Sicht eines Gläubigen: Das eigentliche Ziel unseres Lebens ist es, in Gottes Welt zurückzukehren und für immer bei ihm zu sein.

Trotzdem wollte ich nichts davon hören, als mein Vater andeutete, dass seine Zeit gekommen sei. Der Gedanke an seinen Tod machte mir Angst und ich sagte: „Papa, wir können über alles reden. Aber nicht darüber. Darüber will ich nicht sprechen."

Bald danach, während ich auf einer Auslandsreise war, bekam mein Vater einen Schlaganfall. Bei meiner Rückkehr war er schon nicht mehr ansprechbar. Man verlegte ihn in unser Krankenhaus in Panzi, wo er am 7. Oktober verstarb.

Ich glaube nicht, dass dieses Datum ein Zufall war, denn es hatte für unsere Familie eine besondere Bedeutung. Zehn Jahre zuvor hatte mein Vater beschlossen, dass die ganze Familie einmal im Jahr zusammenkommen sollte. Egal wo wir alle lebten, an diesem einen Tag sollten wir uns alle bei ihm einfinden und miteinander beten. Als Termin für unsere Treffen legte er den 7. Oktober fest. Keiner wusste, warum er diesen Tag gewählt hatte. Er schien völlig aus der Luft gegriffen. Unsere Zusammenkünfte wurden zu einer festen Tradition, und als er dann an genau diesem Tag starb, waren wir nicht nur sehr traurig, sondern auch auf eigentümliche Weise berührt. Es war, als hätte er es gewusst ... Und so wurde unsere Tradition auch in diesem Jahr gepflegt – vielleicht sogar mehr denn je, denn eine Familie ist nie so sehr eins, wie wenn sie eines ihrer Mitglieder verliert.

Nach Papas Tod erfuhr ich, dass er in der Woche vor seinem Schlaganfall einer ganzen Reihe von Leuten angekündigt hatte, dass er „gehen" werde. Alle hatten, genau wie ich, verständnislos gefragt: „Aber wohin denn?" Seine Worte erschienen uns merkwürdig, aber für ihn waren sie vollkommen logisch. Er spürte, dass er am Ende seines Lebens angekommen war und bald seine letzte Reise antreten würde. Und so kündigte er seinen Abschied an, aber wir verstanden ihn nicht.

Papas Ende passte zu seinem Leben. Er war ein ruhiger Mensch. Hier im Kivu ist es üblich, dass die Väter ihre Kinder schlagen. Kinder werden mit Drohungen und Prügeln erzogen und gehorchen mehr aus Angst denn aus Einsicht. Die Eltern meinen es gut, aber sie sind sich nicht darüber im Klaren, wie sehr sie ihren Kindern damit schaden. Die Kinder wachsen in einem Klima der Furcht und der Verunsicherung auf und es ist sicher kein Zufall, dass in unserer Provinz viele Jugendliche ernsthafte psychische Probleme haben.

Ich kann voller Stolz und Dankbarkeit sagen, dass mich meine Eltern durch meine ganze Kindheit hindurch mit Zuneigung überschüttet haben. Mein Vater hat kein einziges Mal seine Hand gegen mich erhoben – im Übrigen auch gegen keinen anderen Menschen. Er versuchte vielmehr, Konflikte zu vermeiden, missbilligte jede Form von Streit und wurde nie laut. Wenn meine Geschwister und ich anfingen, uns zu zanken und die Lautstärke zunahm, schickte mein Vater uns sofort aus dem Zimmer. Auf Zwietracht reagierte er regelrecht allergisch.

Er war dreißig Jahre lang Pastor gewesen und hatte die Verantwortung für seine Gemeinde sehr ernst genommen. Auch nach seiner Pensionierung besuchte er Kranke und Gefangene, wie er es immer getan hatte. Gemeinschaft mit seinen Mitmenschen zu pflegen, sie zu trösten und ihnen zur Seite zu stehen, war seine Lieblingsbeschäftigung. Auf diese Weise gewann er den Respekt eines großen Teils der Einwohner von Bukavu. Natürlich wurde das nie offen ausgesprochen – das macht man bei uns nicht –, aber man merkte es an der Art und Weise, wie die Leute über ihn redeten. Wann immer sein Name fiel, spürte man, welche Achtung die Menschen vor ihm hatten.

Nachdem er die Verantwortung für seine Gemeinde abgegeben hatte, musste er mit ansehen, wie Spannungen und

Druck in der Gemeinde zunahmen. Der großzügige Geist der Versöhnung und des gegenseitigen Verständnisses, den er Zeit seines Dienstes gepredigt und vorgelebt hatte, ging durch den unnachgiebigen und strengen Leitungsstil seiner Nachfolger Stück für Stück verloren.

Im Gegensatz zu meinem Vater war meine Mutter sehr temperamentvoll und verhielt sich in der Kindererziehung genau entgegengesetzt. Sie reagierte sofort und konnte recht wütend werden, wenn ich zu übermütig wurde. Dann setzte es auf der Stelle einen Klaps auf den Hintern oder eine leichte Ohrfeige. Aber damit war die Sache erledigt und man sprach nicht mehr davon. Sie bestrafte uns nie im Nachhinein und züchtigte uns nie mit einem Stock oder irgendeinem anderen Gegenstand. Wenn die Strafe vollzogen war, war die Sache ausgestanden, und es gab kein Nachspiel.

Ich ließ mich lieber von meiner Mutter als von meinem Vater bestrafen. Er hatte mit seinen Worten eine viel größere Macht über mich als meine Mutter mit ihren Ohrfeigen. In ruhigen, bedachten Worten sagte er Dinge, die mich mitten ins Herz trafen und lange schmerzten. Mein Vater war eine Person mit großem Tiefgang.

Es war für meinen Vater nicht leicht, mit seinem bescheidenen Pastorengehalt für seine ständig wachsende Familie zu sorgen. Am Ende waren wir neun Kinder. Eine Zeit lang hatte er Mühe, mein Schulgeld aufzubringen, und ich befürchtete, ein Halbjahr oder gar ein ganzes Schuljahr zu verpassen. Das wäre eine Katastrophe für mich gewesen, denn die Schule war mir wichtiger als alles andere. Schon mit fünf Jahren bettelte ich darum, in die Schule gehen zu dürfen, und als ich einsehen musste, dass es nicht möglich war, weinte ich bittere Tränen. Als es dann so weit war und ich endlich die Schulbank drücken durfte, war ich so glücklich, dass ich mir fest vornahm, niemals zu spät zum Unterricht zu kommen.

Leichtfüßig rannte ich jeden Morgen die Hänge von Kadutu hinunter zur Hauptstraße und fuhr dann mit dem Bus zur alten belgischen Schule im Stadtzentrum. Vor der Unabhängigkeit war sie – von einigen Ausnahmen abgesehen – nur für weiße Kinder zugänglich gewesen, aber inzwischen stand sie allen offen. Die langen, schmalen Schulgebäude lagen direkt am Ufer des Kivusees und beherbergten tausend Schüler.

Ich weiß nicht genau, warum die Schule eine so große Anziehungskraft auf mich ausübte; es hat wohl mit meiner Neugier und meinem Wissensdurst zu tun. Meine Mutter erzählte mir, dass ich schon als kleines Kind immer bei den Erwachsenen saß und ihren Unterhaltungen lauschte. Bei uns waren ständig Leute zu Gast: Pastoren, die bei uns übernachteten, Verwandte und Freunde. Sie unterhielten sich mit unseren Eltern und diskutierten bis spät in die Nacht über jedes nur erdenkliche Thema, während ich irgendwo in der Ecke saß und alles in mich aufsog. Meine Mutter erkannte meinen Wissensdurst und ihr war klar, dass die Schule genau das war, was ich brauchte.

Nach zwei Schuljahren wechselte ich die Schule. Der Grund dafür lag nicht in der Qualität des Unterrichts – ich liebte meine Lehrer und lernte viel –, sondern darin, dass die Missionsschule ihren Betrieb wieder aufnahm. Inzwischen hatte sich die politische Lage wieder beruhigt und die Missionare, die das Land verlassen hatten, kehrten zurück.

Viele Kinder verlieren nach einigen Jahren die Lust an der Schule. Bei mir war es anders und ich gab Jahr für Jahr mein Bestes, um gute Noten zu erzielen. Doch eines Tages gegen Ende meiner Grundschulzeit eröffnete mir mein Vater kurz vor Beginn des neuen Schuljahres, dass er Schwierigkeiten habe, mein Schulgeld zu bezahlen. Ich reagierte mit heftigem

Zorn und klagte ihn an: „Warum bist du Pastor geworden? Mit deinem kleinen Gehalt kannst du nicht mal deine Kinder zur Schule schicken. Warum bist du nicht Geschäftsmann geworden oder hast einen anderen Beruf gewählt, der besser bezahlt wird?"

Mein Vater schaute mich einen Moment lang an, ohne ein Wort zu sagen. Dann antwortete er: „Bis jetzt hast du noch kein einziges Schuljahr verpasst. Du isst dich jeden Tag satt und hast alle Kleider, die du brauchst." Angesichts seines traurigen Blicks konnte ich nur mit dem Kopf nicken. „Einige meiner Kollegen haben die Arbeit in der Kirche aufgegeben, um sich einen besser bezahlten Job zu suchen. Heute leben all ihre Kinder auf der Straße. Es geht im Leben nicht nur ums Geld. Das solltest du verstehen. Es gibt andere Werte, die viel wichtiger sind."

Diese Worte, die aus der Tiefe von Papas Herzen kamen, bewegten mich sehr. Er hatte natürlich recht. Mein Selbstmitleid hatte mich blind gemacht. Wie hatte ich mich dazu hinreißen lassen können, ihm solche Vorwürfe zu machen? Mein Stolz hinderte mich daran, mich auf der Stelle bei ihm zu entschuldigen, aber nachdem ich mich eine Woche lang mit heftigen Gewissensbissen geplagt hatte, ging ich zu ihm und bat ihn um Vergebung. „Ich hätte nicht so mit dir reden dürfen. Ich habe nur an mich gedacht und es tut mir leid. Ich weiß, dass du alles dafür tust, deine Familie zu ernähren."

Ich hatte mich mit anderen Kindern verglichen, wie es viele Jugendliche tun, und war eifersüchtig auf meine Freunde, die aus wohlhabenderen Familien kamen. So sind wir Menschen …

In meinen ersten Jahren auf dem Gymnasium war mein Schulweg 8 Kilometer lang. Normalerweise fuhr ich mit dem Bus, aber am Monatsende war unsere finanzielle Situation manchmal so angespannt, dass ich mir keine Fahrkarte leisten konnte und gezwungen war, zu Fuß zu gehen. Die langen Fußmärsche kosteten viel Zeit, die mir zum Lernen fehlte. Die Schule besaß ein Internat und ich träumte davon, dort wohnen zu können. Also beklagte ich mich wieder bei meinem Vater und wieder überraschte mich seine Reaktion: „Wie kannst du dich beklagen, wo Gott doch einen Plan für dein Leben hat und für dich sorgt?“, fragte er. Sein Tadel verunsicherte mich. Ich wollte doch nur mehr Zeit zum Lernen haben und die langen Fußmärsche machten mich müde. Aber mir fiel kein Argument ein, womit ich Papas Zurechtweisung hätte entkräften können. Also musste ich wohl oder übel weiter zu Fuß gehen.

Letztlich ging immer alles gut aus. Mein Vater konnte alle Schulgebühren bezahlen und die letzten beiden Jahre durfte ich sogar im Internat wohnen. Anders hätte ich die Prüfungen wohl kaum geschafft, denn die Anforderungen waren hoch und unter den Schülern herrschte ein starker Wettbewerb.

Das Gymnasium lag am Stadtrand auf einem Hügel mit einer großartigen Aussicht auf den See, inmitten eines prachtvollen Parks mit grünen Bäumen und blühenden Gärten. In dieser Umgebung fühlte man sich beinahe wie im Paradies und der Unterricht bereicherte unser Leben in vielerlei Hinsicht.

Die Schule wurde von der schwedischen und der norwegischen Pfingstmission gemeinsam betrieben und sollte zukünftige Eliten ausbilden. Deshalb wurden aus jeder Missionsschule im Kivu nur jeweils die zwei besten Schüler dort aufgenommen. Ich möchte betonen, dass ich meinen Platz an diesem Gymnasium aufgrund meiner Zensuren bekam und nicht – wie böse Zungen behaupteten –, weil ich der Sohn eines Pastors war.

Ich hatte den naturwissenschaftlichen Zweig gewählt, denn ich wollte von Anfang an meinen Schwerpunkt auf die

Fächer legen, die mich am besten auf meinen zukünftigen Beruf vorbereiten würden. Ursprünglich hatte ich geplant, Krankenpfleger zu werden, aber meine Lehrer ermutigten mich, ein Medizinstudium ins Auge zu fassen. Damals kamen fast alle Ärzte in unserer Provinz aus dem Ausland. Zudem hatte die Mission gerade beschlossen, in der Missionsstation von Lemera ein Krankenhaus aufzubauen. Es würde also nicht schwer werden, Arbeit zu finden. Ein größeres Problem war die finanzielle Belastung, die eine so lange Ausbildung meiner Familie auferlegen würde.

Als mein Vater mir die gute Nachricht verkündete, dass er die Gebühren für das Internat übernehmen würde, war ich außer mir vor Freude. Ich dachte an den Tag zurück, als wir den kranken Jungen besucht hatten und mein Entschluss gefallen war, *Muganga* zu werden. Jetzt würde mein Traum Wirklichkeit werden. Ich hatte noch immer das Bild dieses von Krämpfen geschüttelten Jungen vor Augen und nahm mir vor, Kinderarzt zu werden, um kleinen Patienten helfen zu können.

Mit meinen siebzehn Jahren hatte ich keine Ahnung, wohin mich diese Entscheidung eines Tages führen würde. Ich konnte nur einen Schritt nach dem anderen gehen. Das erste Ziel waren gute Zensuren im Abitur. Danach würde ich versuchen, mich in Kinshasa für das Medizinstudium einzuschreiben.

Mein Vorbild war der norwegische Arzt Osvald Orlien, der im Missionskrankenhaus von Kaziba arbeitete. Ich hatte ihn bei der Arbeit beobachtet und war fasziniert von seinem Umgang mit den Patienten. Er verband ärztliche Kompetenz mit menschlicher Wärme und einem großen Einfühlungsvermögen. Er sah nicht nur die medizinischen, sondern auch die zwischenmenschlichen Bedürfnisse seiner Patienten. Kranke

Menschen sind oft sehr verletzlich und eine mitfühlende Hand auf der Schulter, ein aufmerksamer Blick oder einige tröstende Worte können einen großen Beitrag zu ihrer Heilung leisten. Ich wollte ein Arzt wie Osvald Orlien werden, eine Person, bei dem sich kranke Kinder sicher und geborgen fühlten.

Und ich wollte jemand sein, der seine Mitmenschen dem Tod entriss. Der Gedanke, dass ich damit auch mein eigenes Leben in Gefahr bringen konnte, kam mir nie in den Sinn. Ich ging davon aus, dass ich als Arzt gegen das Böse gefeit sei. Die Medizin war eine Berufung, ein heiliger Weg. Ich wollte etwas erreichen und der Menschheit dienen – oder besser gesagt, vielen einzelnen Menschen dienen. Es schien mir unvorstellbar, dass jemand sich an einem Arzt vergreifen oder die Unantastbarkeit eines Krankenhauses verletzen würde. Mit diesen idealistischen Vorstellungen stürzte ich mich in das Abenteuer des Medizinstudiums.

Der Weg dorthin war allerdings voller Tücken. Ich lebte in einer Diktatur, in der die Regierung uneingeschränkte Macht hatte. Alles wurde von oben kontrolliert und entschieden. Und so kam es, dass ich mich im zarten Alter von neunzehn Jahren zwar zum Studium in Kinshasa wiederfand – aber mein Studiengang war nicht Medizin, sondern Ingenieurswesen. So hatte die Regierung es in ihrer unendlichen Weisheit beschlossen. Ich wehrte mich nach Kräften dagegen und fand schließlich einen Ausweg, indem ich mich an einer medizinischen Fakultät in unserem Nachbarland Burundi einschrieb.

Als zwanzig Jahre später im Jahr 1996 der erste kongolesische Bürgerkrieg ausbrach, musste ich mir eingestehen, dass im Krieg nichts heilig ist. Nichts bleibt verschont, alles kann angegriffen und zerstört werden.

Eines Morgens wurde der Arztkittel, den ich in meinem Büro ausgezogen und auf einen Kleiderbügel gehängt hatte, von einer Gewehrsalve zerfetzt. Ich selbst entging dem Angriff nur durch einen glücklichen Zufall und im Grunde gegen meinen Willen. Es war offensichtlich, dass ein Krieg kurz bevorstand, und ich hatte mir fest vorgenommen, meine Patienten nicht im Stich zu lassen. Doch ein unerwartetes Ereignis zwang mich dazu, das Krankenhaus für kurze Zeit zu verlassen. Ich rechnete fest damit, schon bald wieder zurück zu sein. Aber die Dinge entwickelten sich anders, und so war ich nicht da, als eines Morgens um 5.15 Uhr unser Krankenhaus gestürmt wurde. Die Angreifer töteten dreißig Patienten und drei Krankenpfleger und hinterließen mir eine persönliche Botschaft, indem sie meinen Arztkittel und ein Foto von meinem Gesicht mit Kugeln durchsiebten.

Dieses Ereignis markiert einen Wendepunkt in meinem Leben. Bis dahin war ich überzeugt gewesen, dass kein Soldat gleich welcher Armee in ein Krankenhaus eindringen und wehrlose Patienten in ihren Betten erschießen würde. Ich war naiv gewesen und die Wirklichkeit traf mich mit umso größerer Wucht.

Seit diesem Tag muss ich mich in meiner täglichen ärztlichen Arbeit ständig mit den Folgen von Gewalt beschäftigen – was nicht bedeutet, dass ich sie auch nur im Geringsten akzeptiere. Zum Beispiel möchte ich nicht, dass innerhalb unseres Krankenhauses bewaffnetes Wachpersonal eingesetzt wird, obwohl es vielleicht durchaus angeraten wäre. Aber ich frage mich, was meine Patientinnen denken würden. Könnten sie überhaupt heil werden, wenn sie ständig die Waffen vor Augen hätten, vor deren Auswirkungen sie gerade bei uns im Krankenhaus Schutz und Hilfe gesucht hatten?

Es kommt nicht infrage, dass wir vor der Gewalt kapitulieren, auch wenn sie allgegenwärtig scheint. Die Entscheidung, Gewalt in Würde zu ertragen, kann eine mächtige Waffe im Kampf gegen das Böse sein – wenigstens langfristig. Leider musste ich, während ich dieses Buch schrieb, das Zugeständnis machen, die Umgebung unseres Krankenhauses von bewaffneten Truppen bewachen zu lassen. Von meinem Prinzip, innerhalb der Krankenhausmauern keine Waffe zuzulassen, bin ich allerdings nicht abgerückt. Vielleicht trägt auch die Tatsache, dass die meisten Waffen vor unserer Klinik von Frauen in Polizeiuniform getragen werden, dazu bei, den Schrecken für unsere Patientinnen etwas abzumildern.

„Das ist hervorragend", hatte mein Vater auf dem Heimweg von jenem kranken Jungen gesagt, „so können wir uns ergänzen. Du verteilst die Medikamente und ich bete für die Leute."

Im Panzi-Krankenhaus beginnt jeder Tag mit einer Andacht, zu der sich das Personal und die Patientinnen gemeinsam versammeln. Meine Mitarbeiter und ich haben große Ziele für unser Krankenhaus: Wir wollen den Patienten die bestmögliche Versorgung bieten, und zwar nicht nur gemessen am afrikanischen Standard, sondern auch im internationalen Vergleich. Dieses Ideal zu verfolgen erweist sich als tägliche Herausforderung. Unsere Stadt ist stark übervölkert. Sie wurde für wenige Hunderttausend Einwohner gebaut, beherbergt im Moment aber über eine Million Menschen, und so ist die Infrastruktur völlig überfordert. Die Strom- und die Wasserversorgung brechen ständig zusammen und bringen uns damit immer wieder neu in Bedrängnis.

In einem solchen Kontext bedarf es in besonderem Maße des Miteinanders von Glauben und medizinischer Arbeit, sonst wären die Wunder, die wir hier vollbringen müssen, völlig undenkbar. Mein früherer Weg zur Arbeit betrug nur

8 Kilometer, aber aufgrund des schlechten Straßenzustands brauchte ich dafür mit dem Auto dreißig Minuten. Auf diesen 8 Kilometern kam ich an vierzig Kirchen vorbei, und selbst wenn manche der Gebäude schon bessere Tage gesehen haben, so beweist doch ihr Vorhandensein unmissverständlich, worauf die Menschen hier im Kongo ihr Vertrauen setzen.

Jesus heilte einmal einen Blinden, indem er aus Erde und Speichel einen Brei mischte und ihn wie eine Art Medikament auf die Augenlider des Kranken auftrug. In gewisser Weise tun wir im Krankenhaus dasselbe: Mit unseren medizinischen Fähigkeiten mischen wir einen „Brei" und tragen ihn auf, aber seine wahre Wirksamkeit entfaltet er nur im Zusammenspiel mit Glauben und Gebet.

Viele ausländische Besucher, die unsere Arbeit in Panzi kennenlernen wollen, gehen diesem Thema am liebsten aus dem Weg; aber dadurch verpassen sie einen wichtigen Aspekt unserer Arbeit und unserer Fürsorge für die Kranken. In gewisser Weise kommt es mir vor, als sei ich noch immer mit meinem Vater unterwegs und würde ein Bündnis schließen, ein Bündnis, das über uns beide hinausgeht und den Glauben und die Wissenschaft im Allgemeinen umfasst. Genau diese Verbindung ist die Seele unseres Krankenhauses, die „Kraft von Panzi". Nur durch sie sind wir in der Lage, die tiefe Verzweiflung unserer Patientinnen zu überwinden und ihnen neuen Lebensmut einzuhauchen.

8

Was hat meinen Vater zu dem Menschen gemacht, der er war? Warum hat er sich geweigert, seine Kinder körperlich zu züchtigen wie andere Eltern? Es ist nicht leicht, eine Antwort auf diese Fragen zu finden, aber sie liegt sicherlich zumindest teilweise in seiner eigenen Kindheit. Ich weiß eigentlich recht wenig darüber, denn er sprach nicht gern davon, aber meine Mutter hat manchmal angedeutet, dass er es als Kind nicht leicht hatte.

Mein Vater hat seine Mutter nie kennengelernt. Sie starb bei seiner Geburt. Sein Vater folgte ihr wenige Jahre später ins Grab und Geschwister hatte Papa nicht. So wuchs er bei einer entfernten Verwandten auf, die sich zwar um ihn kümmerte, es aber nicht zuließ, dass er wirklich Teil ihrer Familie wurde. In seiner Verwandtschaft fühlte er sich zeit seines Lebens als Außenseiter.

Während seiner Schulzeit in der norwegischen Mission in Kaziba fand er zum Glauben an Jesus Christus. Als vaterloser Waise waren seine Zukunftsaussichten düster, denn in unserer Kultur wird Ackerland von den Vätern an die Söhne weitervererbt; außerdem bezahlen die Väter aus dem Familienvermögen den Brautpreis für die Ehefrauen ihrer Söhne. Mein Vater stand also nicht nur selbst materiell mit leeren Händen da, sondern würde es darüber hinaus schwer haben, eine Ehefrau zu finden. Seine einzige Hoffnung war, ein Mädchen kennenzulernen, das sich in einer ähnlichen Situation befand. Und genau das geschah.

Auf der Missionsstation gab es eine Mitschülerin, die als Kindermädchen und Haushaltshilfe bei einer Lehrerfamilie arbeitete. Sie war das jüngste von vier Geschwistern und hatte ihre Mutter im Alter von vier Jahren verloren. Als der Vater wieder heiratete, veränderte sich das Leben seiner Kinder von Grund auf. Die neue Ehefrau machte von Anfang an unmissverständlich klar, dass sie von den Kindern der ersten Frau nichts wissen wollte. Der Vater ließ sich das gefallen und machte seine Kinder damit praktisch zu Waisen. Sie durften nicht mehr im Haus schlafen, sondern übernachteten im kleinen Vorratshäuschen, das neben dem Haupthaus stand. Allerdings durften sie die Vorräte nicht anrühren, sondern mussten sich ihr Essen selbst besorgen. Die älteren Geschwister mühten sich jeden Tag ab, um für sich und die Kleinen etwas zu essen zu finden, was ihnen mehr schlecht als recht gelang.

An einen Schulbesuch war in dieser Situation eigentlich gar nicht zu denken. Allerdings verlangte das Gesetz, dass wenigstens ein Kind aus jeder Familie zur Schule ging. Bei Zuwiderhandlung drohte als Strafe die Pfändung des Wohnhauses. Also beschlossen die vier Geschwister, ihre kleine Schwester zur Schule zu schicken, damit die Familie dort vertreten war.

An ihrem ersten Schultag ging sie allein zur Missionsschule, schlüpfte in den Klassenraum und setzte sich an einen Tisch. Als der Lehrer beim Verlesen der Klassenliste ihren Namen nannte, versteckte sie sich hinter einem Mitschüler. Trotzdem hob sie tapfer die Hand und sagte mit lauter Stimme: „Anwesend." Damit war sie in die Schule aufgenommen und die Gefahr einer polizeilichen Untersuchung war gebannt.

Nach wenigen Wochen fragte einer der Lehrer, ob sie bei ihm wohnen und seine kleinen Geschwister betreuen wolle. Sie nahm dankbar an. Sie musste auch ein wenig im Haushalt mithelfen und bekam dafür im Gegenzug oft die Reste des Abendessens. Die Zeiten, in denen sie mit knurrendem Magen ins Bett gehen musste, waren vorbei.

So wuchs sie heran. Eines Tages lernte sie auf der Missionsstation einen jungen Mann mit einer sanften Stimme kennen, der beide Eltern verloren hatte und bei einer entfernten Verwandten aufgewachsen war. Die beiden verliebten sich ineinander und schmiedeten schon bald Hochzeitspläne. Doch der Vater des Mädchens widersetzte sich der Beziehung, weil der junge Mann arm war und kein Erbe zu erwarten hatte; diese Ehe würde ihm als Schwiegervater nichts einbringen.

Seine Tochter rebellierte dagegen. Sie war der Meinung, ihr Vater habe seine Kinder verraten und würde keinen Brautpreis verdienen. Also heiratete sie den jungen Mann – entgegen unserer Tradition und gegen den Willen ihres Vaters. Wie man sich vorstellen kann, hatte das junge Paar zu Beginn mit großen Schwierigkeiten zu kämpfen. Hunger und Geldnöte gehörten zu ihrem Alltag.

Die Geschichte meiner Eltern hilft mir, meine eigene Kindheit besser zu verstehen. Ich bin überzeugt, dass mein Vater sich in seiner Jugend keinerlei Hoffnungen gemacht hat, jemals zu heiraten und Kinder zu haben. Er war ein Einzelgänger und hatte sich darauf eingestellt, allein zu bleiben. Doch dann lernte er meine Mutter kennen und die Ähnlichkeit ihrer Lebenssituationen ermöglichte ihnen eine gemeinsame Zukunft. Beide waren abgehärtet durch ihre Kindheit, hatten keinen Rückhalt von ihren Familien und mussten ihr Leben unter schwierigsten Bedingungen meistern. Das konnten sie genauso gut auch gemeinsam tun.

Ich glaube, dass die Haltung meines Vaters gegenüber uns Kindern von Bescheidenheit und Dankbarkeit geprägt war. Er war so glücklich, dass er eine Familie hatte gründen können, dass es ihm nie in den Sinn gekommen wäre, ihr gegenüber Gewalt anzuwenden. Denn damit hätte er das Glück, das ihm so unerwartet zuteilgeworden war, mit Füßen getreten. So erkläre ich mir die Güte, mit der er uns Kindern begegnete.

Meine Mutter dagegen würde ich als eine Art Aktivistin beschreiben. Sie ist sehr intelligent und hat starke Überzeugungen. Die Tatsache, dass sie sich gegen ihren Vater durchgesetzt hat, zeigt etwas von ihrer inneren Kraft. Hätte sie eine vernünftige Schulbildung bekommen, hätte sie es mit Sicherheit weit gebracht. Leider reichte es bei ihr gerade so zum Lesen und Schreiben; ihre Schulzeit war zu kurz und zu lückenhaft – ein Schicksal, das bis heute viele Frauen und Mädchen in unserem Land teilen.

Trotz ihrer inneren Stärke war meine Mutter gesundheitlich sehr anfällig. Während meiner Kindheit war sie oft ernsthaft krank. Häufig kam ich von der Schule und fand sie reglos in einer Ecke des Hauses auf dem Boden liegen. Sie litt unter starkem, erblich bedingtem Asthma. Wenn sie einen Anfall hatte, ging ihr Atem pfeifend und sie bekam kaum Luft. Oftmals konnte sie erst wieder aufstehen, wenn sie eine Spritze bekommen hatte. Da keiner aus der Familie mit Spritzen umgehen konnte, wurde ich zum Krankenhaus geschickt, um einen hilfsbereiten Menschen zu holen, der ihr die Injektion verabreichte.

In den Jahren nach der Unabhängigkeit hatte die Bevölkerung leichten Zugang zu medizinischer Behandlung. Jedermann konnte einfach in ein Krankenhaus oder eine Poliklinik gehen und um Hilfe bitten.

Das nächste Krankenhaus lag ungefähr zwanzig Minuten von unserem Zuhause entfernt. Beim ersten Mal rannte ich den ganzen Weg, getrieben von der Angst, dass meine Mutter sterben würde, wenn sie nicht sofort behandelt würde.

Ich stürmte in die Empfangshalle und rief, so laut ich konnte: „Mein Mutter erstickt. Jemand muss kommen und ihr helfen." Als ich mich umblickte, stellte ich fest, dass niemand zu sehen war, und ich begann mich zu fragen, ob man mich überhaupt wahrgenommen hatte. Auf einmal fragte eine ruhige Stimme: „Wo ist sie denn?" Ich drehte mich und sah mich einem Krankenpfleger gegenüber. „Sie ist zu Hause", stieß ich hervor, „und sie bewegt sich nicht mehr." „Und wo wohnt ihr?", fragte der Pfleger. „In Kadutu", antwortete ich. Er ging in die Hocke und schaute mir freundlich in die Augen: „Ich heiße Daniel Kagarabi. Ich gehe jetzt mit dir nach Hause. Ich glaube, deine Mutter braucht nur eine Spritze, und dann geht es ihr wieder gut." Da fielen meine Angst und meine Unruhe von mir ab und machten einer großen Erleichterung Platz.

Ich weiß nicht, wie oft Daniel zu uns nach Hause kam, um meiner Mutter zu helfen. Es geschah sehr häufig. Daniel war außerordentlich hilfsbereit. Wann immer meine Mutter einen Asthmaanfall hatte, konnte ich zum Krankenhaus gehen und ihn holen. Wenn der Anfall nachts kam, durfte ich zu seinem Haus kommen und ihn wecken. Er war rund um die Uhr verfügbar.

Die Phase, in der ich so oft Hilfe holen musste, begann ungefähr zwei oder drei Jahre nach meiner Entscheidung, ein *Muganga* zu werden. So wurde Daniel mein Vorbild – ähnlich wie der norwegische Arzt in Kaziba. Daniel gab unserer Familie Sicherheit, denn wir wussten, dass unserer Mutter nichts passieren würde, solange er an unserer Seite war. Obwohl Daniel zehn Jahre älter ist als ich, wurden wir gute Freunde. Wir hielten über die Jahre Kontakt und treffen uns heute noch von Zeit zu Zeit, um miteinander zu plaudern.

Auch meine Mutter erinnert sich noch gut an ihn. Sie wird ihm seine Hilfe in einer der schwierigsten Phasen ihres Lebens nie vergessen.

Überhaupt hatte meine Mutter es nicht leicht mit den vielen Kindern, die sie geboren hatte. Natürlich halfen ihr meine großen Schwestern, wo sie nur konnten, aber die Verantwortung lag trotzdem auf ihren Schultern. Zeit ihres Lebens litt sie unter der Spannung zwischen ihrem starken Willen und ihrem schwachen Körper.

Ihre Beziehung zu ihrem eigenen Vater war lange Zeit sehr belastet. Es fiel ihr schwer, ihm zu vergeben, dass er seine Kinder einfach im Stich gelassen hatte. Doch irgendwann konnte sie es nicht länger ertragen, ihren Vater so sehr zu verachten und nicht mehr mit ihm zu reden. Denn so kann man auf Dauer nicht leben.

Stück für Stück wurde ihr Herz weicher. Mit der Zeit verstand sie besser, wie schwer die elterliche Verantwortung auf einem Menschen lasten kann, und erkannte an, dass es für das Verhalten ihres Vaters mildernde Umstände gab. Er hatte wieder geheiratet, um eine neue Familie zu gründen, und hatte nicht die Ressourcen, auch noch für die Kinder aus erster Ehe zu sorgen.

Diese Überlegungen gaben meiner Mutter die Möglichkeit, das Verhalten ihres Vaters ein wenig zu entschuldigen und sich von der Last ihres Grolls zu befreien.

9

Eines Sonntagmorgens saß ich auf meiner gewohnten Kirchenbank im Gottesdienst. Ich war erst vor Kurzem aus meinem „Exil“ in Kaziba zurückgekommen und versuchte noch immer, mich an den Gedanken zu gewöhnen, dass neben unserer Haustür zwei junge Menschen begraben lagen.

Als der Gottesdienst sich seinem Ende zuneigte, faltete ich die Hände und schloss die Augen. Mir war bewusst, dass mein Leben an einem entscheidenden Punkt angelangt war. Als Kind hatte ich mir keine großen Fragen über Gott gestellt. Ich war in einer Umgebung aufgewachsen, in der es völlig selbstverständlich war, an ihn zu glauben, und ich hatte die Überzeugungen meiner Eltern einfach übernommen, wie viele Kinder es tun.

Aber nun war ich dreizehn Jahre alt und stand an der Schwelle zum Erwachsenwerden. Während meiner Kindheit war ich einige Male in großer Gefahr gewesen. Ich hatte einen Bürgerkrieg erlebt, war vor Rebellen geflohen und der Bombardierung unseres Hauses entronnen. Je älter ich wurde, desto mehr wurde mir bewusst, wie zerbrechlich mein Leben war und wie wenig ich mich selbst schützen konnte. Zugleich war ich inzwischen so alt, dass ich selbstständig denken und meine eigenen Entscheidungen treffen musste (zumindest kam mir das damals so vor). Deshalb entschloss ich mich in diesem Moment, mein Leben in die Hände Gottes und seiner himmlischen Macht zu legen.

Ich konzentrierte mich intensiv auf Gott und öffnete ihm mein Herz. Obwohl mir schon viele Leute von ihrer Begegnung mit Gott erzählt hatten, hatte ich mir bis dahin nie so recht etwas darunter vorstellen können. Gott zu begegnen ist etwas sehr Persönliches, ein ganz besonderer Moment, den jeder, der glaubt, irgendwann erlebt und den jeder anders beschreibt.

Während ich mein Inneres öffnete, kam die Gegenwart Gottes über mich und nahm von mir Besitz. Ein überwältigendes Gefühl der Wärme durchflutete mich und in meinem Herzen breitete sich die Gewissheit aus, dass ich nicht mehr allein war. Es war ein außergewöhnlicher Augenblick und ich wusste, dass mein Leben von nun an nicht mehr dasselbe sein würde. Was auch immer geschah, ich stand unter Gottes Schutz. Und wenn meine Zeit auf dieser Welt zu Ende ging, dann erwartete mich eine neue Existenz in einer anderen Wirklichkeit.

Ich hatte schon viele Pastoren über diese Dinge predigen hören, aber von diesem Moment an waren es für mich nicht mehr bloße Worte, sondern eine unerschütterliche Gewissheit. Ich hatte nicht mehr den geringsten Zweifel; diese Erfahrung machte mir alles so deutlich und ich spürte: Das ist der Weg, den ich gehen werde. Ganz gleich, vor welchen Entscheidungen ich einmal stehen würde, ich kannte jetzt die Richtung, die ich einschlagen würde.

Ich habe oft den Einwand gehört, dass diese Vorstellung von Gott erst durch die Missionare nach Afrika gekommen sei und dass sie uns damit einen fremden Glauben übergestülpt hätten. Ich halte diese Interpretation der afrikanischen Geschichte für falsch. Meiner Ansicht nach waren die Afrikaner genau deshalb so empfänglich für die Botschaft der Missionare, weil ihnen das Konzept eines allmächtigen Gottes vertraut war. Die Vorstellung eines schützenden Vaters, der das Weiterleben im Jenseits ermöglicht, existierte auf unserem Kontinent schon seit Urzeiten. Gott war den allermeisten Volksstämmen und ethnischen Gruppen wohlvertraut. Natürlich unterschieden sich die Namen und die konkreten Vorstellungen, die man mit ihm verknüpfte, von Volk zu Volk, aber insgesamt war der Glaube an ihn weit verbreitet. Mein eigenes Volk, die Bashi, bildeten da keine Ausnahme. Bei uns heißt Gott *Namuzinda,* was übersetzt „der Letzte" bedeutet. Mit anderen Worten: Selbst wenn diese Welt vergeht, ist er immer noch da.

Für die Verehrung Gottes gab es festgelegte Riten und Bräuche. Einer meiner Onkel war Metzger. Er hatte in seinem Hof ein kleines Opferhäuschen, in dem er jeden Morgen vor Arbeitsbeginn seine Gaben niederlegte: ein Stück Fleisch, etwas Getreide, etwas Gemüse, Früchte und ein Schälchen mit Honig. Damit wollte er seinen Gott besänftigen und dazu bewegen, seine Metzgerei zu segnen. Wenn Gott zufrieden war, dann würde er Armut und Hunger fernhalten und darüber wachen, dass dem Geschäft meines Onkels nie die Kunden ausgingen. Angetrieben von dieser Überzeugung brachte er täglich seine Opfer dar.

Wenn er abends nach Hause zurückkehrte, stellte er erfreut fest, dass sein Opferhäuschen leer war. Der Honig war ausgeschleckt, das Fleisch war verschwunden und von den anderen Nahrungsmitteln war auch nichts mehr zu sehen. Wären seine Gaben ungenügend gewesen, hätte Gott sie verschmäht. Aber nun war nichts mehr da und mein Onkel war glücklich. Solange Gott satt und zufrieden war, hatte er nichts zu befürchten. Deshalb war es am besten, wenn er Gott weiterhin großzügige Opfer darbrachte. Und so überlegte er sich jeden Abend, welche Köstlichkeiten er *Namuzinda* wohl am nächsten Tag darbieten konnte.

Die größten Nutznießer der ganzen Sache waren die Nachbarskinder. Sie saßen jeden Morgen im Gebüsch und beobachteten, wie mein Onkel das Essen abstellte. Kaum war er fort, schlichen sie zum Opferhäuschen und machten sich über die Leckerbissen her. Der Honig und die Früchte wurden auf der Stelle verzehrt, den Rest teilten sie auf und brachten ihn ihren Müttern.

Sehr wahrscheinlich wusste mein Onkel davon, aber es störte ihn nicht. Das Wichtigste war, dass er den Gedanken an seinen Gott lebendig hielt und sich sicher fühlte, weil die Opfer angenommen wurden. Wenn die Kinder aus irgendeinem Grund einmal nicht kamen, dann machte er sich vermutlich Sorgen: War *Namuzinda* unzufrieden mit ihm? Standen Schwierigkeiten bevor?

Diese Art von Beziehung zu einer höheren Macht gibt es nicht nur in Afrika. Auch im Westen war sie lange Zeit anzutreffen. Viele Länder waren ähnlich arm und schlecht verwaltet, wie es heute in den afrikanischen Staaten der Fall ist, und in ihrer Verzweiflung wandten sich die Menschen an Gott und setzten ihr Vertrauen auf ihn.

Aber die Zeiten haben sich geändert. Viele Menschen im Westen reagieren gereizt, wenn das Gespräch auf den Glauben kommt: „Was hat denn Gott jetzt damit zu tun? Was wollen Sie überhaupt mit ihm?" Der Allmächtige wurde durch ein menschliches System ersetzt und als überflüssig entsorgt. Gott hat seinen Platz an den Staat und die Versicherungen abgetreten. Für jede Lebenslage gibt es eine Absicherung: Wer krank ist, geht zum Arzt, wer mit dem Gesetz aneinandergerät, zum Rechtsanwalt, und wer seine Arbeit verliert, bekommt Arbeitslosengeld.

Im Kongo haben wir all diese Strukturen nicht. Der Staat existiert zwar, aber wir können uns nicht auf ihn verlassen. Wenn man ihn braucht, ist er nicht zu sehen. Weil die Menschen mit ihren Sorgen alleingelassen werden, wenden sie sich an eine andere Macht, die größer ist als sie selbst und von der sie Hilfe erhoffen. Natürlich würden auch wir gerne in einer gut organisierten Gesellschaft mit vernünftigen Straßen, einer ausreichenden medizinischen Versorgung und staatlichen Hilfen für die Bedürftigen leben. Aber das können wir uns so sehr wünschen, wie wir wollen: Es bleibt ein Traum, solange die finanziellen Mittel, die dafür vorgesehen sind, weiterhin auf dem Weg versickern.

Und trotz allem gibt es kein Sicherheitssystem, das unserer menschlichen Schutzbedürftigkeit vollkommen genügen könnte. Das konnte man beobachten, als am 11. September 2001 das World Trade Center in New York einstürzte. Die amerikanischen Politiker hatten ihre Bevölkerung in Sicherheit gewiegt. Doch das Undenkbare geschah. Bin Ladens Terroranschlag brachte nicht nur großes Leid über die Opfer und das ganze Land, sondern bedeutete zugleich auch den Zusammenbruch eines Systems.

Trotz aller gegenteiligen Beteuerungen hatten die Abwehrsysteme versagt und die Bevölkerung war fassungslos und verunsichert. „Wie konnte so etwas passieren, wo man uns doch versichert hatte, dass wir bestens geschützt seien?“, fragten sie. Die mächtigste Nation der Welt hatte vor aller Augen ihre Schwäche offenbart. Die Menschen hatten versucht, sich gegen das Unvorhergesehene zu wappnen und sich vor dem Bösen zu schützen, und waren gescheitert. Einmal mehr.

Für uns Kongolesen im Herzen Afrikas spiegelten diese Ereignisse unsere eigenen Erfahrungen wider. Wir waren in einem Krieg gefangen, an dem sich acht verschiedene Staaten beteiligten. Der Begriff „Verzweiflung“, der in jenen Tagen häufig in den amerikanischen Medien auftauchte, war uns nur allzu vertraut.

Allerdings gab es einen großen Unterschied: Wir erlebten tagtäglich Katastrophen, deren Ausmaß nicht hinter dem 11. September zurückstand. Die Zahl der Todesopfer erreichte, vor allem bedingt durch Hunger und Krankheit, astronomische Höhen. Für weite Teile der Bevölkerung ist es allein der Glaube an eine übernatürliche Macht, der sie davor bewahrt, in völliger Hoffnungslosigkeit zu versinken.

Für die Menschen im Westen hat Gott in dem Maß an Bedeutung verloren, in dem sie sich wirtschaftlich entwickelten und reicher wurden. Doch kaum ereignet sich eine Naturkatastrophe oder ein Terroranschlag, werden die Menschen wieder an ihre Zerbrechlichkeit erinnert. Sie denken, alles Nötige für ihre Sicherheit getan zu haben, und müssen einsehen, dass es nicht genug war. In den Nachrichten hören wir ständig von solchen Ereignissen aus aller Welt und doch sind wir jedes Mal aufs Neue überrascht, wenn sie uns treffen.

Mein Onkel brachte *Namuzinda,* „dem Letzten“, Opfer dar, weil er sich davon eine gesicherte Zukunft erhoffte. Er wollte sich eine Art „Rüstung“ schmieden, die ihn schützen würde. Als junger Mensch wandte ich mich aus ähnlichen Motiven dem Gott der Bibel zu. Selbst wenn ich nicht in einem christlichen Umfeld aufgewachsen wäre, wäre ich früher oder später zu der Überzeugung gelangt, dass ich jemanden brauchte, der über mir wacht.

Die allermeisten Menschen in unserer Region verspüren dieses Bedürfnis nach einem beständigen Schutz. Wenn Gott bei uns auf dieselbe Weise verleugnet würde wie in manchen westlichen Ländern, dann würden wir unsere letzte Zuflucht verlieren.

10

Als ich auf die weiterführende Schule wechselte, erlebte der Kongo eine Phase relativen Wohlstands, eine Art Glanzzeit. Im Land herrschte Frieden, der Weltmarktpreis des Kupfers – unseres wichtigsten Bodenschatzes – war auf einem Höchststand und die Bevölkerung hatte das wahre Gesicht Mobutus noch nicht erkannt. In Wirklichkeit war unser Präsident nämlich ein gnadenloser Ausbeuter.

Allerdings deutete sich bereits an, dass die Situation sich ändern würde. Mobutu hatte Mao Tse-tung in China besucht und jede Menge neue Ideen für unser Land mitgebracht. Er wollte dem Kongo seinen ursprünglichen Charakter zurückgeben und ein für alle Mal die Spuren des Kolonialismus und der gesamten westlichen Kultur in unserem Land tilgen. Alle Bereiche des Lebens sollten wieder afrikanisiert werden. Unser Land wurde in „Zaire“ umbenannt – in Wirklichkeit ein verballhorntes portugiesisches Wort, also gar nicht so ursprünglich afrikanisch, wie man meinen sollte.

Auf dem Höhepunkt der „Zairisierungskampagne“ wurden die Ortsnamen und sogar die westlich geprägten Vornamen der Bürger geändert. „Denis“ war nicht mehr akzeptabel, und da ich noch nicht volljährig war, musste meine Mutter einen neuen Vornamen für mich wählen. Sie entschied sich für „Mukengere“, was so viel bedeutet wie „Derjenige, der nicht vergessen wird“.

Unser Präsident selbst nannte sich fortan Mobutu Sese Seko Kuku Ngbendu wa Zabanga: „Der allmächtige Krieger, der dank seiner Ausdauer und seines eisernen Willens von Sieg zu Sieg eilt, ohne dass ihn jemand aufhalten kann“.

Er führte einen regelrechten Personenkult nach dem Vorbild Chinas ein und erwartete von seinem Volk völlige Ergebenheit und eine maßlos übertriebene Verehrung. In den Schulen und an der Arbeit begann jeder Tag mit einer stillen Meditation über Mobutus Größe und Bedeutung, die in einem kräftigen Applaus endete. Anschließend wurden zu seiner Ehre Lieder gesungen und Tänze vollführt.

Das Ganze war natürlich völlig absurd, aber Mobutu hatte einen mächtigen Sicherheitsapparat aufgebaut, der die Einhaltung dieser Gesetze genau überwachte. Wehe dem, der es an der nötigen Begeisterung für seinen Präsidenten fehlen ließ.

Ich kann mich noch genau daran erinnern, wann ich den Namen Mobutu zum ersten Mal hörte. Es war zu Beginn des Jahres 1961, zu der Zeit, als Anicet Kashamura – der Mann, der die Soldaten in unsere Kirche geschickt hatte – die Provinz terrorisierte. Die Zentralregierung hatte genug von Kashamuras Willkür und schickte Mobutu – damals Chef des Generalstabs – nach Bukavu, um ihn abzusetzen und ins Exil zu schicken. Mein Vater sagte damals zu mir: „Du darfst heute nicht auf die Straße gehen. Es ist zu gefährlich, denn Mobutu kommt."

Auch an Mobutus Staatsstreich am 24. November 1965 erinnere ich mich genau. Wenig später ließ er den alten Premierminister und drei seiner Kabinettsmitglieder öffentlich durch den Strang hinrichten. Die Bevölkerung war entsetzt, aber Mobutu wusste genau, was er tat. Er wollte seinen Landsleuten klarmachen, dass er jeden Widerstand mit brutaler Gewalt im Keim ersticken würde.

Bis zu diesem Zeitpunkt hatten sich die frischgebackenen afrikanischen Staatschefs darauf konzentriert, die neu gewonnene Freiheit ihrer Länder zu gestalten und sich vollends von den alten Kolonialmächten zu lösen. Doch bald bildete sich nach Mobutus Vorbild eine neue Art von Politikern heran, afrikanische Diktatoren.

Eine ganze Anzahl ehemaliger Helden der Unabhängigkeit verwandelte sich in Despoten, die ihr Volk mindestens so brutal unterdrückten wie die Kolonialisten, die sie einst bekämpft hatten. Es entstand eine Clique von Diktatoren, die sich gegenseitig unterstützten und an der Macht hielten, wie unser Präsident Mobutu und Idi Amin von Uganda.

Mobutus Politik der „Rückkehr zur afrikanischen Ursprünglichkeit“ gehörte zu den erfolgreichsten Abschnitten seiner langen Regierungstätigkeit. Nachdem er ein Einparteiensystem eingeführt hatte, trug er bei den Präsidentschaftswahlen im Jahr 1970 einen überwältigenden Sieg davon und seine Popularität war durchaus real. Ein Großteil der Bevölkerung vertraute ihm, zumal es mit der wirtschaftlichen Entwicklung des Landes steil bergauf ging. Der Kongo hatte zu dieser Zeit eine ähnlich solide Wirtschaftsbilanz wie Südafrika, und das ist keine geringe Leistung.

Ich lebte damals in einer besonderen Situation, denn während Mobutus Personenkult sich auf dem Höhepunkt befand, besuchte ich ein Gymnasium, das stark von christlichen Werten geprägt war. Unser Präsident hatte sich von der Beobachtung inspirieren lassen, dass die Religion einen weitreichenden Einfluss auf Menschen ausüben kann, und sich selbst zum Objekt einer quasireligiösen Verehrung erhoben. Im Zaire sollten weder Christus noch die Jungfrau Maria noch der Prophet Mohammed verehrt werden, sondern allein Mobutu.

Meine Schule, das Bwindi-Gymnasium, wurde von der schwedischen und der norwegischen Pfingstmission gemeinsam geleitet. Es war eine außerordentlich gute Schule und die vier Jahre, die ich dort verbrachte, war vermutlich die anregendste Zeit meines Lebens. Der Unterricht hatte in allen Fächern ein hohes Niveau und zudem bot sich mir die Möglichkeit, meinen neu gefundenen Glauben zu vertiefen. Unsere Lehrer machten uns mit den biblischen Texten vertraut, diskutierten mit uns über ihre Bedeutung und zeigten uns, wie man sie auf das tägliche Leben anwenden konnte.

Trotzdem gab es an der Schule auch etwas, das mich störte. In manchem war eine gewisse Engstirnigkeit zu erkennen, insbesondere in ihrem Verständnis von Sünde. Ich wusste seit meiner Kindheit, dass der Glaube eine Sache des Herzens ist und sich nicht an Äußerlichkeiten messen lässt. So hatte mein Vater es mir beigebracht. Aber die schwedischen Missionare gründeten ihre Definition der Sünde auf die Traditionen, die sie aus Schweden mitgebracht hatten.

Um abzuschalten und mich zu erholen, ging ich manchmal ins Kino, ohne jemandem davon zu erzählen. Das Kino am Ort spielte viele französische und amerikanische Filme und ich liebte es, mich in den dunklen Kinosaal zu setzen und mich von einer Geschichte entführen zu lassen. Doch eines Tages bemerkte einer der Lehrer meine Abwesenheit und stellte mich zur Rede, als ich von meinem Ausflug zurückkehrte. Mein Abstecher in die Stadt verursachte einen kleinen Aufruhr, vor allem nachdem herausgekommen war, was ich dort getrieben hatte. Für einen Christen gehörte es sich nicht, ins Kino zu gehen, ja es war ihrer Meinung nach sogar eine recht schwerwiegende Sünde. Aber sie konnten sagen, was sie wollten: Ihre Vorwürfe prallten an mir ab. Ob man ins Kino ging oder nicht, hatte nichts mit dem Glauben zu tun.

Aber es gab an der Schule weitaus Schlimmeres. Dazu zählten die Einschüchterungsversuche seitens der staatlichen Jugendbewegung. Man hatte einige ihrer Mitglieder bewusst an unsere Schule geschickt, um uns zu überwachen. Ihre Aufgabe war es, „Widerstandsnester“ aufzuspüren und jede Person zu melden, die dem Präsidenten kritisch gegenüberstand. Außerdem sollten sie uns davon überzeugen, dass Mobutu der wahre Retter und Erlöser sei.

Ich konnte ihnen gegenüber meine Zunge nicht im Zaum halten, sondern diskutierte häufig mit dem Leiter ihrer Gruppe. Dabei machte ich aus meinen Überzeugungen keinen Hehl und erklärte in aller Deutlichkeit, dass sie mich nie für ihre Sache gewinnen würden.

Es war nicht ganz ungefährlich, sie auf diese Weise zu provozieren. Da sie die Anweisung hatten, ihre Beobachtungen regelmäßig an die Obrigkeit zu melden, hätten diese Diskussionen mich und meine Familie in gewaltige Schwierigkeiten bringen können.

Glücklicherweise war ihr Aktivismus ziemlich oberflächlich. Sie plapperten zwar ihre auswendig gelernten Phrasen nach, aber wirklich im Herzen überzeugt waren sie selbst nicht. So war es nicht schwierig, ihre Argumente zu widerlegen. Eine ganze Anzahl von ihnen kam sogar zum Glauben an Jesus und gab den Mobutismus ganz auf.

Nichtsdestotrotz hatte Mobutu ein klares Ziel: Er wollte die Jugend des Landes bis ins kleinstes Detail kontrollieren. So war es nur folgerichtig, dass er im November 1974 den Religionsunterricht an den Schulen verbot und ihn durch Gesellschaftskunde ersetzte. Die Kirchen und Missionen konnten ihre Schulen zwar weiterführen, durften aber von nun an nur noch weltliche Fächer unterrichten. Die Konsequenzen waren verheerend: Eine ganze Generation von Kongolesen verlor ihren inneren Kompass; und ohne Werte gibt es auch keine Vision für die Zukunft!

Das Verbot des Religionsunterrichts betraf mich allerdings nicht mehr. Ich hatte einige Monate zuvor mein Abitur abgelegt und stand kurz davor, mein Studium in Kinshasa aufzunehmen. Als ich in der Hauptstadt eintraf, herrschte dort eine regelrechte Karnevalsatmosphäre. Dem Präsidenten war es gelungen, das größte Sportereignis seiner Zeit nach Kinshasa zu holen: den Boxkampf um die Weltmeisterschaft im Schwergewicht zwischen George Foreman und Muhammad Ali. Dass dieses sportliche Großereignis in Kinshasa stattfand, war ein großer politischer Triumph Mobutus, der damals auf dem Höhepunkt seiner Macht war.

Bis heute kennt man diesen Kampf als *Rumble in the Jungle*. Die Veranstaltung war zwar mit erheblichen Kosten verbunden, aber Mobutu hatte die Mittel dazu und sie passte perfekt zu seinem Programm der „Authentizität". Das ganze Ereignis wurde dargestellt als Rückkehr der amerikanischen Schwarzen zu ihren Wurzeln in Afrika. Neben den beiden Boxern kamen auch einige der größten afroamerikanischen Musiker und gaben ein viel beachtetes Konzert in Kinshasa.

Ursprünglich war der Kampf für September angesetzt worden, wurde dann aber aufgrund einer Trainingsverletzung von George Foreman in den Oktober verschoben. Mobutu nutzte die Verzögerung, um noch mehr Aufmerksamkeit zu generieren. Schließlich wurde der Kampf am 30. Oktober ausgetragen und wurde ein voller Erfolg. Bis heute gilt er als einer der größten Boxkämpfe aller Zeiten, den Muhammad Ali entgegen aller Erwartungen dank einer besonderen Taktik in der achten Runde gewann. Aber der wahre Sieger war Präsident Mobutu, dessen Popularität einen enormen Schub erhielt.

Während unser sportbegeisterter, stets mit einer Leopardenmütze bekleideter Präsident die Weltöffentlichkeit blendete, konnten die Menschen in seinem Land hinter die Fassade blicken und dort die ersten Anzeichen eines bevorstehenden Zusammenbruchs entdecken. Mein Freund und Mentor Svein Haugstvedt, damals Chefarzt im schwedischen Missionskrankenhaus von Lemera, erkannte die Entwicklung schon recht früh. Er erinnert sich:

„Die Lastwagen, die uns aus den staatlichen Depots in Kinshasa mit Medikamenten versorgten, kamen immer seltener. Bald stellten wir fest, dass einige Kartons mit Steinen statt mit Medikamenten gefüllt waren. Schließlich waren alle Kartons, die bei uns ankamen, mit Geröll gefüllt und wir bestellten die Lieferungen ab. Der Reichtum von Mobutu und seinem Regime beruhte auf Korruption, Veruntreuung und Diebstahl und die Menschen in seiner Umgebung gewöhnten sich diese Verhaltensweisen schnell an. Die Vertrauten des Präsidenten waren überall zu finden und man wusste bald nicht mehr, wem man überhaupt noch vertrauen konnte."

Auch in meiner Heimatstadt Bukavu zeigten sich damals erste Anzeichen von Verfall; es begann eine Abwärtsspirale, die zu meinem großen Bedauern bis heute anhält.

Das Bukavu meiner Kindheit musste sich zwar gegen die Belagerung durch machtgierige Männer und Angriffe von gesetzlosen Söldnern wehren, aber es war zugleich ein idyllischer Ort voller Bäume und Blumen. Alles wurde sorgfältig gepflegt und der Asphalt auf den Straßen war so glatt, dass man darauf Rollschuh laufen konnte.

Und das tat ich mit Begeisterung. Als ich acht oder neun Jahre alt war, war das Rollschuhlaufen eine der Lieblingsbeschäftigungen der Kinder von Bukavu. Mit dem Geld, das mir meine Eltern zu Weihnachten schenkten, kaufte ich mir ein eigenes Paar Rollschuhe. Ich kann ohne Übertreibung sagen, dass ich ein hervorragender Rollschuhläufer war. Zusammen mit meinen Freunden raste ich die Berge von Kadutu hinunter, dass einem Hören und Sehen verging. Manchmal legten wir die Straße mit großen Pappkartons aus, um den Rollwiderstand noch zu verringern, und erreichten atemberaubende Geschwindigkeiten.

Heute denke ich manchmal an diese verrückten Abfahrten zurück, während ich mein Auto im Zickzack um die tiefen

Löcher herumlenke, mit denen unsere Straßen überzogen sind. Ich bin überzeugt, dass der Verfall meiner Heimatstadt in jener Epoche seinen Ursprung hat, in der die Korruption zu einem alltäglichen Phänomen wurde, das bald die gesamte Gesellschaft durchzog.

Damals hörte die Stadt auf, sich weiterzuentwickeln, und durch die Kriege und die Gewalt, denen sie seit den 1990er-Jahren ausgesetzt ist, wurde sie vollends verunstaltet. Sie wurde zu einem Koloss auf tönernen Füßen, der langsam unter seinem eigenen Gewicht zusammenbricht. Viele Bewohner aus den umliegenden Dörfern haben nach ihren schrecklichen Erlebnissen und aus Angst vor der andauernden Gefahr Zuflucht in Bukavu gesucht und erhoffen sich dort ein besseres Leben. Die Stadt hört nicht auf zu wachsen. Inzwischen sind die wunderschönen Grünflächen früherer Tage verschwunden und haben neuen Siedlungen Platz gemacht. Ich verstehe, warum die Menschen hierher kommen. Mit jedem Tag im Dorf riskieren sie ihr Leben, und was das bedeutet, sehe ich tagtäglich im Krankenhaus. Trotzdem vermisse ich die Stadt meiner Kindheit und bedaure es, dass sie unter dem Gewicht der Flüchtlinge im Chaos erstickt. In manchen Straßen sieht man noch die Reste der großen Betonplatten, mit denen die Straßen zur Kolonialzeit gepflastert waren; das sagt alles über die Instandhaltung des städtischen Straßennetzes.

Der Kivusee ist der höchstgelegene See Afrikas und mit seinem außergewöhnlichen Farbenspiel in der abendlichen Dämmerung vermutlich auch der schönste. Aber auch er hat viel von seinem Zauber verloren. Das Wasser ist verschmutzt und die Strände liegen voller Müll.

Das alles hat sich in den letzten Jahren enorm verschlimmert. Aber der Ursprung reicht zurück in die Zeit Mobutus, dessen verantwortungsloses Handeln den Niedergang Bukavus und vieler anderer Städte im Kongo eingeleitet hat. Ich werfe ihm vor, dass er zu einem Zeitpunkt, als noch genügend Geld da war, sich um nichts gekümmert hat als um seinen persönlichen Profit. Die drei Jahrzehnte seiner Diktatur haben sich tief ins Unterbewusstsein der Kongolesen eingegraben. Manche scheinen sogar vergessen zu haben, dass er gar nicht mehr am Leben ist, und machen ihn für alles verantwortlich, was heute geschieht.

Die meisten Vertrauten Mobutus hatten eine Reihe großartiger Häuser und Paläste im ganzen Land. Mobutu selbst besaß eine Ferienvilla in Bukavu, in der er von Zeit zu Zeit einige Tage verbrachte. Sein Besuch im Jahr 1971 hat sich in mein Gedächtnis eingegraben. Er sollte gemeinsam mit dem Präsidenten von Burundi im städtischen Fußballstadion auftreten. Eine riesige Menschenmenge drängte sich schon lange vor Mobutus Ankunft vor den Eingängen zum Stadion, aber die Tore durften nicht geöffnet werden. Es war eine Frage des Protokolls: Mobutu musste der Erste sein, der das Stadion betrat. Doch die Menge war nicht aufzuhalten, sondern drückte mit aller Kraft nach vorne. Schließlich gaben die Tore nach und die Menge geriet in Bewegung. In dem Chaos und Gedränge, das dabei entstand, wurden zwanzig Menschen zu Tode getrampelt.

Während Mobutus Herrschaft kontrollierte die Staatssicherheit alle Bereiche des Lebens. Im Jahr 1983, als ich im Krankenhaus von Lemera arbeitete, denunzierte mich ein Mitarbeiter, weil ich nicht an den täglichen Zeremonien zu Ehren des Präsidenten teilnahm. Die Agenten des Sicherheitsdienstes nahmen mich fest und verhörten mich. Als medizinischer Leiter des Krankenhauses hatte ich eine offizielle Funktion inne. Ich war daher in gewisser Weise ein Repräsentant des Staats und damit auch des „Mouvement Populaire de la Révolution“, kurz MPR, der einzigen damals zugelassenen politischen Partei. Aber darauf wollte ich mich nicht einlassen; die Politik der Mobutisten widersprach meinen Überzeugungen.

Der Ermittlungsbeamte fixierte mich mit eisigem Blick. „Warum befolgen Sie nicht die staatlichen Anordnungen?“, wollte er wissen. Ich erwiderte: „Weil ich es nicht will. Ich kann nur für die Dinge einstehen, an die ich glaube. Das ist hier nicht der Fall und ich ziehe es vor, meinen Prinzipien treu zu bleiben. Ich will nichts vorspielen, was nicht der Wahrheit entspricht.“

Ich unterschätzte die Gefahr, in der ich schwebte, keineswegs. Mein Verhalten konnte mir als Hochverrat ausgelegt werden. Andere, die in einer vergleichbaren Situation den Gehorsam verweigert hatten, waren eingekerkert, gefoltert und getötet worden. Einer meiner Cousins war desselben „Verbrechens“ angeklagt worden wie ich. Auch er hatte sich geweigert, bei der morgendlichen Zeremonie zu applaudieren und zu tanzen. Bei ihm kam erschwerend hinzu, dass er in der Armee war. Er wurde ins Gefängnis geworfen und der Verschwörung gegen Mobutu angeklagt. Das ist die Logik einer Diktatur: Wer sich nicht anpasst, ist ein Aufwiegler, und wenn man dann noch zum Militär gehört, muss man ein Putschist sein, der heimlich einen Staatsstreich plant. Allerdings kann auch eine Diktatur nicht alle ihre Untertanen umbringen, deshalb wurde mein Cousin schließlich freigelassen.

In meinem Fall hatte ich einen Trumpf in der Hand. Ich war damals der einzige Arzt im Krankenhaus. Hätte man mich entlassen oder gar verschwinden lassen, hätte man das Krankenhaus schließen müssen. Als größte medizinische Einrichtung weit und breit war es jedoch für die Region unverzichtbar und ich ging davon aus, dass die Staatssicherheit seine Schließung nicht riskieren würde.

Natürlich wurde ich verwarnt und mir wurde mitgeteilt,

dass ich von nun an unter Beobachtung stehen würde. Mich zu beobachten sollte sich aber als nicht ganz so einfach erweisen, denn kurze Zeit später flog ich nach Frankreich, um mich zum Facharzt für Gynäkologie und Geburtshilfe weiterzubilden.

Ich blieb fünf Jahre in Frankreich. Während dieser Zeit ging die Talfahrt meines Landes weiter. Die Armut breitete sich aus, Städte und Dörfer verfielen, Büsche und Bäume überwucherten das öffentliche Straßennetz, während Staatsgelder in Millionenhöhe auf die privaten Auslandskonten der Regimemitglieder verschoben wurden. Die Parteibonzen lebten in einem Luxus, den selbst die begütertsten Europäer sich nicht vorstellen konnten.

Ich habe Mobutu zweimal mit eigenen Augen gesehen. Das erste Mal sah ich ihn, als er am Flughafen von Kavumu nördlich von Bukavu die Ehrengarde abschritt, bevor er ins Ausland flog.

Wie viele andere Diktatoren hatte er ein ausgeprägtes Charisma. Er war eine hochgewachsene, beeindruckende Erscheinung und konnte sich sehr staatsmännisch geben; die Kongolesen brachten ihm selbst dann noch Respekt entgegen, als sie längst wussten, wie schamlos er die öffentlichen Gelder veruntreute. Er hatte auch einen gewissen Charme und konnte sich höflich und gewählt ausdrücken, allerdings nicht ohne unterschwellig angsteinflößend zu wirken. Er stammte aus einer einfachen Familie. Seine Mutter war Zimmermädchen in einem Hotel und sein Vater Koch. Beide hatten keine höhere Schule besucht. Mobutu selbst war sehr intelligent und wusste, wie man Menschen manipuliert.

Meine zweite Begegnung mit ihm hatte ich an der Universität. Damals kam er mit Koffern voller Geldscheine auf den Campus und verteilte die Scheine bündelweise an die Studenten wie Bonbons an kleine Kinder. Ich war damals Vorsitzender der Studentenvereinigung und musste mich nach seiner Abfahrt darum kümmern, das Geld unter weniger chaotischen Umständen so umzuverteilen, dass jeder zu seinem Recht kam.

Mobutu war von der Idee besessen, einen modernen Staat zu schaffen. Er stürzte sich in eine Reihe gigantischer Bauprojekte und gab sich der Illusion hin, dass der Zaire sich schnell entwickeln und aus der Armut herausfinden würde. Aber leider sah die Wirklichkeit anders aus: Mobutu leerte die Staatskassen für seinen eigenen Profit und ließ ständig neues Geld drucken, um die öffentlichen Ausgaben zu bezahlen.

Eigentlich hatte er mehr als genug Geld, das er mithilfe der außerordentlich profitablen Minen, der Forstwirtschaft und der großen Plantagen in unsrem Land verdiente. Dazu kam die Unterstützung der westlichen Länder, allen voran der Vereinigten Staaten. Washington hatte Mobutu zu seinem Verbündeten im Kalten Krieg auserkoren und diese Partnerschaft zahlte sich in klingender Münze aus. Die Sowjets hatten bereits mehrere Verbündete in Afrika gewonnen, doch die Gelder, die unentwegt an Mobutu flossen, garantierten, dass der Zaire nicht dazu gehören würde.

Schlussendlich wurden Mobutu seine Gier und sein Größenwahn doch noch zum Verhängnis. Er hatte sein Land an den Rand des Abgrunds geführt und verlor Stück für Stück alle Unterstützer. Im Jahr 1997 wurde er schließlich von einer Rebellenarmee aus dem Ostkongo gestürzt. Seine eigenen Truppen hatten weder den Kampfeswillen noch die Ressourcen, ihm zu helfen. Körperlich war Mobutu zu diesem Zeitpunkt nur noch ein Wrack. Er floh nach Marokko, wo er kurze Zeit später starb.

Der Krieg, der mit dem Sturz Mobutus endete, brach im Oktober 1996 aus. Damals war ich Chefarzt des Missionskrankenhauses von Lemera im Südkivu. Das Krankenhaus war im Jahr 1971 von der schwedischen Pfingstmission gegründet worden und gehörte zu ihrer Missionsstation. Ich war – vor und nach meiner Weiterbildungszeit in Frankreich – insgesamt neun Jahre lang Leiter dieser Klinik. Zusammen mit meinen Kollegen unternahm ich alles, um das Krankenhaus zu entwickeln, obwohl es sich mitten in den Bergen befand, 24 Kilometer von der nächsten größeren Straße entfernt. Mit seinen 300 Betten war es die größte und bestausgerüstete medizinische Einrichtung der Region.

Am Morgen des 25. September 1996 brachte ich zusammen mit zwei europäischen Mitarbeitern einen schwedischen Ingenieur zum Flughafen. Er hatte eine so starke Venenentzündung bekommen, dass die Amputation seines Beins drohte und er in sein Heimatland ausgeflogen werden musste. Wir hatten geplant, dass ich am nächsten Tag zurückkommen würde. Aber da die Straße, die wir nehmen mussten, unter Beschuss geriet und für den Verkehr gesperrt wurde, war an eine Rückkehr nicht zu denken.

Zehn Tage später wurde das Krankenhaus angegriffen und die verbliebenen Patienten und Angestellten wurden brutal ermordet. Ich sage manchmal, dass mir damals ein entzündeter Fuß das Leben gerettet hat. Sonst wäre ich zum Zeitpunkt des Angriffs im Krankenhaus gewesen und mit Sicherheit getötet worden. Dass meine Mitarbeiter und ich noch am Leben sind, ist ein Wunder. Anders kann ich es nicht erklären.

11

Es hatte ganz harmlos begonnen: Eines Abends bemerkte unser schwedischer Ingenieur David Eriksson eine kleine Hautreizung an seinem Fuß, die ihn schmerzte, wenn er seine Schuhe anzog. Als er sich die Sache genauer ansah, entdeckte er eine winzige Wunde an seinem Ballen. Er nahm an, dass sich ein Eisenspan oder Holzsplitter in die Haut gebohrt hatte; so etwas kam bei seiner Arbeit ständig vor, deshalb nahm er die Sache nicht sonderlich ernst.

Am nächsten Morgen war sein ganzer Fuß rot, aber auch das beunruhigte ihn nicht weiter; er hatte die ganze Zeit irgendwelche Kratzer und war sich sicher, dass dieser ebenso wie alle anderen bald verheilen würde. Deshalb ging er wie gewohnt zur Baustelle und begann mit seiner Arbeit.

Doch im Lauf des Vormittags schwoll sein Fuß immer mehr an und David wurde klar, dass es sich nicht um eine normale Wunde handeln konnte. Offensichtlich hatte er sich eine Infektion zugezogen. Er zeigte den Fuß meinem finnischen Kollegen, dem Chirurgen Veikko Reinikainen, der ihm Antibiotika verschrieb und ihm empfahl, sich auszuruhen und den Fuß hochzulagern.

Der nächste Tag brachte keine Besserung. Im Gegenteil: Es wurde immer schlimmer. Der Fuß schwoll zu einer nicht für möglich gehaltenen Größe an und schillerte in allen Farben, von Dunkelgrün über Tiefblau bis Purpurrot. Wir hatten getan, was wir konnten; jetzt mussten dringend weitergehende Maßnahmen ergriffen werden, sonst drohte eine Amputation. Deshalb entschlossen wir uns, David ausfliegen zu lassen. In Schweden würde er die Behandlung bekommen, die er brauchte.

Es gab nur ein Problem: Wir saßen in unserem Krankenhaus fest. Der einzig erreichbare Flughafen lag in Bukavu, aber der Weg dorthin führte direkt durch das Schussfeld einer Rebellengruppe und war von den Regierungstruppen für den Verkehr gesperrt worden. Die Straße schlängelte sich am Ruzizi entlang, dem Grenzfluss zu Ruanda, und die Schüsse kamen von der ruandischen Seite. Es blieb uns nichts anderes übrig, als zu warten und darauf zu hoffen, dass die Lage sich entspannte.

Zwei Monate zuvor hatten uns Leute aus der Umgebung erzählt, dass jede Nacht große Einheiten von feindlichen Soldaten durch die Berge von Lemera marschierten. An verschiedenen Stellen hatte man Lagerplätze mit leeren Konservendosen und liegen gelassener Munition gefunden. Die Schlussfolgerung, dass die feindlichen Soldaten auf ihrem Marsch an diesen Plätzen übernachtet hatten, lag nahe.

Trotzdem konnte ich das nicht so recht glauben, da sich nur wenige Kilometer vom Krankenhaus entfernt eine Kaserne der regulären Armee befand. Wenn die Berichte vom Einsickern der Rebellen zutrafen, dann musste die Armee doch wohl eingreifen. Deshalb erklärte ich mir diese nächtlichen „Truppenbewegungen“ mit den Stammesrivalitäten, die schon seit Langem unsere Region unsicher machten.

Neben dem vorherrschenden Volksstamm der Bafuliru, die vom Ackerbau leben, gibt es im Gebiet von Lemera auch eine größere Gruppe von Viehhirten. Es handelt sich um Tutsi, die zwar ursprünglich aus Ruanda stammen, aber schon seit Jahrhunderten im Kongo leben. Man nennt sie *Banyamulenge*.

Die Spannung zwischen diesen beiden Gruppen war schon seit Langem spürbar und der massive Zuzug von Hutu-Flüchtlingen nach dem Völkermord in Ruanda hatte die feindselige Stimmung noch geschürt. Aber ich hätte mir nie träumen lassen, dass sie sich in einem Krieg entladen würde. Ich gebe zu, dass meine Einschätzung naiv war. Damals kannte ich nicht alle Fakten und verstand nicht, wie groß das Risiko eines Krieges war.

Das änderte sich erst an dem Tag, als der Kommandant der Kaserne uns im Krankenhaus besuchte und die Vermutungen der Bevölkerung bestätigte. „Ja", sagte er, „es stimmt. Ruandische Soldaten überqueren zu Tausenden den Ruzizi und dringen in unsere Berge ein." Nach dieser kurzen Erklärung wollte er vor dem Krankenhaus eine Straßensperre einrichten und die Patienten kontrollieren, die zu uns kamen. „Ihr dürft keine Tutsi ins Krankenhaus lassen", sagte er, „denn es ist sehr wahrscheinlich, dass sie zu den Rebellen gehören." Ich schüttelte den Kopf und erwiderte: „Das wäre Diskriminierung und das dulde ich nicht. Ich verstehe Ihren Vorschlag nicht. Warum wollen Sie eine Straßensperre errichten, damit die Rebellen nicht ins Krankenhaus kommen? Sie müssten doch mit Ihren Truppen die Grenze schützen und dafür sorgen, dass sie erst gar nicht ins Land gelangen. Warum wollen Sie mir jetzt als Arzt die Verantwortung aufbürden?"

Im Rückblick denke ich, dass ich wohl etwas zu hart zu ihm war – jedenfalls wurde er wütend und beharrte auf seinem Standpunkt. In Wirklichkeit war er verzweifelt, weil seine Truppen den Rebellen sowohl zahlenmäßig als auch an Ausrüstung weit unterlegen waren und gar nicht die Möglichkeit hatten, sie an der Grenze aufzuhalten.

Schließlich spielte er seine letzte Karte aus und appellierte an meine Loyalität als Kongolese. Doch ich entgegnete: „Für mich ist das eine Frage der Ethik. Als Arzt muss ich jeden Menschen behandeln, der Hilfe braucht, ganz gleich, ob er schwarz oder weiß, Tutsi oder Hutu, arm oder reich ist. Selbst wenn er ein Mörder ist, behandle ich ihn. Für mich ist er nichts als ein Mitmensch. Von diesem Grundsatz kann ich nicht abweichen, ohne mich schuldig zu machen."

Der Kommandant schaute mich lange an, dann schüttelte er den Kopf und sagte: „Ich könnte Ihr Krankenhaus räumen und schließen lassen."

„Das könnte ich im Prinzip leichter akzeptieren", erwiderte ich. „Dann würde niemand mehr behandelt werden und alle säßen im gleichen Boot. Aber für die Kranken und Verletzten wäre es eine Katastrophe."

Ich konnte mir nicht vorstellen, dass er das Krankenhaus wirklich zumachen würde. Schließlich würden die Konsequenzen auch ihn und seine Soldaten betreffen. Wir hatten ein offizielles Abkommen mit der kongolesischen Armee: Unser Hospital galt als deren Versorgungseinrichtung und behandelte neben der Zivilbevölkerung auch die Soldaten in der Region. Genau das ist schließlich die Berufung eines Krankenhauses: ohne Unterschied jeden Menschen zu behandeln, der medizinische Hilfe braucht.

Ich hatte aber noch einen anderen Grund für meine Weigerung, mich auf die Befehle des Kommandanten einzulassen. In meinen Augen hatte das Krankenhaus eine symbolische Bedeutung. Es war ein Ort des Friedens, an dem Patienten jeglicher ethnischer Herkunft Aufnahme fanden. Im Angesicht von Krankheiten und Schmerzen sind alle Menschen gleich. Ich beobachtete jeden Tag, dass unsere Patienten genau diese Erfahrung machten. Menschen, die sich eigentlich fremd, ja manchmal sogar feindlich gesinnt waren, wurden durch die gemeinsame Not, die sie hierhergebracht hatte, auf einmal eins. Wir hofften insgeheim, dass diese Erfahrung sie ins Nachdenken bringen und zu einem größeren gegenseitigen Verständnis führen würde.

„Also, wie lautet Ihre Entscheidung?", fragte ich den Kommandanten. Wir diskutierten lang und heftig, aber schließlich bekam ich meinen Willen. Es gab keine Kontrollen vor dem Krankenhaus.

Die Situation in der Region wurde unterdessen immer kritischer. Die Nachbarn der Missionsstation erzählten uns, dass sie immer wieder Rebelleneinheiten begegneten, die am helllichten Tag hinauf in die Berge wanderten. Sie trugen zwar keine Uniformen, sondern verschiedenste Kleider, schienen jedoch gut ausgebildet und waren mit Zeltplanen, modernen Funkgeräten und Generatoren ausgerüstet.

In der Nähe des Krankenhauses kam es immer wieder zu gewaltsamen Zusammenstößen und niemand ging mehr ohne Stock oder andere Waffen auf die Straße. Es gab einige blutige Auseinandersetzungen und die ersten Lynchmorde. Manchmal gelang es der Armee, eine Gruppe von Rebellen zu überraschen und zu besiegen. Nach jedem Schusswechsel strömten die Verletzten in unser Krankenhaus.

Wir behandelten unter anderem auch viele Patienten aus den Flüchtlingscamps entlang der Grenze, die das Rote Kreuz – manchmal äußerst widerwillig – zu uns brachte. Da es sich um Hutu-Flüchtlinge handelte, die am Genozid in Ruanda mitgewirkt hatten, wollten manche Mitarbeiter des Roten Kreuzes ihnen die Behandlung im Krankenhaus verweigern. Ich spielte dieses Spiel nicht mit. Wenn sie mit solchen Argumenten ankamen, hielt ich mir die Ohren zu. Wie gesagt gibt es für mich keinen Unterschied zwischen Menschen aus verschiedenen Volksgruppen; in meiner ärztlichen Tätigkeit hat diese Problematik kein Daseinsrecht.

Die kriegsschwangere Atmosphäre in der Umgebung wirkte sich auch auf das Krankenhaus aus. Viele Kranke hatten Angst und wollten den Ort so schnell wie möglich wieder verlassen. Früher hatte es im Krankenhaus fast keine leeren Betten gegeben. Im Gegenteil, oft musste ein Teil der Patienten in Zelten auf dem Hof untergebracht werden. Aber je mehr die Spannungen zunahmen, desto mehr nahm die Zahl der Patienten ab. Früher lagen oft bis zu vierhundert Personen in unserem Krankenhaus, aber als die Katastrophe hereinbrach, waren es nur noch ungefähr hundert.

In einem Tal nicht weit von unserem Zentrum befand sich eine katholische Missionsstation, die gute Kontakte zu den Tutsi in der Region hatte. Viele der Rebellen stammten aus unserer Gegend, hatten in Ruanda eine militärische Ausbildung absolviert und kamen jetzt mit ihren Einheiten wieder zurück.

Ich besuchte die Station und bat die Priester, ihren Einfluss auf die Tutsi zu nutzen und ihnen begreiflich zu machen, dass ein Krieg keine Lösung darstellte. Es wäre doch besser, wenn man am Verhandlungstisch gemeinsam eine Lösung für die Probleme suchen würde. „Ich hatte in meinem Leben immer wieder mit Gewalt zu tun“, sagte ich, „aber sie hat noch nie zu einer Lösung geführt. Egal was die Gründe für die Konflikte sind, es muss doch möglich sein, miteinander darüber zu sprechen.“

„Ich werde dir eine Geschichte erzählen“, antwortete einer der Priester. „Es war einmal ein Mann, der Angst vor Hühnern hatte. Jedes Mal wenn sich ihm ein Huhn näherte, schrie er laut und rannte davon. Ein Psychiater entschloss sich, ihn zu behandeln, und fragte den Patienten, wie er sich seine Angst erklären würde. Der Patient konnte ihm keine Antwort geben. Nach langer Behandlung glaubte der Patient, geheilt zu sein. ‚Bringen Sie mir ein Huhn‘, sagte er, ‚und Sie werden sehen, dass ich keine Angst mehr habe. Ich werde nicht schreien und nicht davonrennen.‘ Der Psychiater tat genau das. Er brachte zur nächsten Sitzung ein Huhn mit und setzte es vor dem Patienten auf den Tisch. Tatsächlich blieb der Patient sitzen, ohne eine Miene zu verziehen. Aber nach einiger Zeit sagte er: ‚Etwas fehlt noch. Sie müssen jetzt auch mit dem Huhn sprechen und ihm sagen, dass es mich nicht fressen darf.‘ Da verstand der Psychiater, dass seine Behandlung fehlgeschlagen war. Sein Patient war immer noch krank und hielt sich noch immer für ein Maiskorn …“

Diese Geschichte brachte mich zum Schmunzeln, aber ich verstand auch ihren Sinn: Der Mann würde sich nur dann heilen lassen, wenn er sicher sein konnte, dass auch das Huhn eine Behandlung bekäme. Diese Bedingung musste erfüllt sein, bevor er Vertrauen fassen und sich auf den Weg der Heilung einlassen würde.

„Mit dem Frieden ist es genauso“, fügte der Priester hinzu. „Die Befriedung kann nicht von einer Seite allein beschlossen werden. Beide Seiten müssen sich gegenseitig Verständnis entgegenbringen – erst dann ist eine echte Begegnung möglich.“

Der Priester bezweifelte, dass eine Begegnung in diesem Fall gelingen würde; er kannte die Situation und wusste, dass die beiden Seiten meilenweit davon entfernt waren, sich verstehen zu wollen. Einige Wochen später kam er ums Leben. Er war eines der ersten Opfer, das der Feldzug der *Allianz Demokratischer Kräfte zur Befreiung des Kongo* (AFDL) forderte. Kurz darauf sollten die Rebellen auch unser Krankenhaus in Lemera zerstören.

In der Zwischenzeit schwoll der Fuß unseres schwedischen Mitarbeiters weiter an und das Risiko einer Amputation wurde immer größer. Noch immer saßen wir in Lemera fest und es gab wenig Hoffnung auf eine Änderung der Lage.

Doch dann verkündete die Provinzregierung im Radio einen Waffenstillstand mit Ruanda und öffnete die Straße nach Bukavu wieder. Die Evakuierung unseres kranken Kollegen war auf einmal möglich. Leider erreichte uns diese Nachricht erst wenige Stunden vor Einbruch der Dämmerung und wir mussten mit dem Aufbruch bis zum nächsten Morgen warten.

Ich war hin- und hergerissen, ob ich mitfahren oder in Lemera bleiben sollte. Eigentlich hatte ich mir vorgenommen, das Krankenhaus nicht zu verlassen, sondern bei meinen Patienten zu bleiben, komme, was da wolle. Aber in diesem Fall durfte ich nicht mitreden; die Entscheidung wurde von den Leitern der Station gefällt. „Du musst mitfahren", sagten sie, während sie mit dem Finger auf mich zeigten. „Es wäre wahnwitzig, unsere Missionare in dieser Situation allein auf den Weg zu schicken."

Mit Veikko, der den Wagen fahren sollte, war bereits ein Arzt mit von der Partie. Ich wurde nicht als Mediziner, sondern als Übersetzer gebraucht, der sich mit den Soldaten an den Straßensperren verständigen konnte. Die meisten Soldaten der offiziellen Armee sprachen Lingala, eine der Nationalsprachen des Kongo, die allerdings im Osten des Landes kaum verbreitet ist. Wir hofften, mithilfe meiner Sprachkenntnisse die Sperren passieren zu können. Allerdings war die Lage so angespannt, dass das keineswegs sicher war.

Am nächsten Morgen gegen 9 Uhr stopfte ich meine Bibel, meinen Ausweis und einige weitere Kleinigkeiten in eine Plastiktüte. Das war mein ganzes Gepäck und mehr brauchte ich auch nicht, denn schließlich wollte ich am nächsten Tag wieder zurück sein. Keine Stunde länger als unbedingt nötig wollte ich dem Krankenhaus fernbleiben.

Früh am Morgen hatte ich bereits ein wenig gearbeitet, deshalb trug ich noch meinen Arztkittel. Ich knöpfte ihn auf, zog ihn aus und hängte ihn an den Haken hinter der Tür. Dann verließ ich das Büro und lief zu unserem Landcruiser.

David saß bereits quer auf dem Rücksitz, neben ihm seine Frau Astrid, die seinen Fuß auf dem Schoß hielt, um ihn so hoch wie möglich zu lagern. Ich kletterte auf den Beifahrersitz und stellte meine Plastiktüte in den Fußraum. Veikko startete den Motor, löste die Handbremse und fuhr los. Wir planten, in Bukavu zu übernachten. Am nächsten Morgen wollten wir David und seine Frau dann zum Flughafen bringen, von wo aus sie über Nairobi (Kenia) nach Schweden fliegen konnten.

Bis Bukavu waren es nur gut 100 Kilometer. Zunächst ging es auf einer kurvigen Straße hinunter ins weitläufige Ruzizi-Tal. Dort bogen wir Richtung Westen ab und folgten dem Tal bis zur Straße von Ngomo, die sich in engen Serpentinen die Berge von Kamaniola hinaufwindet. Ngomo bedeutet auf Suaheli „Buschtrommel". Der Name stammt aus der Zeit, als die Dörfer untereinander noch mit Buschtrommeln kommunizierten. Damals war die Straße so eng, dass man sie nur in eine Richtung befahren konnte. Wenn sich ein Auto näherte, wurde die Nachricht von Dorf zu Dorf bis zum anderen Ende der Straße weitergetrommelt. Dort stand ein Wachposten und schloss eine Schranke, damit niemand von der Gegenseite in die Straße einfahren konnte. Der Verkehr musste warten, bis der Weg wieder frei war. Dann wurde die Schranke geöffnet und die Trommeln der „akustischen Ampelanlage" meldeten nun den Verkehr in die andere Richtung.

Nach einigen Kilometern auf der Straße von Ngomo wurden wir an einer Straßensperre angehalten. Zunächst wollte man uns auf keinen Fall passieren lassen. Die Soldaten hatten nichts von einem Waffenstillstand gehört beziehungsweise trauten aufgrund ihrer aktuellen Informationen der ganzen Sache nicht. Sie waren überzeugt, dass wir in den sicheren Tod fahren würden, und schickten uns energisch zurück nach Lemera. Ich zeigte mit dem Finger auf David und erklärte, dass es sich um einen medizinischen Notfall handele. Einer der Soldaten trat an die hintere Wagentür und beugte sich vor, um den Sachverhalt zu prüfen. Als er Davids grotesk angeschwollenen Fuß sah, sprang er zurück und schlug die Hände vors Gesicht. Das war zu viel für ihn. Danach ließ man uns ohne weitere Diskussion passieren.

Der Soldat, den der Anblick des Fußes so schockiert hatte, bot sich sogar als Begleitung für die nächste Etappe unserer Reise an. Er kletterte zu mir auf den Beifahrersitz und Veikko fuhr wieder los. Nach einer längeren Bergauffahrt erreichten wir die nächste Straßensperre. Auch dort standen die Soldaten unserem Vorhaben äußerst skeptisch gegenüber. Einer zeigte uns feindliche Truppen, die wenige Hundert Meter entfernt einen Berghang hinaufkletterten. Sie transportierten Waffen und andere Ausrüstungsgegenstände in die Bergregion jenseits von Lemera. Die kongolesischen Soldaten an der Straßensperre mussten ihnen ohnmächtig dabei zusehen, denn das Oberkommando hatte den Befehl ausgegeben, die feindlichen Truppen weder anzugreifen noch deren Feuer zu erwidern. Die Armee des Zaire war so geschwächt, dass sie eine größere Auseinandersetzung um jeden Preis vermeiden wollte.

Die Rebellen, die wir sehen konnten, hatten das Flusstal hinter sich gelassen. Doch nach ihnen würden mit Sicherheit weitere Truppen kommen, auf die wir unweigerlich stoßen würden. Diesem Risiko wollte uns der Soldat keinesfalls aussetzen. Aber nachdem auch er einen Blick auf Davids Fuß geworfen hatte, gab er seinen Widerstand auf. Es war offensichtlich, dass wir nicht zum Vergnügen unterwegs waren. Er wechselte einige Worte mit unserem Begleiter von der letzten Straßensperre und winkte uns durch.

Jetzt ging es im Zickzack abwärts und mit jedem Kilometer stieg die Anspannung im Auto. Von Zeit zu Zeit konnte man bereits den Ruzizi-Fluss erkennen, der die Grenze zu Ruanda bildete. Die Straße wand sich in Serpentinen den

Abhang hinunter, auf der einen Seite stieg die Felswand senkrecht nach oben, auf der anderen gähnte ein schwindelerregender Abgrund.

An einer Stelle, an der man einen ungehinderten Blick auf den Fluss hatte, ließ uns unser Passagier anhalten und stieg aus. Bevor er uns verließ, beschrieb er uns mit großer Genauigkeit die Stelle, von der aus die ruandischen Soldaten gewöhnlich ihre Schüsse abgaben. Sie lag ungefähr einen Kilometer vor uns, 200 Meter oberhalb des Flusses. Unser Soldat war zwar nicht hundertprozentig sicher, dass man auf uns schießen würde, hielt es aber für sehr wahrscheinlich. Für den Fall, dass wir unter Beschuss gerieten, empfahl er uns, auf keinen Fall anzuhalten oder gar umzudrehen, sonst wären wir verloren. Unsere einzige Chance läge in der Geschwindigkeit, denn je mehr das Auto schlingern und hüpfen würde, umso schwieriger sei es zu treffen. Außerdem gäbe es immer wieder Steinhaufen und kleine Böschungen, die einen Moment lang Deckung böten. Zudem müssten die Rebellen von unten auf ein bewegliches Ziel schießen und das sei nicht ganz so einfach. Wenn wir schnell genug fahren würden, hätten wir eine kleine Chance durchzukommen.

Uns war klar, dass wir am entscheidenden Punkt unserer Reise angekommen waren. Theoretisch war es noch möglich, wieder nach Lemera zurückzukehren. Aber dann würde unser Ingenieur sehr wahrscheinlich sein Bein verlieren und wir müssten uns den Rest unseres Lebens fragen, ob wir die Fahrt nicht doch hätten riskieren sollen.

Wir diskutierten darüber, ob wir das Auto stehen lassen und die gefährliche Stelle zu Fuß umgehen sollten. Ein Fußmarsch von wenigen Kilometern hätte uns in Sicherheit gebracht. Das wäre zwar theoretisch möglich gewesen, aber dann hätten wir David entweder im Auto zurücklassen oder ihn auf dem Rücken tragen müssen. Ihn zurückzulassen war keine Option; ihn zu tragen war angesichts der steilen, rutschigen und von Dornen überwucherten Bergpfade zu gefährlich.

Also starteten wir den Wagen, ließen unseren Soldaten am Straßenrand stehen und fuhren los. Als das gefährliche Teilstück nur noch wenige Hundert Meter vor uns lag, drückte Veikko das Gaspedal durch. Normalerweise war er ein vorsichtiger und zurückhaltender Fahrer, aber in diesem Moment verwandelte er sich in einen Rallyepiloten. Wir hüpften und schlingerten durch die Kurven, dass uns Hören und Sehen verging.

Auf einmal stand vor uns ein Lastwagen mit Anhänger quer auf der Straße und blockierte den Weg, aber Veikko sah, dass wir uns vorn vorbeizwängen konnten. Er bremste etwas ab und schlängelte sich zielsicher vorbei. Erst im Rückspiegel sahen wir, dass in der Fahrerkabine des Lkw ein Loch klaffte. Die ganze Karosserie war verbogen und der Motor vollkommen zerstört. Der Lastwagen war von einer Granate getroffen worden, einer „Ananas", wie die Soldaten sich ausdrückten. Da wir auf unserem Funkgerät im Krankenhaus den Militärfunk mithören konnten, kannten wir den Armeejargon. Geschosse aus Maschinengewehren nannten sie „Erbsen".

Kaum hatten wir den Lastwagen passiert, begann der Beschuss. Es war, als hätten wir die Grenze zwischen Leben und Tod überschritten. Mindestens zwei Maschinengewehre feuerten mit ohrenbetäubendem Knattern Salve um Salve auf uns ab. Ein wahrer Kugelregen ging auf die Straße nieder, die Geschosse sprangen vom Asphalt zurück und prallten gegen die Unterseite des Autos, Steine und Kies spritzten auf und schlugen klirrend gegen die Karosserie.

Veikko zog den Kopf ein, so weit es ging, ohne die Straße aus dem Blick zu verlieren. Wenn sie ihn trafen, waren wir erledigt. Entweder würden wir in den Abgrund stürzen oder direkt in die Felswand knallen. Um uns ins Schleudern zu bringen, genügte es sogar, wenn sie einen Reifen erwischten. Ich glaubte nicht mehr, dass wir es schaffen würden, und hatte den Tod vor Augen. Mir blieb nur noch, mich meinem Schöpfer anzubefehlen.

Doch der tödliche Schuss blieb aus.

Veikko fuhr zwischen den Kugeln hindurch. Er hielt das Lenkrad umklammert wie ein Schraubstock, beugte sich weit nach vorn und richtete seine Augen starr auf die Straße. Obwohl er furchtbare Angst haben musste, blieb er völlig konzentriert. Die Kugeln pfiffen uns um die Ohren, aber irgendwo da vorne war diese Hölle zu Ende, und mit ihm am Steuer würden wir die Deckung erreichen und überleben. Das war die Botschaft, die uns sein angestrengt nach vorn gebeugter Oberkörper vermittelte.

Seltsamerweise wurde das Auto kaum getroffen. Es war, als würden die Kugeln zwischen den Rädern unter dem Auto hindurchfliegen. Einmal schien es mir, als sähe ich frische Bremsspuren auf der Straße, aber wir fuhren viel zu schnell, als dass ich etwas hätte erkennen können. Ich konzentrierte mich weiter darauf, Gott mit ganzer Kraft um Hilfe zu bitten.

Ich weiß nicht, wie lange der Beschuss dauerte. Mir kam es vor wie eine Ewigkeit. Als die Maschinengewehre endlich schwiegen, fühlten wir uns, als seien wir aus einem Albtraum erwacht, und konnten kaum glauben, dass wir noch am Leben waren. Diesen Streckenabschnitt im Kugelhagel zu durchqueren und am anderen Ende gesund und wohlbehalten anzukommen, war eigentlich ein Ding der Unmöglichkeit. Wir fragten uns, ob die Soldaten auf der anderen Seite der Grenze uns nur hatten erschrecken wollen, ob ihre Zielvorrichtung defekt war oder ob sie einfach lausige Schützen waren. Sie hatten ihr ganzes Magazin geleert, ohne uns einmal zu treffen.

Aber waren wir nun außer Gefahr? Hatten sie nur aufgehört, um nachzuladen? So schlechte Schützen konnten sie eigentlich nicht sein, das zeigte der Lastwagen, der einen gut gezielten Treffer abbekommen hatte. Das große Loch in seiner Fahrerkabine bewies auch, dass die Soldaten in der Tat über schwere Geschütze verfügten, wie man uns gesagt hatte.

Als ich mich umdrehte, sah ich, dass Astrid ohnmächtig in den Armen ihres Mannes lag. Die Anspannung war zu groß gewesen. Die Wunde an Davids Fuß eiterte so sehr, dass der Verband völlig durchnässt war und er selbst restlos erschöpft. Das hohe Fieber in der vergangenen Woche hatte ihn geschwächt und seine Augen waren getrübt. Diese Reise sollte ihn eigentlich retten, aber sie konnte genauso gut sein Verderben sein.

„Lasst uns anhalten, um einen Moment durchzuatmen und zu beten“, schlug ich vor. Wir bogen von der Straße ab und holperten einen schmalen Pfad entlang, bis wir hinter einer kleinen Anhöhe Deckung fanden. Hier konnten uns die feindlichen Kugeln nicht mehr erreichen. Auf der anderen Seite etwas oberhalb von uns, wo die Straße sich nach einer engen Kurve weiter den Berg hochschlängelte, entdeckten wir eine Straßensperre der zairischen Armee. Einer der Soldaten stieg zu uns herab und wollte wissen: „Was ist mit dem roten Peugeot geschehen?“ „Welcher rote Peugeot?“, fragten wir zurück. „Ihr müsst ihm begegnet sein. Wir haben ihn vor ein paar Minuten durchgelassen.“ „Nein, wir haben nichts gesehen.“ Dann verstand ich. Die Bremsspuren, die ich entdeckt hatte, stammten von ihm. „Wie viele Personen saßen darin?“, fragte ich. „Drei“, gab der Soldat zur Antwort.

Das Auto musste, kurz nachdem wir den Lastwagen passiert hatten, in den Abgrund gestürzt sein. Ich rief mir die Spuren in Erinnerung. Sie hatten direkt bis zum Rand des Abhangs geführt und waren dort abgebrochen. Allerdings hatten wir kein Autowrack gesehen. Vielleicht gab es ja doch noch Hoffnung. Später erfuhren wir allerdings, dass die Bremsspuren tatsächlich von dem roten Peugeot stammten und dass keiner der Insassen überlebt hatte.

Die Soldaten gaben uns zu verstehen, dass die Gefahr noch nicht vorüber war. Wir befanden uns immer noch in Reichweite der feindlichen Waffen.

„Wir müssen erst mal etwas trinken", ließ sich David vom Rücksitz vernehmen. In der Tat hatte uns die Angst, die wir durchgestanden hatten, die Kehle ausgetrocknet und alle Kraft aus unserem Körper gesaugt. Also holten wir die Limonadenflaschen heraus, die wir eingepackt hatten, aber gerade als wir sie an den Mund setzten, flog pfeifend eine große Granate über unsere Köpfe hinweg und schlug in unserer Nähe auf der Straße ein. Offenbar wussten die Rebellen, wo unser Auto stand, und da sie uns hinter unserem kleinen Hügel nicht mit ihren Maschinengewehren erreichen konnten, versuchten sie ihr Glück mit Granaten. Veikko drehte sofort den Zündschlüssel um und startete den Motor. Das Auto machte einen Satz und Veikko gab Gas. Die Straße verlief hinter einem Hügel und war von der anderen Seite des Flusses nicht zu sehen, deshalb schossen die Rebellen aufs Geratewohl und hofften, einen Zufallstreffer zu landen. Es war, als würden wir einen unheimlichen Gang durchfahren, in dem uns jeden Moment der Tod auflauern konnte. Aber letztlich verfehlten uns wieder alle Geschosse; manche flogen zu kurz und manche zu weit.

Wir verstanden nicht genau, warum die Rebellen uns so hartnäckig angriffen. Wollten sie die zairischen Soldaten demütigen? Eine ganze Reihe von ihnen war in der Nähe, aber sie hatten ja den strikten Befehl, auf keinen Fall zurückzuschießen. Stattdessen mussten sie untätig mit ansehen, wie vor ihren Augen unschuldige Zivilisten abgeschlachtet wurden. Wahrscheinlicher für die Aggressivität der Rebellen war eine strategisch motivierte Überlegung: Sie wollten erreichen, dass die Straße endgültig geschlossen wurde, damit sie ungestört die Grenze überqueren und sich in unseren Bergen einnisten konnten.

Der Artilleriebeschuss dauerte nur ungefähr eine Minute; dann hatte sich die Straße so weit vom Grenzfluss entfernt, dass wir außer Reichweite waren. Zehn Minuten später begegnete uns ein Fahrzeug des Unternehmens, dem der zerstörte Lastwagen gehörte. Man wollte wohl versuchen, ihn zu reparieren. Im Vorbeifahren machte einer der Männer das Victory-Zeichen. Offensichtlich glaubten sie, die Straße befahren zu können.

Um 14 Uhr erreichten wir Bukavu. Auch dort waren Schüsse gefallen. Die ruandische Armee hatte von der anderen Seite der Grenze Granaten abgefeuert und zwei Stadtviertel getroffen. Aber für den Moment war alles ruhig und wir fühlten uns endlich in Sicherheit.

In mir stieg Verzweiflung auf, nicht nur wegen der Schüsse und ihrer Opfer, sondern auch weil mir bewusst wurde, dass ich vom Krankenhaus abgeschnitten war. Ich konnte unmöglich wie vorgesehen am nächsten Tag zurückkehren und niemand wusste, wann die Straße wieder passierbar sein würde. Wie wir mit eigenen Augen gesehen hatten, ignorierten die ruandischen Soldaten den Waffenstillstand einfach.

Die Buschtrommeln auf der Straße von Ngomo schwiegen. Stattdessen hörte man das todbringende Knattern von Maschinengewehren und die dumpfen Explosionen von Granaten.

Ich hatte geplant, innerhalb von vierundzwanzig Stunden im Krankenhaus von Lemera zurück zu sein. Doch ich sollte nie wieder dorthin zurückkehren.

12

Elf Tage nachdem ich das Krankenhaus von Lemera verlassen hatte, wurde es angegriffen. Die Rebellen kamen im Schutz der Dunkelheit noch vor dem Morgengrauen.

Wir erfuhren erst mit einiger Verspätung von dem Angriff, da die ganze Region tagelang von der Außenwelt abgeschnitten war. Den ersten Bericht erhielten wir von zwei Mitarbeitern, die sich zu Fuß über die Berge nach Bukavu durchgeschlagen hatten. Sie wussten, dass es ein Massaker gegeben hatte, konnten uns aber keine Angaben über die Opfer machen. Sie selbst hatten sich gerade noch rechtzeitig in Sicherheit bringen können.

Schließlich gelang es einem meiner engsten Mitarbeiter, unserem Verwaltungsleiter Franck Rubota, nach Lemera zu reisen, indem er einen Umweg über Burundi nahm. Das Krankenhaus, einst ein Ort voller Wärme und Leben, lag totenstill vor ihm. Es war ein grauenhafter Anblick, ein Bild völliger Zerstörung. Die Patientenakten lagen in Fetzen über das ganze Gelände verstreut zwischen zerbrochenen Reagenzgläsern und aufgerissenen Verbandspäckchen. Die Gebäudefassaden waren von Feuer geschwärzt.

Die Nachbarn des Krankenhauses waren zum größten Teil geflohen, nachdem der Angriff begonnen hatte, aber einige hatten sich verkrochen und waren geblieben. Als sie Francks Wagen erkannten, kamen sie aus ihren Verstecken und berichteten, was sie gesehen hatten: Der erste Angriff hatte der Militärkaserne gegolten, die nur wenige Hundert Meter entfernt lag. Ungefähr zur selben Zeit waren auch die beiden Priester auf der benachbarten katholischen Missionsstation ermordet worden.

ıne Patientin im Panzi-Krankenhaus. Dank Dr. Mukwege erhalten Frauen hier eine be-
ırfsgerechte Überwachung und Betreuung, insbesondere bei Risikoschwangerschaften.
ɔto: Thierry Michel)

ıs Ruzizi-Tal, das die Grenze zwischen der Demokratischen Republik Kongo, Burundi und
ıanda bildet, von einem Berghang bei Kamaniola aus gesehen. (Foto: Thierry Michel)

Im Ostkongo ist derzeit ein wachsendes weibliches, zuweilen auch feministisches Selbstb wusstsein zu beobachten. (Foto: Thierry Michel)

In den Dörfern im Südkivu schließen sich Frauen zusammen, um gemeinsam gegen sexuelle Gewalt zu kämpfen. (Foto: Thierry Michel)

Dr. Mukwege in seiner Sprechstunde (Foto: Marc Schmitz)

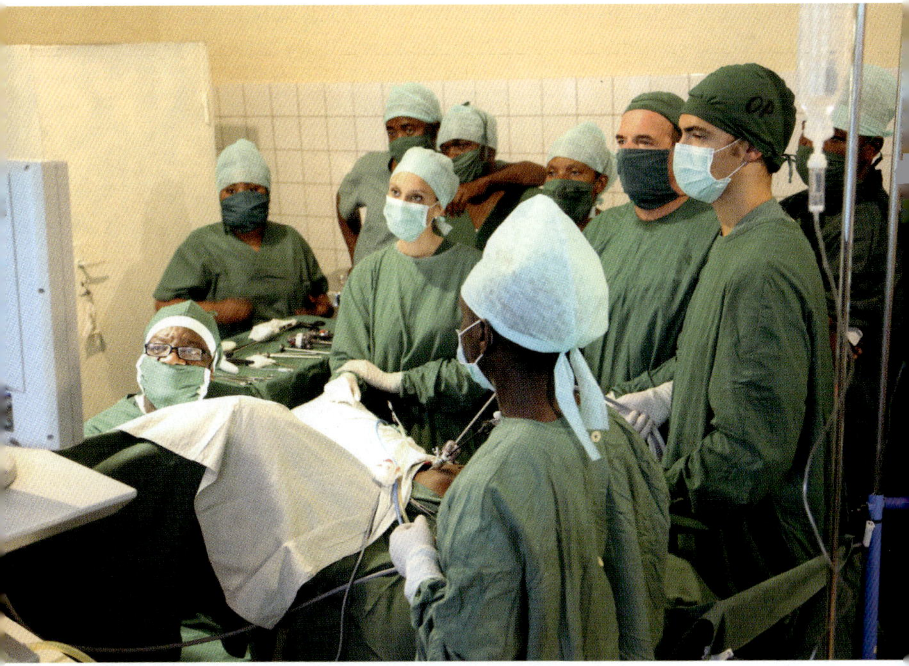

Manche Verletzungen erfordern lange, komplizierte chirurgische Eingriffe. Dank internationaler Hilfe ist das Panzi-Krankenhaus hierfür bestens ausgerüstet. (Foto: Thierry Michel)

oben: Das Ärzteteam bei der Dienstbesprechung (Foto: Thierry Michel)
unten: Dr. Mukwege am Bett einer jungen Patientin (Foto: Thierry Michel)

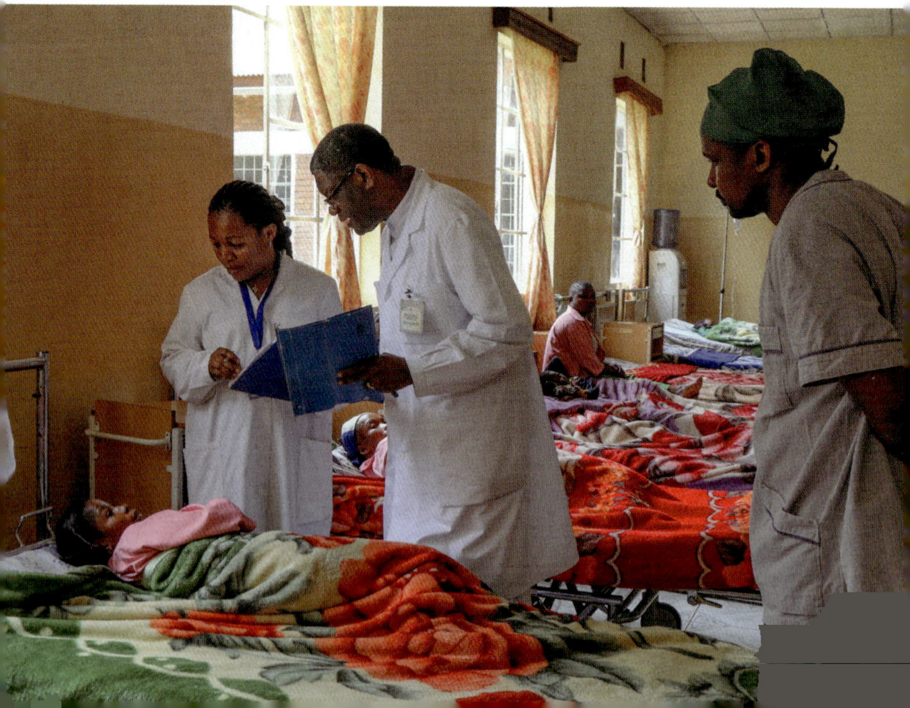

Krankenhaus finden die Frauen Ruhe. Sie brauchen eine Zeit der Erholung, um Kraft schöpfen für die oft schwierige Rückkehr in die Familie. (beide Fotos: Thierry Michel)

Da Dr. Mukwege permanent bedroht ist, benötigt er im Krankenhaus und unterwegs ständig Personenschutz. Das Foto zeigt ihn in Lemera in Begleitung von Colette Braeckman, der Co Regisseurin des Films „L'homme qui répare les femmes" (Der Mann, der die Frauen wiederhe stellt). (Foto: Thierry Michel)

Am 26. November 2014 erhält Denis Mukwege den renommierte Sacharow-Preis für geistige Freiheit. Martin Schulz, bis 2017 Präsident des Europäischen Parlaments, würdigt Mukwege bei d Verleihung als „Mann, der für die Würde der Frauen, für Gerechti und Frieden in seinem Land kämpft". (Foto: Europäische Union)

oben: Die amerikanische Schauspielerin Charlize Theron, UN-Botschafterin für den Frieden, bei einem Besuch in der Demokratischen Republik Kongo (Foto: Vereinte Nationen)

unten: Dr. Mukwege mit Ban Ki-moon, bis 2016 Generalsekretär der Vereinten Nationen (Foto: Vereinte Nationen)

Als Pastor hält Denis Mukwege – wie schon sein Vater – regelmäßig Gottesdienste. (Foto: Thierry Michel)

Denis Mukweges Ehefrau Madeleine, seine treueste Stütze, bei der Verleihung des Sacharow-Preises 2014 in Straßburg (Foto: Europäische Union)

Als die ersten Schüsse fielen, brach im Krankenhaus das Chaos aus. Viele Patienten rannten in panischer Angst in die Nacht hinaus. Sie stolperten die Hügel hinab oder versteckten sich in den Bananenplantagen. Manchen steckten noch die Kanülen im Arm und sie zogen ihre Infusionsschläuche hinter sich her. Doch viele Patienten in der chirurgischen Abteilung waren durch ihre Verletzungen ans Bett gefesselt und hatten keine Möglichkeit zu entkommen. Man tötete sie in ihren Betten, durch Schüsse ins Herz oder in den Mund; einer wurde mit dem Bajonett erstochen.

Als Franck eintraf, lag das Massaker bereits sechs Tage zurück. Niemand hatte die Leichen seither berührt und sie verbreiteten einen infernalischen Gestank. Gemeinsam mit einem Pastor und einigen Nachbarn bestattete er die Opfer in einem Massengrab neben der Latrine; das war der einzige Ort, an dem die Erde weich genug für ein so großes Grab war.

Die Rebellen hatten das Krankenhaus und die gesamte Missionsstation bis in die hintersten Winkel durchkämmt, um so viele Menschen wie möglich zu töten. Alle Fenster waren durchschossen und die Wohnhäuser mit Kugeln durchsiebt. Mein Arztkittel, den ich vor meiner Abreise noch schnell im Büro aufgehängt hatte, war von Kugeln durchlöchert; auf ein Foto von mir hatten sie ein ganzes Magazin geleert. Die Botschaft war unmissverständlich: Das wäre mit dir geschehen, wenn du hier gewesen wärst.

Am Ende des Innenhofs befand sich ein langes schmales Haus, in dem drei Krankenpfleger gelebt hatten. Als die ersten Schüsse gefallen waren, hatten sie Türen und Fenster verriegelt, aber das hatte ihnen nichts genützt. Die Rebellen hatten sich Zugang verschafft, indem sie die Eingangstür einfach zertrümmerten. Die Krankenpfleger konnten keinerlei Widerstand leisten. Zwei von ihnen hatte man gefoltert und dann an Ort und Stelle getötet. Den dritten hatte man gezwungen, sämtliche Medikamentenvorräte in ein Fahrzeug des Krankenhauses zu laden und ins Nachbardorf zu fahren, wo man ihn ebenfalls erschoss.

Die Rebellen hatten alles gestohlen, was nicht niet- und nagelfest war, bis hin zu Möbeln und schweren medizinischen Geräten. Einige der Patienten mussten ihnen dabei als Träger dienen. Wer zu schwach dazu war, wurde auf der Stelle niedergemacht.

Nach einigen Stunden war der ganze höllische Spuk vorbei. Als der Morgen anbrach, kamen die *Banyamulenge* aus den benachbarten Bergdörfern und schrieben ihre Namen auf die leer stehenden Häuser der Missionsstation, um ihre Besitzansprüche anzumelden – schließlich waren ja alle ursprünglichen Bewohner geflohen.

Es dauerte einige Tage, bis die genaue Anzahl der Toten festgestellt werden konnte: 33 Personen waren von den Rebellen getötet worden. Das bestausgestattete Krankenhaus der Region war völlig zerstört und über 150 000 Einwohner, von denen viele zu den Ärmsten der Armen zählten, hatten von heute auf morgen ihre medizinische Versorgung verloren. Es waren nur noch ein paar leere rußgeschwärzte Ruinen übrig. Der ganze Ort war zu einem Friedhof geworden.

Ich hatte immer geglaubt, dass ein Krankenhaus eine Schutzzone darstellt, wie es die internationalen Verträge vorsehen. Nie hätte ich gedacht, dass bewaffnete Soldaten sich an wehrlosen Patienten vergreifen würden. Aber genau das war geschehen. Ich war naiv gewesen und hatte die Situation falsch eingeschätzt. Die Videoaufnahmen, die ich später sah, zeigten das Ausmaß der Zerstörung. Ich konnte es kaum ertragen, meine Patienten ermordet in ihren Betten liegen zu sehen. Eine ganze Anzahl von ihnen hatte ich persönlich operiert. Dazu gehörten zwei Frauen, die sich in der kleinen Poliklinik in Bukavu vorgestellt hatten und die ich persönlich im Auto nach Lemera gebracht hatte, um sie dort zu operieren. Ich hatte ihnen versprochen, sie nach ihrer Genesung wieder nach Hause zu bringen, aber dazu war es nicht mehr gekommen, weil diese elende Straßensperre mich an der Rückkehr gehindert hatte. Die beiden waren dort geblieben und nun waren sie tot.

Bis zu diesem Massaker war die Gegend um das Krankenhaus für mich einer der schönsten Orte der Welt gewesen. Rund um Lemera erheben sich bewaldete Berge wie eine riesige natürliche Kathedrale. Jeden Samstagnachmittag kletterte ich auf einen der Gipfel und genoss die wunderschöne Aussicht hinunter auf das Grenzgebiet der drei Länder Zaire, Burundi und Ruanda. Stundenlang saß ich da und ließ meine Blicke über den Horizont schweifen. Dort oben kam ich zur Ruhe und konnte meine inneren Batterien wieder aufladen. Lemera war mir so kostbar geworden, dass ich mit dem Gedanken spielte, in meinem Ruhestand dorthin zu ziehen. Ich liebte die majestätische Schönheit der Berge und fühlte mich jedes Mal zu Gott hingezogen, wenn ich sie anschaute. Aber die Schüsse der Rebellen hatten die Idylle zerstört und alles mit Blut befleckt.

Ich war voll Trauer und machte mir Vorwürfe, dass ich meine Patienten im Stich gelassen hatte. Ich hatte mir geschworen, das Krankenhaus nicht zu verlassen. Falls der Krieg tatsächlich ausbrach, wollte ich an der Seite meiner Patienten bleiben, was auch immer geschah. Der entzündete Fuß unseres Ingenieurs hatte meine Pläne über den Haufen geworfen. Ich versuchte, mich selbst davon zu überzeugen, dass Davids Zustand die Fahrt nach Bukavu notwendig gemacht und ich nur meine Pflicht getan hatte – doch ich wurde das Gefühl nicht los, das sinkende Schiff verlassen zu haben.

Natürlich war mir völlig klar, dass meine Anwesenheit in Lemera überhaupt nichts geändert hätte. Das Massaker hätte so oder so stattgefunden. Aber all diese Überlegungen trösteten mich kein bisschen. Nicht einmal die Einsicht, dass ich wie alle anderen einfach erschossen worden wäre, linderte meine Schuldgefühle. Sie hatten mich fest im Griff und es dauerte lange, bis ich mich davon befreien konnte.

Aus Sicherheitsgründen war es völlig unmöglich, nach Lemera zurückzukehren und mir mit eigenen Augen einen Überblick über die Zerstörung zu verschaffen. Und selbst wenn sich die Möglichkeit dazu geboten hätte, hätte ich es wohl kaum ertragen. Es fühlte sich an wie eine offene Wunde, die nicht heilen wollte … Acht Jahre dauerte es, bis ich zum ersten Mal wieder einen Fuß auf das ehemalige Krankenhausgelände setzte, und weitere vier Jahre, bevor ich eine Nacht dort verbrachte.

Vielleicht muss man bei genauerer Betrachtung der ganzen Geschichte zu dem Schluss kommen, dass die göttliche Vorsehung mich vor dem Gemetzel bewahren wollte. Unser schwedischer Ingenieur wurde direkt nach seiner Ankunft in seinem Heimatland operiert, und nachdem der Fuß geöffnet war, flossen zwar Unmengen von Eiter aus der Wunde, aber die Ursache für die Entzündung wurde nie gefunden. Obwohl das Krankenhaus als größtes und bestausgestattetes Hospital Schwedens gilt, gelang es den Ärzten nicht zu erklären, was die Infektion verursacht hatte. Wie dem auch sei – ich verdanke diesen geheimnisvollen Krankheitserregern mein Leben.

Auch David selbst und seine Frau sowie mein finnischer Kollege Veikko stehen in ihrer Schuld, denn einige Jahre später erfuhren wir aus sicherer Quelle, dass die Rebellen die Entführung der Missionare geplant hatten. Man wollte sie in die Berge verschleppen und in den Verhandlungen mit der zairischen Armee als Druckmittel einsetzen.

Das Massaker von Lemera zeigte, dass der Krieg inzwischen in vollem Gange war und dass es nur noch eine Frage der Zeit war, bis er auch Bukavu erreichte. Zusammen mit meiner Frau und meinen Kindern lebte ich wieder in unserem Haus in der Stadt. Sie waren ursprünglich bei mir in Lemera gewesen, aber als die Kinder in die Schule kamen, zog meine Frau mit ihnen zurück nach Bukavu.

Einige Tage nach dem Massaker besuchte uns ein Team des CNN, um ein Interview mit mir zu führen. Ich beschrieb die Ereignisse so, wie man sie mir berichtet hatte, und so erfuhr die ganze Welt, was sich in unserem kleinen Krankenhaus in den Bergen von Zaire ereignet hatte. Die Nachricht löste weltweit große Bestürzung aus – offensichtlich war ich nicht der Einzige, der sich der Illusion hingegeben hatte, dass man keine wehrlosen Patienten tötet, selbst wenn man sich im Krieg befindet.

Die Lage in Bukavu spitzte sich zu. Die Rebellen kamen unaufhaltsam näher und die Stadt war zum Bersten gefüllt mit Flüchtlingen, unter denen sich nicht nur Zivilisten, sondern auch viele Soldaten Mobutus befanden. Wie sollte ich in diesem Durcheinander Freund und Feind unterscheiden? Ich fürchtete vor allem die Rebellen, denn schließlich hatten sie mich und meine Familie direkt bedroht. Aber in Wirklichkeit drohte die größte Gefahr von einer anderen Seite.

Eines Tages klopfte ein Militärpolizist an unsere Tür und warnte mich, dass ich in großer Gefahr schwebe. Er riet mir, die Stadt sofort zu verlassen. „Die Armee sucht Sie. Die Offiziere denken, dass Sie den Feind unterstützen", erklärte er. „Das ist doch nicht möglich", protestierte ich, „ich habe für niemanden Partei ergriffen." Doch er erinnerte mich an die Diskussion um den Kontrollpunkt vor unserem Krankenhaus, die ich einige Monate zuvor mit dem Kommandanten von Lemera geführt hatte. Jetzt wurde meine Weigerung,

Tutsi den Zugang zum Krankenhaus zu verwehren, gegen mich verwendet.

Dazu kam, dass Kinshasa nach dem Massaker im Krankenhaus eine Spezialeinheit in die Berge von Lemera geschickt hatte. Diese Einheit war in einen Hinterhalt der Rebellen geraten und bis zum letzten Mann gefallen. Der Militärkommandant hatte daraus geschlossen, dass die Feinde über einen Informanten in der zairischen Bevölkerung verfügen mussten, und irgendjemand hatte in diesem Zusammenhang meinen Namen genannt. Zwar hatte ich dem Kommandanten ausführlich erklärt, dass ich als Arzt keinem Menschen die Behandlung verweigern dürfe, aber die Armeeführung war überzeugt, dass sich hinter meiner Weigerung andere Motive versteckten, und hielt mich für einen Unterstützer der Rebellen. Dieser Verdacht war natürlich völlig absurd, aber die bloße Tatsache, dass sie ihn hegten, brachte mich in große Gefahr. Im besten Fall musste ich ins Gefängnis, wahrscheinlicher aber war eine Exekution.

Ich fragte mich, warum der Militärpolizist das Risiko auf sich nahm, mich zu warnen, denn wenn er entdeckt wurde, würde ihn dasselbe Schicksal erwarten. „Warum ist es Ihnen so wichtig, mir zu helfen?“, fragte ich. „Meine Frau war krank und kam ins Krankenhaus von Lemera. Sie waren derjenige, der sie operiert hat“, gab er zur Antwort. „Geht es ihr jetzt gut?“, erkundigte ich mich. „Ja“, nickte er, „und dafür bin ich Ihnen sehr dankbar. Jetzt ist die Reihe an mir, Ihnen einen Dienst zu erweisen.“

Der Mut und die Freundlichkeit dieses Mannes berührten mich sehr. „Was soll ich machen?“, fragte ich. „Sie müssen fliehen.“ „Aber wohin?“ „Im Moment gibt es noch Flüge nach Kinshasa. Aber Sie müssen sich beeilen, denn sobald die Rebellen die Stadt erreichen, wird der Flughafen geschlossen.“

Seine Worte überzeugten mich. Allerdings war mir noch nicht klar, wie ich überhaupt zum Flughafen kommen sollte. Ich konnte auf keinen Fall mein eigenes Auto nehmen, denn das hätten die Soldaten sofort erkannt. Mich von einem Freund fahren zu lassen, war auch nicht möglich. Im Moment befanden sich fast nur noch Soldaten auf den Straßen und jedes mit Zivilisten besetzte Fahrzeug war sofort verdächtig. „Ich bin in Uniform und kann Sie fahren“, bot mein Gesprächspartner an. „Aber an den Straßensperren wird man mich doch erkennen“, wandte ich ein. „Nein“, gab er zurück, „niemand wird Sie sehen. Sie werden nicht sitzen, sondern liegen.“ „Auf dem Rücksitz?“, fragte ich. „Nein“, erwiderte er voller Überzeugung, „im Kofferraum!“

Und so kam es, dass ich mich am frühen Morgen des 29. Oktober 1996 in den Kofferraum seines Wagens zwängte. Als der Militärpolizist den Deckel schloss, verwandelte sich das bleiche Licht der Morgendämmerung in vollkommene Schwärze. Es war Regenzeit und die heftigen Niederschläge der letzten Nacht hatten die Straßen in glitschige Schlammpisten verwandelt. Die Reise zum Flughafen würde einige Zeit in Anspruch nehmen. Als der Wagen losfuhr, rollte ich mich auf die Seite, presste ein Ohr auf den Boden des Kofferraums und horchte, wie der Schlamm gegen den Wagenboden spritzte.

Der Weg zum Flughafen schien kein Ende zu nehmen. Ich hatte fürchterliche Angst, entdeckt zu werden, doch die Uniform meines Chauffeurs reichte aus, um uns beide zu beschützen. Wir erreichten den Flughafen, ohne einmal kontrolliert zu werden.

Währenddessen geschah das, was alle befürchtet hatten: Die Rebellen marschierten in die Stadt ein. Die zairische Armee war schon seit Tagen auf dem Rückzug und hatte den Aufständischen nichts mehr entgegenzusetzen. Am Flughafen brach das blanke Chaos aus. Voller Panik versuchten die Soldaten Mobutus, den Angreifern zu entkommen. Sie prügelten sich buchstäblich um jeden Platz in einem Flugzeug. Und wehe den Zivilisten, die ein Flugticket gekauft hatten und darauf bestanden, mitgenommen zu werden – man erschoss sie an Ort und Stelle. Ich wurde Zeuge grauenhafter Gewaltszenen.

Ich begriff sofort, dass ich den Gedanken an eine Flucht nach Kinshasa aufgeben musste. Unter diesen Bedingungen würde ich auf dem Rollfeld erschossen werden, wenn ich mich auch nur einem Flugzeug zu nähern versuchte – wie viele andere auch.

Ich befürchtete, dass mich jeden Moment jemand erkennen würde, und überlegte mir, wo ich mich verstecken konnte. Auf dem Flughafengelände gab es einige Flugzeughallen und daneben mehrere Toiletten, hinter denen ich ein einigermaßen sicheres Versteck fand.

Von dort aus rief ich auf meinem Satellitentelefon, das ich aus Lemera mitgebracht hatte und seither bei mir trug, meinen Freund Roland Stalgren an, den Leiter der schwedischen Pfingstmission im Ostkongo. Er hatte Bukavu vor einer Woche verlassen und hielt sich in Nairobi auf. Ich beschrieb ihm die Situation: „Die Rebellen haben die Stadt eingenommen. Ich bin am Flughafen und hatte gehofft, nach Kinshasa fliegen zu können, aber das ist absolut unmöglich. Hier herrscht die reinste Panik." „Ich nehme sofort zur MAF Kontakt auf und rufe dich gleich zurück", antwortete er.

Die MAF *(Missionary Aviation Fellowship)*, ein christlicher Flugdienst für Missionare und Entwicklungshelfer, hatte eine Basis in Nairobi. Aber war so schnell auch ein Flugzeug verfügbar? Nach wenigen Minuten klingelte mein Telefon und Roland teilte mir sichtlich erleichtert mit: „Sie kommen mit zwei Flugzeugen für je zwölf Personen."

Propellerflugzeuge brauchen für die Strecke zwischen Nairobi und Bukavu ungefähr sechs Stunden. Sie würden also gegen 14 Uhr hier eintreffen. Der Militärpolizist, der mich zum Flughafen gebracht hatte, war immer noch bei mir, und ich fragte ihn, ob er in die Stadt zurückkehren und meine Familie holen könnte. „Einverstanden“, sagte er und machte sich sofort auf den Weg. Ich konnte in der Zwischenzeit nichts anderes tun, als in meinem Versteck auszuharren.

Während ich wartete, durchlebte Bukavu fürchterliche Stunden. Praktisch die gesamte Bevölkerung der Stadt ergriff vor den heranrückenden Rebellen die Flucht. Innerhalb weniger Stunden setzte sich eine halbe Million Menschen in Bewegung. Sie alle wollten die Stadt Kisangani erreichen, die 700 Kilometer nordöstlich von Bukavu liegt. Es war der Beginn eines Marsches, der in einer humanitären Katastrophe von unvorstellbarem Ausmaß enden sollte.

Als dieser Massenauszug gerade erst begonnen hatte, rief mich voller Panik mein Schwiegervater an: „Kannst du ein Flugzeug finden, mit dem wir von hier wegkommen?“, bat er. Ich versprach, mich bei der MAF zu erkundigen, ob ein Flug für Privatpersonen möglich sei und was er kosten sollte. Ich wusste, dass Geld für meinen Schwiegervater kein Problem war. Er war einer der reichsten Geschäftsleute von Bukavu. Kurze Zeit später konnte ich ihm die gute Nachricht überbringen, dass es auch für ihn ein Flugzeug gab, und nannte ihm die Ankunftszeit. „Wir werden bereit sein“, versprach er.

Kurz vor 14 Uhr landete eine Linienmaschine aus Kinshasa. Sie war noch nicht richtig ausgerollt, da stürmten ganze Horden von Soldaten darauf zu und versuchten, sich an Bord zu drängen. In diesem Moment kam meine Familie am Flughafen an. Auch meine langjährigen Arbeitgeber, die Leiter der Pfingstkirche, waren angekommen. Sie und ihre Familien waren genauso bedroht worden wie ich und mussten die Stadt verlassen.

Wir waren voller Sorge, denn wenn die Soldaten mitbekämen, dass wir ein Flugzeug besteigen wollten, konnte alles Mögliche passieren. Meine Kinder waren noch jung und ich wollte ihnen gern die schrecklichen Szenen ersparen, die ich selbst hatte mit ansehen müssen. Hier ging es um Leben und Tod, denn das war mit Sicherheit unsere einzige Chance, die Stadt zu verlassen. In wenigen Stunden würden die Rebellen auch den Flughafen einnehmen.

So erwarteten wir ungeduldig die Ankunft unserer kleinen Propellerflugzeuge. Wir wussten, dass sie unterwegs waren, und fragten uns, was wohl bei der Landung geschehen würde. Was würden die Soldaten tun? Würden sie sich mit Gewalt in die Maschinen drängen? Würden die Soldaten uns überhaupt bemerken oder waren sie mit ihrem eigenen Kampf ums Überleben so beschäftigt, dass sie um sich herum nichts mehr wahrnahmen? Eines war uns jedenfalls klar: Wenn die Flugzeuge gelandet waren, mussten wir startbereit sein und sofort an Bord springen.

Und da waren sie auch schon. Voller Aufregung beobachteten wir, wie sie die Wolkendecke durchbrachen und auf den Flughafen zukamen. Dann setzten sie auf. Nun galt es! So schnell uns unsere Beine trugen, rannten wir über das Rollfeld, und als die Flugzeugtüren aufgingen, warfen wir uns buchstäblich hinein. Glücklicherweise dauerte die ganze Aktion nur einen Augenblick und schon rollten die beiden Maschinen wieder an und hoben ab.

Aus der Luft konnten wir mit eigenen Augen sehen, wie die Menschen in Strömen Bukavu und seine Umgebung verließen. Mir war in diesem Moment klar, dass sich hier eine humanitäre Katastrophe entwickelte. Die Leute waren so überstürzt aufgebrochen, dass ihre Vorräte höchstens ein oder zwei Tage lang reichen konnten. Danach kämen Hunger und Durst und unzählige Menschen würden ihr Leben verlieren. Man musste kein Arzt sein, um zu sehen, dass hier so schnell wie möglich eine groß angelegte Hilfsaktion vonnöten war.

Unser Flugzeug brachte uns in die 500 Kilometer nördlich gelegene amerikanische Missionsstation Bunia, wo wir fürs Erste Aufnahme fanden. Am nächsten Tag erfuhren wir, dass der Flughafen von Bukavu kurz nach unserem Abflug geschlossen worden war. Wir gehörten zu den Allerletzten, die noch hatten ausfliegen können. Leider hatten wir es nicht geschafft, meine Schwiegereltern rechtzeitig herauszuholen. Sie waren jetzt zusammen mit einer halben Million anderer Flüchtlinge zu Fuß nach Kisangani unterwegs.

Der Krieg im Ostkongo war von Ruanda aus geplant worden. Anführer der Rebellen war Laurent-Désiré Kabila, ein kongolesischer Revolutionär der ersten Stunde und Waffengefährte von Patrice Lumumba. Nach der Eroberung der östlichen Provinzen zog er mit seiner Armee quer durch das ganze Land und übernahm sieben Monate nach Kriegsausbruch die Macht in Kinshasa.

Das war das Ende Mobutus.

Für mich hatte dieser Machtwechsel eine besonders tragische Note: Der Mann, der für das Massaker von Lemera verantwortlich war, war jetzt der neue Präsident meines Landes.

Kabila blieb nur vier Jahre an der Macht. Im Januar 2001 wurde er von einem Leibwächter ermordet. Sein Sohn Joseph folgte ihm ins Amt des Präsidenten, obwohl die Kongolesen ihn kaum kannten. Joseph Kabila war in Tansania aufgewachsen, wo sein Vater im Exil gelebt hatte, und begleitete ihn auf seinem blutigen Kriegszug durch das ganze Land bis zum Fall Mobutus.

Die explosionsartige Zunahme sexueller Gewalt im Ostkongo fällt zeitlich mit den ersten Jahren von Joseph Kabilas Präsidentschaft zusammen. Ich bin ihm bereits begegnet und musste mich mit ihm auseinandersetzen. Ich habe ihn angefleht, dieses Problem anzupacken und die zugrunde liegenden Ursachen zu bekämpfen. Aber das Thema scheint ihn nicht übermäßig zu interessieren. Das ist jedenfalls mein Eindruck und ich sage das mit großem Schmerz.

13

Im Dezember 2008 wurde mir in New York der Menschenrechtspreis der Vereinten Nationen verliehen. Zu dieser Gelegenheit kamen Kongolesen aus den gesamten Vereinigten Staaten in die Stadt, um mich zu sehen und reden zu hören. Darunter war ein junger Mann von achtzehn Jahren, der mir etwas sagte, das mich zutiefst berührte und das ich nie wieder vergessen werde:

„Zum ersten Mal in meinem Leben bin ich stolz darauf, Kongolese zu sein. Normalerweise rede ich ungern über meine Herkunft, weil ich befürchten muss, für all die Gräueltaten in meiner Heimat verantwortlich gemacht zu werden. Aber jetzt, nachdem ich miterlebt habe, wie Sie den Preis entgegengenommen haben und was Sie in Ihrer Rede gesagt haben, fällt es mir nicht mehr schwer, mich als Kongolesen zu erkennen zu geben." Das waren ermutigende Worte, die mich zugleich mit tiefer Demut und großem Stolz erfüllten.

Der Menschenrechtspreis der Vereinten Nationen wird nur alle fünf Jahre verliehen und ich rechnete fest damit, dass ein Vertreter der kongolesischen Botschaft an der Zeremonie oder dem anschließenden Empfang teilnehmen würde. Das wäre nicht mehr als recht und billig gewesen. Aber niemand kam.

Ich kann die Parallelen zu meinem Erlebnis zwei Jahre zuvor nicht leugnen, als ich in der UN-Vollversammlung von der Gewalt im Ostkongo berichtete. Damals hatte der Botschafter meines Landes meine Rede boykottiert, und auch diesmal war die Abwesenheit einer offiziellen Delegation kein Versehen. Meiner Einschätzung nach gab es dafür nur eine Erklärung: Meine Regierung betrachtete mich als einen Bürger, der sich seinem Land gegenüber nicht loyal verhielt. Und je mehr ich meine Meinung in der Öffentlichkeit vertrat, umso gereizter reagierte meine Regierung.

Dabei war es nicht meine Absicht, die führenden Persönlichkeiten des Kongo zu kritisieren, und ich führte auch keine politische Kampagne. Ich sagte nur, dass die Frauen im Osten des Kongo geschützt werden müssten und dass die Regierung die Verantwortung dafür übernehmen solle. Da sich in dieser Angelegenheit nichts bewegte, musste irgendjemand auf das Problem aufmerksam machen; wenn ich deshalb als Regimekritiker dargestellt wurde, konnte ich es nicht ändern. Ich klagte keinen Menschen an. Mein einziges Ziel war, das Sprachrohr für die Frauen meiner Region zu sein.

Von New York aus flog ich direkt nach Kinshasa zu einem Treffen mit Präsident Kabila. Er hatte mich zwar nicht eingeladen, aber angesichts des Prestiges, das dieser Preis mit sich brachte, fühlte ich mich als kongolesischer Bürger dazu verpflichtet, ihm Bericht zu erstatten. An diesem Treffen nahmen außer mir noch zwei Vertreter der CEPAC *(Communauté des Eglises de Pentecôte en Afrique Centrale* – etwa: Bund der Pfingstgemeinden in Zentralafrika) teil, unter deren Verwaltung das Krankenhaus in Panzi steht.

Joseph Kabila zeigte sich nicht sonderlich interessiert. Zwar handelte es sich um das, was Politiker gern eine „Unterredung in freundschaftlicher Atmosphäre“ nennen, doch hatte ich nicht ein einziges Mal den Eindruck, dass er sich um eine Lösung für die Situation der Frauen im Kivu bemühte. Was seine Unterstützung für unsere Arbeit im Krankenhaus angeht – darauf warten wir bis heute …

Nicht selten wird die Meinung vertreten, sexuelle Gewalt sei ein Phänomen, das mit der zentralafrikanischen Kultur zusammenhängt. Es handle sich um eine genetische Disposition, aufgrund derer die Männer bei uns eher dazu neigten, dem weiblichen Geschlecht Gewalt anzutun. Diese Ansicht begegnet mir überall auf der Welt und ich möchte eine ganz klare Antwort darauf geben: Wenn jemand mir gegenüber so etwas äußert, dann beende ich die Diskussion sofort. Solche Gedanken kann man nicht ernst nehmen. Zwar befinden sich die Frauen bei uns in einer wenig beneidenswerten Lage – und das ist schlimm genug –, aber leider ist diese Lage ganz und gar nicht ungewöhnlich. In vielen Ländern erleiden Frauen dasselbe Schicksal, auch wenn die Gewalt nicht immer so systematisch ausgeübt wird und so häufig zum Tod führt wie bei uns.

Wenn man versucht, diese Misshandlungen zu erklären, dann muss – auch um der betroffenen Frauen in aller Welt willen – die unseriöse Ansicht, es handle sich um ein genetisch oder kulturell bedingtes zentralafrikanisches Phänomen, unmissverständlich zurückgewiesen werden. Als ich die ersten Anzeichen dieser bestialischen Gewalt wahrnahm, mit der wir heute konfrontiert sind und deren Auswirkungen ich inzwischen über Jahre beobachte, war ich völlig überrascht. So etwas hatte ich noch nie gesehen. Es ist unbestreitbar, dass sie im Zusammenhang mit dem sogenannten Zweiten Kongokrieg steht, der im August 1998 im Osten des Landes ausbrach. Davon bin ich fest überzeugt.

Wie lässt sich dieser neuerliche Ausbruch der Gewalt im Ostkongo erklären? Eine zentrale Rolle spielte die Tatsache, dass Laurent-Désiré Kabila nach dem Sturz Mobutus den Armeen und Ländern, die ihn unterstützt hatten, den Rücken kehrte. Daraus entwickelte sich eine bewaffnete Auseinandersetzung, an der nicht weniger als sieben Nachbarländer des Kongo sowie eine große Anzahl von Milizen beteiligt waren. Man nennt diesen Krieg deshalb manchmal auch „Afrikas Ersten Weltkrieg“.

Als später die ersten Berichte von den Vergewaltigungen im Kivu an die Ohren der Weltöffentlichkeit drangen, riefen sie vielerorts nicht mehr als ein Schulterzucken hervor. „Damit musste man rechnen“, lautete der allgemeine Konsens. Aus diesem Grund war es so schwer, die internationale Gemeinschaft zum Einschreiten gegen den Krieg und gegen die Gewalt an den Frauen zu bewegen.

Die Außenwelt schien nicht zu verstehen, dass auch sie eine Mitverantwortung an der Situation des Kongo trug. Sie hatte offensichtlich schon vergessen, was sich unter der Herrschaft von König Leopold II. zugetragen hatte, und sah nicht, dass die aktuellen Ereignisse lediglich die Dramen der Vergangenheit in neuem Gewand wiederholten.

Gegen Ende des 19. Jahrhunderts beschloss der belgische König, dass der Kongo sein Privatbesitz sei. Nachdem er dem Land sein Elfenbein geraubt hatte, wandte er sich dem Kautschuk zu. Es war ihm nicht entgangen, wohin sich die Wirtschaft in den industrialisierten Ländern entwickelte. Das Fahrrad hatte sich als durchschlagender Erfolg erwiesen und war inzwischen für jedermann erschwinglich. Bald würde es mit dem Auto genauso sein. Deshalb war damit zu rechnen, dass die Nachfrage nach Kautschuk für die Reifenproduktion enorm anstieg. In der Tat kam es Ende des 19. Jahrhunderts zum sogenannten Kautschukboom, der sich zu einer der schwärzesten Zeiten in der Geschichte unseres Landes entwickeln sollte. Adam Hochschilds hervorragend recherchiertes Buch „Schatten über dem Kongo“ legt ein beredtes Zeugnis über diese Zeit ab. Der afrikanische Kautschuk wird aus einem parasitären Lianengewächs gewonnen, das sich am Stamm eines Wirtsbaums emporschlängelt. Wo immer sich diese Pflanze fand, war die Bevölkerung automatisch zur Sklaverei verurteilt. Jeder, der in einem Kautschukgebiet wohnte, wurde in den Urwald geschickt und musste eine bestimmte Menge an Kautschuk abliefern. Und wehe dem, der sie nicht erreichte – man peitschte ihn aufs Brutalste aus oder schnitt ihm gleich die Hände ab.

Einer der Ersten, der auf diese grausame und unbarmherzige Ausbeutung des Kongo durch den belgischen König aufmerksam machte, war ein schwedischer Baptistenmissionar. (Es freut mich, hier von einem Schweden erzählen zu können, denn mit diesem Land verbindet mich eine besondere Beziehung und ich habe dort zahlreiche Freunde.) Seine Kritik ließ an Deutlichkeit nichts zu wünschen übrig. Indem er sich so unverblümt äußerte, bewies er großen Mut, denn er brachte damit sowohl seine Arbeit als auch sein Leben in Gefahr.

Kaum ein Land der Welt ist so reich an Rohstoffen wie der Kongo. Verteilt über eine Grundfläche so groß wie Osteuropa müssten diese Rohstoffe – Wasser, Wälder, Erde, Mineralien und viele andere – eigentlich ausreichen, um den Wohlstand der ganzen Nation zu sichern. Doch das war niemals der Fall, im Gegenteil: Die Reichtümer des Kongo haben sich leider allzu oft als eine Quelle des Übels erwiesen. Unsere gewaltigen Kupfervorkommen haben Mobutu zu einem der reichsten Männer der Welt gemacht.

Der Ostkongo ist ohne Frage eine der mineralstoffreichsten Regionen der Welt. Man findet dort unter anderem Gold, Diamanten, Zinn und Coltan. In jedem Computer und jedem Mobiltelefon – meinem genauso wie Ihrem – sind wiederum mehrere Gramm Tantal verbaut. Tantal ist ein äußerst hitzebeständiges Metall, das zum Bau von Kondensatoren in elektronischen Geräten verwendet wird. Es wird aus Coltan gewonnen und 80 Prozent der weltweiten Coltanvorkommen befinden sich im Ostkongo …

Im Zweiten Kongokrieg, der 1998 ausbrach, haben diese Mineralvorkommen eine große Rolle gespielt, allen voran das Coltan. Einmal mehr erwies sich unser Land reich an den Rohstoffen, die von den Industrienationen begehrt wurden. Als die internationalen Elektronikkonzerne zu Beginn des 21. Jahrhunderts in nie gekanntem Maß nach Coltan verlangten und bereit waren, jeden Preis dafür zu bezahlen, entwickelte sich ein lukrativer Schwarzmarkt. Das führte dazu, dass mehrere Armeen und eine Vielzahl von Milizen begannen, sich die Kontrolle über die einträglichen Bodenschätze mit großer Brutalität zu sichern. Die hohen Gewinne ermöglichten es ihnen, ständig neue Waffen zu kaufen. Der Zeitpunkt, an dem dieser illegale Handel seinen Höhenflug begann, fällt mit den ersten Gewaltakten gegenüber Frauen zusammen.

Zwar wurde im Jahr 2002 ein Waffenstillstand vereinbart, aber die Gewalt ließ nicht nach, denn die Milizen kontrollieren nach wie vor die mineralstoffreichen Regionen. Um sie zu erreichen, müssen riesige Wald- und Anbauflächen gerodet werden, oft mithilfe von Feuer. Das ist natürlich unmöglich, wenn die lokale Bevölkerung nicht mitmacht. In diesem Fall bedient man sich der systematischen Vergewaltigung, um ihren Widerstand zu brechen. Die Milizen zünden auch Dörfer an und töten Männer, aber ihre wichtigste Waffe ist die sexuelle Gewalt.

Die Grausamkeit gegenüber Frauen ist kein neues Phänomen. Um das zu sehen, muss man nur einen kurzen Blick in die Kriegsgeschichte werfen. Man denke zum Beispiel an den Bosnienkrieg in den 1990er-Jahren oder an den Bürgerkrieg in Liberia in den 2000ern. Allerdings gibt es einen großen Unterschied: Dort ereigneten sich diese barbarischen Untaten sozusagen im Kielwasser des Krieges. Hier im Ostkongo sind sie selbst zu einer zentralen Waffe geworden.

Dass die Milizen gezielt Frauen angreifen, um die Kontrolle über Dörfer und Siedlungen zu übernehmen, mag zunächst einmal paradox erscheinen, denn in der kongolesischen Gesellschaft scheint die Frau nur eine untergeordnete Rolle zu spielen. Sie hat selten das letzte Wort. Und doch wird sie bei der gewaltsamen Unterwerfung einer Region zum primären Ziel. Das zeigt, dass sie in Wirklichkeit doch eine bedeutende Stellung einnimmt. Die Frau ist für alle wesentlichen Aufgaben im Familienleben verantwortlich, und wer sie trifft, trifft darum zugleich auch ihre Familienangehörigen. Sie arbeitet hart und wacht darüber, dass der Haushalt Tag für Tag funktioniert. Wer sie misshandelt und demütigt, greift gleichzeitig die Familie als Keimzelle der Gesellschaft an und unterminiert ihre Schutzfunktion. Zudem wird durch eine Vergewaltigung auch der Widerstand des Mannes gebrochen, denn für viele Männer gibt es keine größere Schande, als mit einer vergewaltigten Ehefrau leben zu müssen.

Man braucht keine Panzer und Bomben, um eine Region zu zerstören und unbewohnbar zu machen; es genügt, die Frauen zu vergewaltigen. Die daraus resultierenden Verwüstungen lassen sich mit denen eines „normalen" Feldzugs durchaus vergleichen. Deshalb bedienen sich die Milizen und Privatarmeen dieser Waffe. Dass sie dabei ihre Ehre und jedes Einfühlungsvermögen verlieren, spielt keine Rolle; finanziell betrachtet macht diese Waffe den Krieg erschwinglich.

Die katastrophalen Zustände, unter denen der Kongo im Moment leidet, sind eng mit der Vergangenheit verknüpft. Das spiegelt sich auch in meiner persönlichen Lebensgeschichte. Ich habe schon vom Jahr 1959 erzählt, in dem ich als Vierjähriger miterlebte, wie Tutsi aus Ruanda die Straßen Bukavus mit ihrem Vieh überschwemmten. Der Konflikt, vor dem sie geflohen waren, war lediglich der erste Funke. Die Explosion folgte 35 Jahre später in einem Genozid, der in nur drei Monaten 800 000 Ruander das Leben kostete. Die

Opfer waren vor allem Tutsi, aber auch nicht wenige Hutu, die man für zu moderat hielt.

Diese Tragödie hat Spuren hinterlassen. Das Leben in unserem Teil Afrikas hat sich verändert, nicht nur in Ruanda selbst, sondern auch im Ostkongo. Die Kriege, die epidemische Ausbreitung von Vergewaltigungen, die illegale Ausbeutung von Mineralstoffen – das alles hat seine Wurzeln in dem fortwährenden Konflikt zwischen Hutu und Tutsi, der seinen Höhepunkt im Genozid von 1994 fand. Man denke nur an die Hutu-Miliz *Interahamwe,* die das Konzept der ruandischen „Endlösung“ entwickelt und mit aller Macht vorangetrieben hat. Nachdem das Morden geendet hatte, flüchteten viele ihrer Mitglieder in den Kongo. Sie mischten sich unter die reguläre ruandische Armee und die Million unschuldiger Zivilisten, die bei uns Zuflucht gesucht hatten. Einige Teile der *Interahamwe* blieben im Kongo. Sie reorganisierten sich unter dem Namen *Forces Démocratiques pour la Libération du Rwanda* (FDLR – etwa: Demokratische Kräfte zur Befreiung Ruandas) und machten den Bewohnern des Kivu das Leben zur Hölle. Ein großer Teil der Massenvergewaltigungen geht auf ihr Konto, außerdem haben sie die Kontrolle über eine ganze Reihe rohstoffreicher Regionen übernommen.

Aber sie sind nicht die Einzigen, die sich der systematischen Vergewaltigung schuldig gemacht haben. Neben ihnen wären unter anderem die Mitglieder der AFDL, des RCD *(Rassemblement Congolais pour la Démocratie* – etwa: Kongolesische Vereinigung für die Demokratie), des CNPD *(Congrès National pour la Défense du Peuple* – Nationalkongress zur Verteidigung des Volkes) und seit Neuestem des M23 *(Mouvement du 23 Mars* – Bewegung des 23. März) zu nennen.

Eine weitere Gruppe nennt sich Mai-Mai. Sie besteht aus einem Sammelsurium von lokalen Einheiten und Milizen und versteht sich als nationalistische Bewegung, die ihr Land gegen die Einflüsse Ruandas verteidigen will. Die Mai-Mai haben die Bräuche des alten Rebellenchefs Pierre Mulele wieder aufleben lassen, der sich auf übernatürliche Kräfte berief, um seine Schlachten zu gewinnen. Mulele war eine bizarre und ziemlich grausame Persönlichkeit. Ich habe bereits erzählt, dass meine Familie und ich vor ihm fliehen mussten, als ich neun Jahre alt war.

Aber zwischen den Rebellen der 60er-Jahre und den Mai-Mai von heute gibt es einen großen Unterschied: ihr Frauenbild. Mulele stammte aus dem Pende-Stamm im Südwesten des Kongo. Die Kultur der Pende ist matrilinear organisiert. Das bedeutet, dass der Familienbesitz, der Familienname und die gesellschaftlichen Führungspositionen über die Linie der Mutter weitervererbt werden. Im Ahnenkult werden die wichtigen Frauen der Vergangenheit besonders verehrt. Deshalb waren Muleles Befehle in Bezug auf das weibliche Geschlecht eindeutig: Frauen werden nicht angefasst, nicht respektlos behandelt und schon gar nicht getötet. Jeder Soldat, der sich nicht an diese Befehle hielt, wurde mit dem Tod bestraft.

Die Mai-Mai-Kämpfer von heute besprengen sich wie zu Muleles Zeiten mit geweihtem Wasser und sind überzeugt, dass sie gegenüber feindlichen Kugeln unverwundbar sind. Aber im Gegensatz zu ihren Vorläufern respektieren sie Frauen in keinster Weise, sondern begehen, wie die anderen Milizen, bestialische Gräueltaten.

Dasselbe muss man leider auch von den Soldaten der regulären kongolesischen Armee, den FARDC *(Forces armées de la RD Congo* – Streitkräfte der demokratischen Republik Kongo) sagen. Sie werden sehr schlecht bezahlt und leben in erbärmlichen Verhältnissen. Nichtsdestotrotz erlauben ihnen ihre Gewehre ein bedrohliches Auftreten und oft unterscheidet sich ihr Verhalten kein bisschen von dem der Milizen, zu deren Bekämpfung sie eigentlich entsandt wurden. In der traurigen Statistik sexueller Gewalt sind auch sie gut vertreten.

Eigentlich müsste der Staat die Mineralstoffe kontrollieren und den Schutz der Bevölkerung vor allen Arten des Missbrauchs garantieren. Leider hat er in dieser Rolle versagt – mit dem Ergebnis, dass die mineralstoffreichen Regionen in den Händen von Verbrechern sind und Zehntausende von Kongolesen um ihre Sicherheit, ja oft sogar um ihr bloßes Leben fürchten müssen.

Schlimmer noch: Wir erleben den Zerfall einer ganzen Gesellschaft. Die ständigen Ängste, der unterschwellig schwelende Krieg und die Gewalt durch die Soldaten färben auf das Verhalten der gesamten Bevölkerung ab. Es gibt inzwischen Männer, die ihren eigenen Frauen Gewalt antun – etwas, das man früher nicht kannte.

Die erste Person, die dafür verantwortlich wäre, der Gewalt ein Ende zu setzen und ihre Ursachen zu beheben, ist natürlich der Präsident unseres Landes. An jenem Tag im Dezember 2008 saß ich ihm gegenüber und wir diskutierten miteinander. Die Atmosphäre war angespannt. Jedes Mal, wenn ich das Gespräch auf sexuelle Gewalt brachte, wich er aus und wechselte das Thema. Die ganze Angelegenheit war ihm offensichtlich unangenehm und er wollte nichts davon hören. Verzweiflung überkam mich – immerhin sprach ich mit dem Präsidenten unseres Landes, und wenn er die Sache nicht anpacken wollte, wer sollte es dann tun?

Doch Kabila zeigte nicht das geringste Interesse an der Auszeichnung, die man mir verliehen hatte; er fand es auch nicht nötig, Interesse vorzutäuschen, da keine Medienvertreter anwesend waren. Der kleine Funke Hoffnung, den ich beim Betreten des Palastes noch gehabt hatte, erlosch schnell. Es ging mir nicht um meine Person. Ich konnte gut damit leben, dass er mir nicht zu meinem Preis gratulieren wollte; aber ich sorgte mich um all die Frauen, die so entsetzliches Leid erdulden mussten. Bedrückt bestieg ich das Flugzeug, das mich binnen zwei Stunden zurück in den Südkivu brachte.

Eine Zeit lang hatte die Anzahl der Vergewaltigungen im Ostkongo nachgelassen. Dem Großteil der Frauen, die mit zerfetztem Unterleib ins Krankenhaus kamen, war die Verletzung mindestens sechs Monate zuvor zugefügt worden. Aber inzwischen stieg die Kurve wieder nach oben und ich ahnte, was mich bei meiner Ankunft in der chirurgischen Abteilung des Krankenhauses erwarten würde.

Sehr zu meiner Besorgnis schien das Joseph Kabila nicht im Geringsten zu kümmern.

14

Eineinhalb Jahre nach meiner Unterredung mit dem Präsidenten ereignete sich in dem kleinen Dorf Sange 70 Kilometer südlich von Bukavu ein schrecklicher Unfall. Auf seinem Weg durch das Dorf kippte ein voll beladener Tanklastzug um und verursachte einen verheerenden Großbrand mit 269 Toten und 200 Verletzten. Die Opfer wurden auf die vier Krankenhäuser der Region verteilt. Aufgrund seiner Kompetenzen in den Bereichen Chirurgie und Anästhesie bat man das Panzi-Krankenhaus, die schwersten Fälle aufzunehmen.

Joseph Kabila ordnete einen Tag nationaler Trauer an. Zwei Tage nach dem Unfall kam der Gesundheitsminister und besuchte die Krankenhäuser, in denen die Verletzten behandelt wurden. Danach reiste sogar der Präsident selbst in den Kivu und kam, begleitet von einem kleinen Mitarbeiterstab und seiner Leibwache, auch nach Panzi.

Sein Besuch wurde uns einige Tage im Voraus angekündigt und ich informierte unsere Mitarbeiter, dass der Präsident auf dem Weg zu uns sei. Da er unser Krankenhaus noch nie besichtigt hatte, erwartete ich, dass er *alle* Abteilungen mit seiner Anwesenheit beehren würde. Ich wollte, dass er auch den vergewaltigten Frauen begegnete.

Kaum dass er aus dem Auto gestiegen war, trat ich vor, um ihn willkommen zu heißen. Ich hatte mich darauf eingestellt, einige Höflichkeitsphrasen mit ihm auszutauschen, aber daraus wurde nichts. „Sie wissen doch, warum ich gekommen bin?“, fragte er. „Natürlich“, antwortete ich. „Warum bin ich hier?“, wiederholte er, als wollte er mich prüfen. „Sie wollen die Überlebenden des Tankwagen-Unglücks besuchen“, erwiderte ich. „Das ist richtig“, bestätigte er herablassend, „und ich bin nicht hierhergekommen, um die Frauen zu sehen, die Opfer sexueller Gewalt geworden sind.“

Ich war schockiert. Stand hier wirklich der kongolesische Präsident vor mir? Als Staatschef ist man für alle Bürger verantwortlich, die Kranken ebenso wie die Gesunden. Und wenn es Menschen gibt, die um ihre Sicherheit fürchten, muss man sie erst recht anhören, wenn sich die Gelegenheit bietet.

Um genau diesen Fall ging es hier. Die Frauen rechneten damit, dass er sie besuchte und ihrem Anliegen ein offenes Ohr schenkte. Solange sie im Krankenhaus lagen, waren sie in Sicherheit, aber bald mussten sie in ihre Dörfer zurückkehren. Welches Schicksal erwartete sie dort? Mussten sie in der Furcht vor erneuten Misshandlungen leben oder konnten sie auf Schutz hoffen? Das waren die Fragen, die sie Präsident Kabila bei seinem Besuch stellen wollten. Sie hatten bereits ein Lied angestimmt, das alle hören konnten – es waren mehrere Hundert Sängerinnen. Ich musste tief Luft holen, um nicht unbesonnen auf die unmissverständliche und, gelinde gesagt, provozierende Aussage des Präsidenten zu reagieren.

Ich führte ihn und seine Begleiter zur Station, wo die Verbrennungsopfer lagen. Er sprach mit den Verletzten und bekundete sein Mitgefühl angesichts dessen, was sie durchgemacht hatten. Ich erklärte ihm die verschiedenen Behandlungsphasen und den Heilungsprozess bei dieser Art von Verletzungen.

Danach fragte Kabila, ob wir die Medikamente zur Behandlung der Brandverletzungen erhalten hätten, die er aus Kinshasa an die vier Krankenhäuser geschickt hatte. Meine Antwort ließ nicht auf sich warten. Ich erklärte, dass uns mehrere Kartons geliefert worden seien, deren Inhalt allerdings bei Brandverletzungen keine Linderung schaffen könnte; daher würden uns diese Medikamente im Moment nichts nützen. Er hakte nach, was genau wir denn bekommen hätten, und ich antwortete wahrheitsgemäß: „Paracetamol, Kondome und Mittel zur Entwurmung." Betreten schaute er seine Begleiter an und rief dann irritiert: „Wie konnte das passieren?"

Die Frage blieb im Raum stehen und wird wohl auch nie eine Antwort finden. Meiner Ansicht nach gibt es nur eine plausible Erklärung: Der Präsident hatte tatsächlich Mittel zum Kauf spezieller Brandwunden-Medikamente bereitgestellt, aber das Geld war – aus welchem Grund auch immer – verschwunden, und so hatten die Leute, die für die Lieferung verantwortlich waren, das gesandt, was sie vorrätig hatten. Hauptsache, die Kartons wurden verschickt; der Inhalt war egal.

Die Geschichte von der nutzlosen Lieferung verdarb dem Präsidenten ganz offensichtlich die Laune. Einen Moment lang verlor er seine überlegene Haltung, wo er sich anlässlich dieses Unglücks doch als Vater des Volkes hatte inszenieren wollen.

Ich nutzte diesen Moment, um ihm einen Besuch der Frauenklinik vorzuschlagen. Das würde ihm die Gelegenheit geben, seine Fassung wiederzufinden. Ich machte deutlich, dass die Frauen von seinem Besuch in Kenntnis gesetzt waren und uns erwarteten.

Sichtlich verärgert erklärte Kabila, dass dieser Besuch in seinem Programm nicht vorgesehen sei. Ob ich das vorhin nicht verstanden hätte? Meine Frustration wuchs. Ich konnte mich einfach nicht damit abfinden, dass er das Krankenhaus verließ, ohne die vergewaltigten Frauen besucht zu haben.

Der katastrophale Unfall des Tanklasters war ohne Frage eine schreckliche Sache, aber es handelte sich um ein Einzelereignis. Stück für Stück würden die Überlebenden und ihre Familien wieder ins normale Leben zurückkehren. Im Gegensatz dazu überzog die sexuelle Gewalt unsere ganze Region mit einem permanenten Horrorszenario und verdammte ihre Opfer zu lebenslangem Leiden. Dieses Übel vergiftete die ganze Gesellschaft. Deshalb musste der Präsident an dieser Stelle unbedingt handeln. Aber das wollte er nicht, und damit basta!

Ein Jahr zuvor war seine Ehefrau Olive nach Panzi gekommen und hatte ein großes Essen für die Vergewaltigungsopfer organisiert. Man hatte den Eindruck, dass ihr Engagement ernst gemeint war. Sie wollte wirklich etwas tun, damit die Frauen im Ostkongo nicht ständig unter der Angst vor neuen Übergriffen leben mussten. Ich halte sie für eine mitfühlende Person mit einem guten Herzen. Sie beteiligte sich auch an Aktionen und Treffen gegen sexuelle Gewalt, was in uns die Hoffnung auf eine baldige Veränderung der Situation aufkeimen ließ.

Allerdings hörten wir nach diesem Besuch nie mehr etwas von der First Lady unseres Landes. Kein einziges Wort. Ich fragte mich, woran das liegen konnte. War sie von ihrem Mann zurechtgewiesen worden, weil sie sich zu weit aus dem Fenster gelehnt hatte? Man kann nur spekulieren.

Gemeinsam mit dem Präsidenten und seinen Begleitern verließen wir die Station mit den Verbrennungsopfern und machten uns auf den Weg zum Krankenhausparkplatz am anderen Ende des Innenhofes. Dabei kamen wir an der Frauenklinik vorbei und ich äußerte ein weiteres Mal, wie sehr ich mir wünschte, dass er hineingehen würde. Zu meiner großen Überraschung antwortete Kabila: „Gut möglich, dass ich in einem Monat wieder herkomme. Dann werde ich sie besuchen."

Inzwischen hatten wir beinahe sein Auto erreicht und der Moment des Abschieds war gekommen. Jetzt würde nichts mehr geschehen. Joseph Kabila hatte seine Pflicht erfüllt. Ich fragte mich, ob sein Versprechen, bald wiederzukommen, ernst gemeint war oder ob er mich einfach zum Schweigen bringen wollte. Jedenfalls konnte ich mich nicht zurückhalten und spielte meinen letzten Trumpf aus: „Exzellenz“, sagte ich mit meiner sanftesten Stimme, „ich würde es sehr bedauern, wenn Sie weggingen, ohne die Frauen zu besuchen, die so sehr gelitten haben. Ehrlich gesagt würden sie das nicht verstehen. Könnten Sie sie nicht wenigstens kurz begrüßen?“

Wütend funkelte mich der Präsident an. Diesmal war ich zu weit gegangen. Seine Reaktion machte mir regelrecht Angst und ich fragte mich, ob mir demnächst etwas zustoßen würde. Im nächsten Moment gab er mir eine Antwort, die ich beim besten Willen nicht verstand. „Dieses Problem wird spätestens in sechs Monaten gelöst. Dann werden diese Frauen nicht mehr hier sein.“

Ich war sprachlos. Wie sollte ich diese rätselhaften Worte verstehen? Dachte er wirklich, dass sich das Problem der sexuellen Gewalt innerhalb von sechs Monaten in den Griff bekommen ließ? Diese Vorstellung erschien mir illusorisch. Denn selbst wenn entgegen allen Erwartungen eine politische Lösung gefunden würde, müssten die Frauen trotzdem noch hierbleiben. Man muss den Tatsachen ins Auge sehen: Wenn jemand einen künstlichen Darmausgang bekommt, kann er nicht am nächsten Tag entlassen werden. Die Behandlung dauert längere Zeit und bedarf einer genauen Verlaufskontrolle. Mit Traumata ist es ähnlich, die Therapie dauert länger als nur ein paar Tage.

Augenblicklich rief diese, gelinde gesagt, bizarre Erklärung allerhand düstere Gedanken in mir hervor. Vielleicht wollte der Präsident das Krankenhaus schließen ... Ich bat ihn um nähere Erklärungen, aber er war nicht mehr in der Stimmung, sich weiter darüber auszulassen. Ich schloss daraus, dass er diesen Satz nur gesagt hatte, um keinen allzu negativen Eindruck zu hinterlassen.

Nach einem kurzen Moment der Stille blickte er mich an, deutete aufs Geratewohl auf eines der Gebäude im Hof und fragte unvermittelt: „Und was ist das da?“ „Das ist die Abteilung für unterernährte Kinder“, antwortete ich. „Diese Arbeit will ich sehen. Zeigen Sie sie mir!“, verlangte er.

Was für ein Sinneswandel! Gerade noch dachte ich, er würde abreisen, und nun war wohl irgendetwas in seinem Kopf vorgegangen, das ihn dazu bewegte, seinen Besuch zu verlängern. „Selbstverständlich“, erwiderte ich und führte ihn und seine Begleiter zur Ernährungsstation.

Diese hatte nur ein Krankenzimmer mit sieben oder acht an den Wänden aufgereihten Betten. Alle Patienten waren Kinder zwischen einem und zwölf Jahren. Der Grund für ihren Krankenhausaufenthalt war offensichtlich. Manche waren so mager, dass man jede einzelne Rippe zählen konnte, und ihre Augen lagen tief in den Höhlen. Auf den meisten Betten saß eine Mutter mit sorgenvollem Blick.

„Wir behandeln ungefähr vierzig Kinder pro Monat“, erklärte ich dem Präsidenten. „Normalerweise reicht eine stationäre Behandlung von zehn Tagen aus, um den Kindern über die gröbste Krise hinwegzuhelfen. Wir verabreichen ihnen in festgelegten Abständen vitaminreiche Nährgetränke. Später können ihre Mütter sie zu unserem Ernährungszentrum bringen, wo sie einmal pro Tag einen nährstoffreichen Brei bekommen.“

Die Ernährungsabteilung existiert schon seit der Gründung des Krankenhauses. Viele Kongolesen wurden durch den Krieg aus ihren Dörfern vertrieben und können seither nichts mehr anpflanzen. Selbst diejenigen, die in den Dörfern bleiben, leiden früher oder später Mangel, weil die Frauen es nicht mehr wagen, aufs Feld zu gehen. Sie haben Angst, von den Milizen angegriffen zu werden, die sich in der Gegend herumtreiben.

Wie so oft sind es die Kinder, die den höchsten Preis zahlen. Die Wege sind weit und es gibt praktisch keine öffentlichen Transportmittel mehr; daher ist es manchmal schon zu spät, wenn die unterernährten Kinder bei uns eintreffen, und wir können sie trotz all unserer Bemühungen nicht mehr retten.

Zudem bedeutet eine erfolgreiche Behandlung leider nicht, dass die Kinder überleben, denn oft geht es ihnen zu Hause nach einiger Zeit wieder genauso schlecht oder noch schlechter als bei ihrer Ankunft im Krankenhaus.

Was wir tun können, ist, den Müttern einige grundlegende Ratschläge mitzugeben. Wer fliehen muss oder vertrieben wird, ist gezwungen, sich in kürzester Zeit an neue Lebensumstände zu gewöhnen. Doch das Wissen vieler Mütter ist veraltet. Deshalb bringen wir ihnen einige Grundkenntnisse im Bereich der Hygiene, der Tierzucht und der Landwirtschaft bei. Außerdem zeigen wir ihnen, an welchen Anzeichen man eine Mangelernährung erkennt, damit sie ihre Kinder beim nächsten Mal rechtzeitig zu einer Krankenstation oder ins Krankenhaus bringen.

Wir hoffen natürlich, dass die Kinder nach ihrer Entlassung nicht wieder ins Ernährungsprogramm zurückkehren müssen. Aber leider ist das im Moment nur ein frommer Wunsch. Solange die grundlegenden Probleme in unserer Region nicht gelöst werden, wird die Ernährungsstation nötig sein und immer genug Patienten haben.

Nach meiner kurzen Darstellung der Situation ging der Präsident zwei oder drei Schritte auf die Mütter und ihre Kinder zu, um einige Worte mit ihnen zu wechseln. Aber auf halbem Weg wandte er sich um und versprach, diese Arbeit zu unterstützen. „Sie werden 50 000 Dollar für die Ernährungsstation erhalten", verkündete er. „Ich werde persönlich darüber wachen, dass Ihnen das Geld vom Gouverneur zu treuen Händen übergeben wird."

Angesichts dieser unerwarteten Entwicklung verschlug es mir den Atem. Auf einmal wollte Kabila dem Krankenhaus Geld geben, genauer gesagt der Ernährungsstation. Dagegen hatte ich im Prinzip nichts einzuwenden. Aber mir ging die Frage im Kopf herum, was seine Motive waren. Bis zu diesem Moment war seine Einstellung zu mir und unserer Arbeit in Panzi, vorsichtig ausgedrückt, reserviert gewesen. Es gab keinerlei Anzeichen, dass er uns unterstützen wollte. Noch vor wenigen Minuten hatte mich sein eisiger Blick erschaudern lassen.

Hatte ihn das offensichtliche Elend dieser abgemagerten Kinder so erschüttert, dass er unsere Maßnahmen unterstützen wollte, oder verbargen sich hinter dieser unerwarteten Geste andere Beweggründe? Wollte er sein Gewissen beruhigen, nachdem er sich geweigert, beziehungsweise es nicht gewagt hatte, gegenüber der sexuellen Gewalt Stellung zu beziehen?

Stellungnahmen eines Präsidenten müssen normalerweise in Handlungen münden. Worte reichen nicht, es braucht konkrete Schritte. Gesicherte Lebensbedingungen im Ostkongo zu schaffen wird eine komplexe und langwierige Aufgabe sein. Der Staat muss in einer ganzen Reihe von Bereichen die Kontrolle zurückgewinnen. Aber auch in der Zwischenzeit darf ein Präsident sein Volk nicht ständig enttäuschen. Doch leider sind nur wenige Staatschefs dazu bereit, die Interessen des Volkes über ihre eigenen zu stellen.

Waren diese 50 000 Dollar der Preis, den Kabila zahlte, um den Eindruck zu erwecken, dass er seine Verantwortung ernst nahm? Dabei ließ er Hunderte von Frauen, die so viel erduldet hatten, vergeblich warten, obwohl sie nur 50 Meter entfernt waren. Unsere Ernährungsstation wurde von internationalen Organisationen finanziert. Natürlich war uns die Unterstützung willkommen, aber der Bedarf an Geldern war in diesem Bereich nicht dringlich.

Überhaupt war es weniger das Geld, das fehlte, als vielmehr das Gespräch zwischen den Regierenden und dem Volk. Die Menschen waren bereit, die Dinge anzupacken, aber die Politiker waren es nicht. Deshalb war ich so hartnäckig geblieben und hatte dem Präsidenten nicht erlaubt, sich so einfach aus der Affäre zu ziehen.

Ich wusste, dass ich Kabilas negative Einstellung nicht persönlich nehmen durfte, denn alle, die ihn für die Unterstützung der Frauen gewinnen wollten, ernteten dieselbe Ablehnung.

Bereits im Jahr 2006 hatte mein Freund Jan Egeland ihn in Kinshasa getroffen und ihm die Zusage entlockt, das Panzi-Krankenhaus zu besuchen. „Ja, ich verspreche es Ihnen", hatte er schließlich zugestimmt. In der Folge fragte Jan mich bei jedem Wiedersehen, ob der Präsident inzwischen da gewesen sei. Meine Antwort lautete immer gleich. Begleitet von einem bitteren Lächeln erwiderte ich: „Nein, noch nicht." Und jedes Mal stöhnte mein Freund empört: „Aber er hat es versprochen."

Anfang 2010 wurde Margot Wallström zur Sonderbotschafterin des Generalsekretärs der Vereinten Nationen ernannt, zuständig für den Bereich „Sexuelle Gewalt in Kriegsgebieten". Dieser Posten war gerade erst geschaffen worden und sie war die Erste, die ihn erhielt. Sie arbeitete direkt unter der Leitung von Ban Ki-moon. Gleich nach ihrem Amtsantritt wollte sie sich mit Joseph Kabila treffen, aber der Präsident ließ sie warten. Es war offensichtlich, dass er an einer solchen Begegnung kein Interesse hatte. Sie musste ihre Anfrage mehrmals wiederholen, bevor er schließlich einem Treffen zustimmte.

Am Tag nach Kabilas Besuch überbrachte mir der Gouverneur im Beisein seiner Mitarbeiter das versprochene Geld. Die Situation war, vorsichtig gesagt, bizarr. Der Gouverneur und seine Leute tauchten auf einmal mit einer Papiertüte auf, in der sich das Geld befand, und veranstalteten einen riesigen Medienzirkus mit einer ganzen Meute von Journalisten. Die Botschaft, die man vermitteln wollte, war deutlich genug: „Seht her, der Präsident des Kongo nimmt seine Verantwortung ernst."

Diese Inszenierung musste einen geradezu stutzig machen. Ich kenne den Hindernislauf, den man absolvieren muss, um von einer internationalen Organisation Gelder zu bekommen. In der Regel müssen wir für jedes Projekt hier im Krankenhaus Anträge von 20 bis 30 Seiten ausfüllen, in denen wir die Notwendigkeit des Projekts genauestens erklären und die angeforderte Summe bis ins kleinste Detail begründen müssen. Ein Jahr später muss ein Bericht abgegeben werden, der die Verwendung der Gelder sowie die Ergebnisse des Projekts für die Zielgruppe sorgfältig dokumentiert. Nachlässigkeiten werden nicht toleriert, jede Zahl muss stimmen, und wenn man neue Gelder braucht, dann muss man einen neuen Antrag an die zuständige Stelle richten. Es ist ein mühsamer Prozess, der eine Menge Geduld erfordert. Einige meiner Mitarbeiter verbringen einen Großteil ihrer Zeit mit der Abfassung dieser Anträge und Berichte.

Und nun fand ich mich auf einmal in einer Situation wieder, in der dem Krankenhaus Geld bewilligt wurde, das es nicht einmal beantragt hatte. Das Geld wurde uns ohne Unterschrift ausgehändigt und ohne jede Anweisung, wie es zu verwenden sei. Ich kannte den Wunsch des Präsidenten, die Ernährungsstation zu unterstützen, aber es gab kein schriftliches Dokument, um dies zu belegen. Nachdenklich betrachtete ich die Geldbündel und fragte mich, was ich tun sollte. Es war bereits später Nachmittag, unser Buchhalter war schon nach Hause gegangen und die Banken hatten geschlossen. Schließlich fand eine schwedische Mitarbeiterin eine Lösung. Sie nahm das Geld mit nach Hause und versteckte es in ihrem Schrank.

Eigentlich hätte ich zufrieden sein und das Geld dankbar als Ausdruck von Präsident Kabilas Unterstützung unserer Arbeit annehmen müssen. Aber das gelang mir nicht. Irgendetwas störte mich an dieser Sache. Ich wurde das Gefühl nicht los, dass das Panzi-Krankenhaus manipuliert worden war. Der Präsident war mit seinem Versagen konfrontiert worden, aber er hatte es geschafft, die Aufmerksamkeit auf etwas anderes zu lenken. Kraft seines Amtes und um den Preis von 50 000 Dollar hatte er seine Niederlage in einen Sieg verwandelt und nebenbei die Gelegenheit genutzt, in die Rolle des fürsorglichen Beschützers armer Kinder zu schlüpfen.

Zweifellos war das sein Ziel und vermutlich beglückwünschte er sich inzwischen zu seinem gelungenen Schachzug. Vielleicht dachte er auch, er habe recht gehandelt und genug Engagement bewiesen, um in Zukunft nicht mehr hierher zurückkehren zu müssen. Ich weiß es nicht. Auf jeden Fall kam er nie mehr ins Panzi-Krankenhaus und es wird niemanden überraschen, wenn ich sage, dass ich nichts anderes erwartet habe.

15

Was macht man im Leben, wenn der Weg, den man gewählt hat, plötzlich versperrt ist? Zieht man den Kopf ein und hofft auf bessere Tage? Nach einiger Zeit beginnt man sich Sorgen zu machen. Man versucht zwar, einen Sinn in der Situation zu erkennen, in die man geraten ist, aber das hilft nicht wirklich. Stück für Stück gewinnt die Apathie die Oberhand. Man fühlt sich verloren, verstrickt sich in düstere Gedanken und ist völlig verunsichert.

Eigentlich hatte ich den Gang meiner Ausbildung genau geplant: zuerst das Abitur und dann das Medizinstudium. Das war während der langen Jahre im Gymnasium mein klares Ziel, ja eigentlich war es das schon seit meiner Kindheit. Ich wollte Heiler im weißen Kittel werden, ein *Muganga.* Zeitlebens war ich ein eifriger Schüler gewesen; meine Zensuren sprachen für mich und daher rechnete ich auch nicht mit Problemen, als ich mich an der medizinischen Fakultät in Kinshasa einschrieb. Ich war sicher, einen Studienplatz zu bekommen.

Doch wie groß war meine Enttäuschung, als ich das Antwortschreiben erhielt. Die Behörden hatten anders entschieden. „Der Studiengang Medizin ist voll“, rechtfertigten sie ihre Entscheidung, „aber wir schlagen vor, dass Sie Ingenieurwesen studieren.“ Ein Ingenieurstudium? Ich war perplex. Damit hatte ich nicht gerechnet.

Die Entscheidung war unanfechtbar – entweder Ingenieur oder gar nichts; eine andere Lösung gab es nicht. „Aber wenn Sie im Bereich Ingenieurwesen gute Zensuren erreichen“, fuhr das Schreiben fort, „können Sie sich anschließend für den Studiengang Ihrer Wahl einschreiben.“

Ich biss die Zähne zusammen und sagte mir: „Gut, ich werde das Unmögliche möglich machen. Meine Noten werden so überzeugend sein, dass sie mir beim nächsten Mal das Medizinstudium nicht verweigern können." Niemand sollte mir vorwerfen können, dass ich nicht mein Bestes gegeben hätte.

Es war das Jahr 1974, jenes berühmte Jahr, in dem Mobutu den Religionsunterricht in den Schulen verbot und den Boxkampf um die Weltmeisterschaft im Schwergewicht zwischen Muhammad Ali und George Foreman nach Kinshasa holte.

Als ich in Kinshasa eintraf, liefen die Vorbereitungen für den Kampf auf Hochtouren. Die Spannung war auf dem Höhepunkt, alle Straßen und offiziellen Gebäude waren blitzblank geputzt, die Universität war geschlossen und die Studentenwohnheime waren frisch renoviert und warteten auf Gäste aus aller Welt.

Auf allen Fotos jener Tage blickte der Präsident triumphierend in die Kamera, neben sich die beiden Boxstars. Muhammad Ali bewunderte ihn sehr und sah in ihm einen charmanten Philanthropen statt eines finsteren Diktators.

Die Stimmung im Land war außergewöhnlich gut und die Wirtschaft noch gesund. Das bemerkten auch wir Studenten. Die Freigiebigkeit des Regimes verblüffte mich: Damals bekamen wir jeden Tag drei Mahlzeiten umsonst und es war nicht schwer, eine staatliche Studienbeihilfe zu erhalten.

Die Beihilfe, die ich bekam, war großzügig bemessen, deutlich höher, als nötig gewesen wäre. Nach Abzug all meiner Ausgaben blieb eine stattliche Summe übrig, die ich gewinnbringend investierte: Ich kaufte zwei Handwagen, wie man sie oft in Kinshasa findet. Die Leute lassen sich darin gegen eine geringe Summe ihre Einkäufe, ihr Feuerholz oder was immer sonst sie zu transportieren haben, nach Hause bringen und müssen es nicht auf dem Rücken oder auf dem Kopf tragen.

Ich stellte zwei Personen ein und vertraute ihnen die Handwagen an: „Ihr dürft sie nach eurem Gutdünken einsetzen und so viel Profit erwirtschaften, wie ihr wollt. Ich verlange nur, dass ihr mir jeden Abend zwei Dollar aushändigt." Alles lief wie geschmiert; es war, als hätte ich mit meinen Handwagen eine glückliche Eingebung gehabt.

Aber was uns dann erwartete, war weniger rosig. Nach eineinhalb Jahren in Kinshasa kam die Wirtschaft des Landes fast völlig zum Erliegen. Der Zusammenbruch war spektakulär und kam für die meisten Menschen völlig unerwartet, praktisch von einem Tag auf den anderen. Die Staatsfinanzen waren in einen solch erbärmlichen Zustand geraten, dass es plötzlich jeder zu spüren bekam.

Die Finanzkatastrophe erreichte auch die Universität und wirkte sich sofort auf die Studenten aus: Es gab weniger und deutlich schlechtere Mahlzeiten und die allermeisten staatlichen Studienbeihilfen wurden gestrichen. Gleichzeitig nahm die Korruption zu. Wer seinen Platz an der Universität behalten wollte oder ein Zimmer im Studentenwohnheim suchte, musste Beziehungen zu einflussreichen Parteimitgliedern haben. Ohne diese Art von „Unterstützung" war es praktisch unmöglich weiterzustudieren.

Mein kleines Handwagengeschäft war glücklicherweise von der Krise nicht allzu sehr betroffen – meine Gewinnbeteiligung war niedrig genug – und so konnte ich jeden Tag meine vier Dollar kassieren und auf die Seite legen. Während unser Land immer weiter in die Krise rutschte, wurde mir klar, wie nützlich meine Ersparnisse waren: Sie würden mir erlauben, einen Teil meines Medizinstudiums zu finanzieren.

Meine Situation war, vorsichtig ausgedrückt, merkwürdig: Ich musste Ingenieurwesen studieren, um Arzt werden zu können. Aber ich richtete meinen Blick in die Zukunft, und als ich am Ende des ersten Jahres sehr zufriedenstellende Noten erreichte, war ich sicher, dass meinem Medizinstudium nun nichts mehr im Weg stehen würde.

Doch bald tauchte ein neues Hindernis auf: Ich hatte *zu* gute Zensuren. Die Verwaltung der Universität hatte nämlich inzwischen beschlossen, dass alle, die bei den schriftlichen Prüfungen weit genug über dem Durchschnitt lagen, ihren Studiengang fortsetzen mussten. Da meine Noten ein gutes Stück über dem Durchschnitt lagen, hatte ich keine Wahl. Wollte ich in Kinshasa bleiben, musste ich weiterhin Ingenieurwesen studieren. Ich hatte das Gefühl, in der Falle zu sitzen, und sah meine Pläne, Arzt zu werden, mehr und mehr entschwinden.

Ich begann mich zu fragen, ob das Medizinstudium wirklich so eine gute Idee war. Vielleicht war es nicht mein Weg. Vielleicht hatte ich mir die Berufung, an die ich mich klammerte, nur eingebildet. Möglicherweise musste ich einen anderen Lebensweg einschlagen ...

Ich studierte weiterhin fleißig und versuchte, die ganze Sache positiv zu sehen. Aber man kann sich nicht auf Dauer selbst belügen. Meine Motivation ließ immer mehr nach. Als wir eines Tages eine Baustelle besuchten, um die widerstandsfähigsten Materialien für den Treppenbau kennenzulernen, kam schließlich der Wendepunkt: Während ich den Erklärungen des Professors Van Kerkoff lauschte, fragte ich mich: Soll so mein Leben aussehen? Will ich diesen Beruf wirklich Tag für Tag ausüben?

Nein, von dieser Perspektive konnte ich mich nicht überzeugen, sosehr ich es auch versuchte. Wenig später rief mich meine Mutter an. Ich hatte sie kurz zuvor besucht und ihr war meine gedrückte Stimmung nicht entgangen. „Es muss eine Lösung geben“, sagte sie tröstend.

Nicht nur, dass mich mein aktuelles Studium alles andere als begeisterte; inzwischen war auch noch ein Auslandsstipendium abgelehnt worden, das ich bei einer christlichen Organisation beantragt und mit dem ich fest gerechnet hatte. Ich hatte gehofft, auf diesem Weg in Frankreich Medizin studieren zu können. Die Ablehnung tat umso mehr weh, als zwei Bekannte von genau dieser Organisation ein solches Stipendium bekamen und sich ihnen nun die Chance bot, die mir verwehrt blieb.

„Komm nach Hause", schloss meine Mutter. „Wir werden in Ruhe über alles reden."

Meine Eltern waren uns Kindern gegenüber immer sehr offen und bereit, im gemeinsamen Gespräch nach Lösungen zu suchen. Das schätzte ich sehr an ihnen. Selbst wenn ihre Entscheidung bereits gefallen war, suchten sie das Gespräch, und sei es nur, um uns ihren Standpunkt und die Gründe für ihre Entscheidung zu erläutern. Mir war bewusst, dass diese Art von Beziehung zwischen Eltern und Kindern ungewöhnlich war, denn bei meinen Freunden lief es zu Hause ganz anders. Dort gab es eine klare Grenze zwischen den Generationen und die Jugendlichen wurden niemals in die Gespräche und Entscheidungen der Erwachsenen mit einbezogen.

Dank der Offenheit meiner Eltern herrschte bei uns eine warme und ermutigende Atmosphäre und deshalb zögerte ich keine Sekunde, als meine Mutter mir vorschlug, nach Hause zu kommen. Ich wusste, dass meine Eltern mir helfen würden, eine Lösung zu finden.

In unseren Gesprächen schlug meine Mutter mir vor, mich an der Universität der burundischen Hauptstadt Bujumbura einzuschreiben, die nur 135 Kilometer von Bukavu entfernt liegt. Ich wandte ein, dass Bujumbura eine kleine Universität sei, der es an Prestige und Profil mangele – was könnte ich mit einem Abschluss von dort schon erreichen? Stattdessen klammerte ich mich weiter an die Idee, in Frankreich zu studieren. „Und wie willst du an einen Studienplatz in Frankreich kommen?“, fragte meine Mutter? „Ich weiß es noch nicht, aber ich werde schon einen Weg finden“, gab ich zurück.

Um mir alle Möglichkeiten offenzuhalten, nahm ich trotz meiner Bedenken Kontakt mit der Universität von Bujumbura auf und fand heraus, dass sie eine Partnerschaft mit dem französischen Bildungsministerium unterhielt. Das Medizinstudium war so organisiert, dass man nur die ersten beiden Jahre in Burundi studierte und die folgenden vier in Frankreich. Ich war begeistert.

Sofort schrieb ich mich in Bujumbura ein und wurde zu meiner großen Erleichterung als Student angenommen. Allerdings wurde direkt nach Beginn des Studienjahres das Austauschsystem geändert: Statt dass die Studenten nach Frankreich geschickt wurden, kamen die Professoren nach Burundi – und mir wurde klar, dass ich wohl doch nicht nach Europa kommen würde.

Aber das war auch nicht das Entscheidende. Viel wichtiger waren die Perspektiven, die sich mir eröffnet hatten. Endlich war ich auf dem richtigen Weg und erhielt die Ausbildung, die ich seit meiner Kindheit angestrebt hatte: Ich wurde Arzt.

Was die Finanzen anging, konnte ich dem Studienbeginn gelassen entgegensehen. Die Ersparnisse aus meinem kleinen Transportunternehmen in Kinshasa deckten die kompletten Kosten meines ersten Semesters: Ich konnte den Umzug, die Miete, die Einschreibegebühren an der Universität und alle benötigten Bücher bezahlen. Nach meiner Ankunft würde ich mich aber trotzdem nach einer Möglichkeit umschauen müssen, etwas Geld zu verdienen.

Bald stellte ich fest, dass es bei uns in Bukavu einen Mangel an manchen Konsumgütern gab, die man in Burundi leicht bekommen konnte, zum Beispiel im Bürobedarf. Also kaufte ich in Bujumbura so viel davon ein, wie ich transportieren konnte, und verkaufte die Sachen während der Semesterferien in Bukavu. Umgekehrt konnte man manche Dinge im Kivu leichter finden als in Burundi, sodass ich auch am Ende der Semesterferien bepackt wie ein Maultier war, wenn ich wieder nach Bujumbura zurückkehrte.

Die Zahl meiner Kunden in Bukavu wuchs; die Lederwaren, die ich in Burundi einkaufte, waren besonders begehrt. Ich erinnere mich noch gut an einen Samstag, an dem ich zwei komplette Sets an Koffern verkaufte. Am darauffolgenden Montag verkündete Mobutu, dass die alten Banknoten, die trotz der Währungsreform noch im Umlauf waren, nicht mehr gültig seien. Er sah sich durch die galoppierende Inflation und die Unwilligkeit der Bevölkerung, das alte Geld gegen die neue Währung einzutauschen, zu diesem Schritt gezwungen.

Der Großteil der kongolesischen Bevölkerung lebt in abgelegenen Dörfern und es ist für sie praktisch unmöglich, zu einer Bank zu gehen. Dazu kommt, dass die meisten Bürger ihre mageren Ersparnisse in einem Gefäß aufbewahren, das sie weit entfernt von ihrem Dorf im Boden vergraben. Daher war die Entwertung der alten Banknoten für weite Teile der Bevölkerung eine Katastrophe. Das Land geriet in eine Art Schockstarre und überall weinten die Leute und beklagten ihr Elend.

Ich war an diesem Montag bereits wieder in Burundi, mit dem satten Gewinn aus dem Verkauf meiner Koffer in der Tasche. Statt Bargeld mitzunehmen, hatte ich mir Schecks ausstellen lassen und dadurch kein Geld verloren. Ich hatte großes Glück, dass ich mich auf der Seite der „Gewinner" wiederfand, während so viele meiner Landsleute vor dem Ruin standen. Manchmal schreibt das Leben seltsame Geschichten …

16

Während des ersten Semesters meines Medizinstudiums geschah etwas, das mein Leben für immer veränderte: Ich lernte eine junge Frau kennen, die vom ersten Moment an mein Interesse weckte.

Wir begegneten uns zum ersten Mal während der Semesterferien bei meinen Eltern. Einer meiner besten Freunde war mit seiner Verlobten und einem jungen Mädchen, das ich noch nie gesehen hatte, zu Besuch gekommen. Sie hieß Mapendo (Madeleine), sah hinreißend aus und beeindruckte mich durch ihre außergewöhnlich guten Umgangsformen. Als unsere Besucher sich zum Aufbruch bereit machten, nahm ich meinen Freund zur Seite und fragte: „Wer ist dieses großartige Mädchen?" „Weißt du das nicht?", gab er erstaunt zurück. „Das ist die Tochter von Kaboyi." „Die Tochter von Kaboyi!", rief ich enttäuscht. „Dann brauche ich wohl nicht weiter darüber nachzudenken."

Kaboyi war einer der führenden Geschäftsleute von Bukavu und eine wichtige Persönlichkeit des öffentlichen Lebens. Er war Großhändler und leitete ein Unternehmen mit einer beträchtlichen Fahrzeugflotte. Zudem besaß er eine Großbäckerei, belieferte die Schulkantinen mit Lebensmitteln und versorgte alle Tankstellen in der Umgebung mit Treibstoff.

Als ich erfuhr, dass er der Vater des jungen Mädchens war, war mir klar, dass wir niemals zusammenkommen konnten. Sie war die Tochter eines der reichsten Männer der Stadt, ich dagegen ein Pastorensohn. Das war ein Hindernis, das ich nicht überwinden konnte. So verabschiedeten sich mein Freund, seine Verlobte und die Tochter von

Kaboyi und ich blickte ihnen traurig nach. Wäre sie aus einer anderen Familie gewesen – fast egal, welcher –, hätte ich mich gleich am nächsten Morgen mit ihr verabredet. Aber so konnte ich nichts anderes tun, als sie schweren Herzens zu vergessen.

Ein Jahr später feierte ein anderer Freund bei uns in der Kirche seine Hochzeit. Zusammen mit einigen jungen Leuten schmückte ich am Morgen vor der Trauung das Kirchengebäude – und zu diesen jungen Leuten gehörte auch Kaboyis Tochter. Wir hatten uns seit unserer ersten Begegnung bei meinen Eltern nicht mehr gesehen. Zwar hatte ich mir den Gedanken aus dem Kopf geschlagen, sie eines Tages heiraten zu können, aber mein Interesse an ihr war nicht erlahmt. Und nachdem sich unsere Wege nun zum zweiten Mal kreuzten, wollte ich sie wenigstens etwas näher kennenlernen.

Während wir die Kirche für die Hochzeit meines Freundes schmückten, kamen wir miteinander ins Gespräch. Genauer gesagt redeten wir wie Wasserfälle. Die Worte flossen nur so von unseren Lippen. Sie erzählte mir ihre ganze Lebensgeschichte und ich ihr meine. Unsere Unterhaltung stockte kein einziges Mal; nichts konnte den Austausch unserer Gedanken aufhalten. Es war einfach wundervoll.

Madeleine und ich verbrachten den ganzen Vormittag miteinander und am Ende hatte ich mich verliebt. Es gab zwar einen kleinen Altersunterschied – sie war zwanzig und ich fünfundzwanzig –, aber das spielte keine Rolle, wo wir uns so gut verstanden.

Während der Trauung saß ich neben ihr und sagte scherzhaft: „Zieh doch zu mir nach Bujumbura." Ich dachte, sie würde mit einem kleinen Grinsen reagieren oder in Gelächter ausbrechen. Doch ich hatte mich getäuscht. Sie antwortete einfach: „Ja, warum nicht?" Vor Überraschung blieb mir der Mund offen stehen. Zusammenzuleben, ohne verheiratet zu sein, war in unserem Milieu undenkbar. Aber ihre Antwort war kein Scherz, das spürte ich deutlich.

Was meine eigenen Gefühle anging, hegte ich nicht mehr den geringsten Zweifel: Nach wenigen Stunden in ihrer Nähe war mein Herz hoffnungslos für Madeleine entflammt. Es war die berühmte Liebe auf den ersten Blick. Die gesellschaftlichen Hindernisse, die mir bis dahin unüberwindbar erschienen waren, betrachtete ich jetzt als Herausforderung. Ich musste mir nur sicher sein, dass sie dieselbe Liebe für mich empfand. Ihr Blick und ihre spontane Reaktion in der Kirchenbank deuteten in diese Richtung. Und sie spannte mich nicht lange auf die Folter: Bald war klar, dass wir dieselben Gefühle füreinander hegten. Trotzdem konnten wir die Tatsache nicht ignorieren, dass wir aus zwei verschiedenen Welten stammten, und mussten uns der Frage stellen, ob wir tatsächlich ein gemeinsames Leben führen wollten. Konnten wir miteinander in dieselbe Richtung unterwegs sein? Teilten wir dieselben Werte?

Wir trafen uns mehrmals und führten intensive Gespräche, die mein Bild von ihr langsam veränderten. Ich hatte geglaubt, Menschen aus der reichen Oberschicht zu kennen, aber Madeleine passte nicht in dieses Schema. Sie war anders, sie war einfach außergewöhnlich ... und am Ende war ich fest davon überzeugt, dass wir unser Leben gemeinsam führen konnten.

Allerdings lag die Entscheidung nicht allein bei uns und wir würden um unsere gemeinsame Zukunft kämpfen müssen. „Die Liebe ist stärker als alles andere“, sagte ich, „aber das bedeutet nicht, dass der Weg leicht wird. Es passiert oft, dass einem Paar, das sich liebt, von außen Knüppel zwischen die Beine geworfen werden.“

Deshalb machte ich den Vorschlag, dass jeder von uns sich mit seiner Familie auseinandersetzte, und wenn sich Widerstand regte, die Verantwortung dafür übernehmen sollte, das Hindernis zu überwinden. „Unsere Hartnäckigkeit wird ihnen zeigen, wie viel uns daran liegt, das Leben gemeinsam zu meistern“, schloss ich. „Ja“, erwiderte Madeleine, „das klingt vernünftig.“ Damit war unsere Vereinbarung besiegelt.

Ich erklärte meinen Eltern, dass ich die Absicht hatte, Madeleine zu heiraten, das junge Mädchen, das uns ein Jahr zuvor besucht hatte. „Kaboyis Tochter?“, fragten sie. „Ja. Kaboyis Tochter“, bestätigte ich. Dann wollte ich wissen, ob sie irgendwelche Einwände hätten.

Mein Vater meldete sich selten zu Wort. Er hatte ein weites Herz und widersetzte sich kaum einmal dem Wunsch eines Menschen, erst recht, wenn es sich um sein eigenes Kind handelte. Er hatte auch in diesem Fall nichts dagegen.

Meine Mutter hatte indessen ein paar Vorbehalte. Sie wusste, dass die Heirat ein großer Schritt war, und ahnte bereits die eine oder andere Schwierigkeit voraus. „Bist du sicher, dass du das willst?“, fragte sie. „Absolut sicher“, entgegnete ich. „Ich liebe sie.“ „Ich bitte dich trotzdem, noch einmal gut darüber nachzudenken. Ich will nicht, dass du dich auf etwas einlässt, das du später bereust.“

In jedem Fall waren wir auf das Einverständnis von Madeleines Familie angewiesen und ich wartete voller Ungeduld auf ihre Reaktion. Die ersten Anzeichen waren nicht sehr vielversprechend, aber das war nicht verwunderlich. Wenig überraschend standen einige Familienmitglieder unserem Vorhaben ablehnend gegenüber. „Das gehört sich nicht“, erklärten sie unmissverständlich.

Die ganze Situation war frustrierend. Wenn ich wenigstens gewusst hätte, was im Kopf von Madeleines Vater vorging! Wenn wir uns begegneten, war er sehr nett und gastfreundlich, aber er ließ sich nicht anmerken, was er wirklich dachte.

Drei Monate nachdem wir unsere Beziehung offiziell gemacht hatten, besprach er sich mit seiner Familie und teilte uns dann seine Entscheidung mit: Er bezweifle sehr, dass diese Ehe funktionieren könne. Wie sollte ein Student ohne Einkommen für seine Tochter sorgen können?

„Es hat keinen Zweck“, sagte ich daraufhin zu Madeleine, „der Widerstand ist zu stark. Das Ganze war ein Fehler.“ Doch sie protestierte energisch. „Wir haben doch eine Vereinbarung, oder nicht? Wer in seiner Familie auf Widerstand trifft, ist dafür verantwortlich, ihn zu überwinden. Vertrau mir. Gib mir nur etwas mehr Zeit.“

Hätte ich je einen stärkeren Beweis ihrer Liebe bekommen können? Aufgeben kam für sie nicht infrage. Und tatsächlich brachte sie es fertig, ihren Vater davon zu überzeugen, dass ich einen ausgezeichneten Ehemann abgeben würde; dass ihre Wahl auf mich gefallen sei und sie keinen anderen nehmen würde; und dass er getrost damit rechnen könne, dass wir zurechtkämen – da bräuchte er sich keine Sorgen zu machen.

Am 1. August 1980 heirateten wir. Die Hochzeit erregte großes Aufsehen in Bukavu, weil sich die Kinder zweier wohlbekannter Familien miteinander verbanden. Unsere Kirche war während der Trauung und der anschließenden Feierlichkeiten, die eine ganze Woche lang andauerten, brechend voll.

Gemäß unserer Tradition organisierte jede der beiden Familien ein Fest. Zuerst war Madeleines Familie dran. Ihr Fest fand einige Tage vor der Hochzeit statt, sozusagen um Madeleines Abschied aus der Familie zu feiern. Ungefähr 1000 Gäste versammelten sich zu einem großen Empfang auf dem Firmengelände meines zukünftigen Schwiegervaters.

Das zweite Fest war die eigentliche Hochzeit, die wir mit 300 Gästen im Speisesaal meines ehemaligen Gymnasiums feierten. Dank meines Koffergeschäfts konnte ich den größten Teil der Rechnungen selbst bezahlen. Für mich war es ein Glück, dass Mobutu die alten Banknoten für ungültig erklärt hatte, denn das führte zu einem heftigen Preisverfall und ich hatte auf einmal das Gefühl, ziemlich reich zu sein – auf jeden Fall reich genug, um die meisten Kosten für meine Hochzeit zu übernehmen.

Damit begann eine neue Lebensphase: Von nun an waren wir zu zweit. Nach den Flitterwochen zog Madeleine zu mir nach Bujumbura. Wir mieteten ein kleines Häuschen, denn schließlich lagen noch drei Jahre Studium vor mir.

Unter den Gästen auf unserer Hochzeit war auch der ehemalige Direktor meines Gymnasiums gewesen, ein Schwede, der für die Pfingstmission arbeitete. Ich setzte mich zu ihm, um ihm meine Pläne für die nächsten Jahre zu erklären und ihn zu fragen, ob es möglich sei, über eine schwedische Organisation ein Stipendium zu bekommen. „Ich kann nichts versprechen", sagte er, „aber ich werde sehen, was ich tun kann."

Unser Häuschen in Bujumbura hatte ein Schlafzimmer und einen Raum, der uns gleichzeitig als Küche und Wohnzimmer diente. Die Verhältnisse waren sehr bescheiden. Wenn ich mich richtig erinnere, lebten wir von weniger als einem Dollar pro Tag. Madeleines besondere Gabe, aus wenig viel zu machen, beeindruckte mich sehr, und wir litten trotz unserer mageren Einkünfte nicht einen Tag lang Hunger. Nicht einmal bat sie ihren reichen Vater um Hilfe und er bot sie uns auch niemals an – das ist in unserer Tradition nicht üblich.

Vor der Hochzeit hatte mein Vater den Brautpreis an Madeleines Familie bezahlt. Üblicherweise gibt man als Brautpreis eine oder mehrere Kühe, je nachdem, worauf sich die Familien einigen. In unserem Fall waren es vier Kühe. Sobald der Brautpreis übergeben ist, übernimmt die Familie des Ehemannes die Verantwortung für die Frau. Ihre Eltern haben dann keinerlei Verpflichtung mehr ihr gegenüber.

Die Brüder meiner Frau dagegen lebten auf Kosten meines Schwiegervaters, der sie zum Studium ins Ausland schickte, zwei von ihnen in die Vereinigten Staaten und den dritten nach Belgien. Ihr Lebensstandard entsprach in etwa dem eines Präsidentensohns.

Die Tatsache, dass mein Schwiegervater seine Töchter nicht genauso behandelte, hatte nichts mit einer wie auch immer gearteten Böswilligkeit zu tun. Im Gegenteil, er war ein liebenswerter und sympathischer Mann. Aber er hielt sich, wie die meisten Menschen in unserer Region, einfach an die Tradition.

Bei uns im Kongo haben die Frauen eine wenig beneidenswerte Position; es gibt in der Welt kaum eine Kultur, in der ihre Stellung noch niedriger ist. Frauen können im Grunde weder von ihrer Familie noch von der Gesellschaft irgendetwas erwarten. Eigentlich müssten wir uns für diese Situation schämen – und sie so schnell wie möglich ändern.

Unser erstes Kind, Alain, kam ungefähr ein Jahr nach unserer Hochzeit zur Welt. Die Schwangerschaft war schwierig. Madeleine litt unter einer Eierstockzyste, die ihr große Probleme bereitete. Sie litt unter entsetzlichen Schmerzen, musste ständig erbrechen und verlor innerhalb weniger Wochen 15 Kilogramm. Ich hatte monatelang Angst und machte mir Sorgen, wie alles enden würde.

Eierstockzysten treten recht häufig auf und verschwinden zumeist von selbst. Aber wenn sie solche Probleme verursachen, werden sie in der Regel operativ entfernt. Allerdings rieten uns die Ärzte in diesem Fall davon ab, denn eine Operation hätte ein zu großes Risiko für die Schwangerschaft bedeutet.

Erst im sechsten Monat kam Madeleines Körper zur Ruhe und die Schwangerschaft entwickelte sich normal. Aber dann überfiel uns eines Tages ein neuer Schreck. Ich hatte vormittags einige Stunden im Krankenhaus gearbeitet und war nur zufällig kurz zu Hause, bevor ich zu einer Vorlesung an die Universität aufbrechen wollte. „Ich fühle mich nicht gut“, sagte Madeleine, „irgendetwas Komisches passiert in meinem Bauch.“ Als Medizinstudent ohne praktische Erfahrung war ich nicht wirklich in der Lage, eine korrekte Diagnose zu stellen, deshalb unterbrach ich sie: „Komm, lass uns ins Krankenhaus gehen.“

Dort ließ der Befund nicht lange auf sich warten. Der Moment war gekommen: Wir würden Eltern werden – drei Wochen vor dem errechneten Termin.

Dann ging alles sehr schnell und sehr chaotisch. Ich begleitete Madeleine in den Kreißsaal und half ihr auf den Behandlungstisch. Aufgrund ihrer überstürzten Ankunft war nichts vorbereitet. Ich selbst befand mich im verbotenen Bereich, denn damals hatte man als Ehemann nicht das Recht, bei einer Geburt anwesend zu sein. Da es sich aber um einen Notfall handelte, bat mich die Hebamme, bei Madeleine zu bleiben, während sie alles Notwendige zusammensuchte. Die Ruhe meiner Frau erstaunte mich. Sie hatte keine Schmerzen und ich konnte mir nicht vorstellen, dass sie jeden Moment ein Kind zur Welt bringen sollte.

Dann auf einmal sagte sie: „Es kommt!“ Ich streckte die Hände aus, um das Baby in Empfang zu nehmen. Wenige Sekunden später hielt ich ein neugeborenes Kind in den Armen! Unser Kind! Als wäre es aus dem Nichts gekommen. Ich kam aus dem Staunen nicht mehr heraus.

Mit unserem Baby im Arm stand ich da noch, als die Hebamme zurückkam. Ihr Erstaunen war kein bisschen geringer als meins. „Das war’s schon?“, rief sie und riss die Augen auf.

Ich überließ es ihr, die Nabelschnur zu durchtrennen, und ließ sie auch alles andere machen, denn mir fehlte das praktische Wissen. Trotz meines Medizinstudiums war ich bei dieser Geburt keine größere Hilfe gewesen als jeder andere Ehemann.

Unsere erste Sorge galt natürlich unserem Kind. War es gesund? War alles normal? Es war zu früh geboren, die Schwangerschaft war kompliziert gewesen und die Geburt überstürzt ... Aber es zeigten sich keinerlei Auffälligkeiten. Alles war gut gegangen.

Am nächsten Morgen erzählte man mir, dass meine Anwesenheit im Kreißsaal *das* Gesprächsthema auf der Entbindungsstation war. Nicht weil ich mitgeholfen hatte, sondern weil ich dort gar nicht hätte sein dürfen. „Du hättest ihn rauswerfen sollen", sagten die anderen Mütter zu Madeleine, „und wir hätten dir bei der Geburt geholfen."

Diese Vorwürfe machten uns gar nichts aus, so glücklich waren wir, dass wir ein Baby hatten. Allerdings war uns auch bewusst, dass es in unserem kleinen Haus jetzt noch enger werden würde. Schon zu zweit hatten wir kaum genug Platz und ab jetzt waren wir zu dritt. Außerdem war da noch die Sorge um unsere Finanzen. Seit unserem Einzug vor einem Jahr kamen wir kaum über die Runden.

Doch glücklicherweise hatte mein Gespräch mit meinem alten Schuldirektor Früchte getragen. Er hatte meine Anfrage nach Schweden weitergeleitet und man hatte mir ein Stipendium bewilligt. Das Geld kam gerade zur rechten Zeit, genau in dem Moment, als wir eine Familie wurden. Ich war überglücklich, als ich die Nachricht erhielt, denn ein Stipendium bedeutet mehr als bloße finanzielle Unterstützung. Es ist ein Ausdruck des Vertrauens, das die geldgebende Organisation in eine Person setzt. Ich wusste jetzt, dass ich nach

Abschluss meines Studiums kein Problem haben würde, eine Arbeit zu finden. Das Stipendium aus Schweden öffnete mir automatisch auch die Tür zum Missionskrankenhaus in Lemera. Aber selbst wenn es dort nichts würde, würde ich keine Schwierigkeiten haben, einen Job zu bekommen. Im Zaire herrschte Ärztemangel und mir würden sich jede Menge Möglichkeiten eröffnen.

17

Nach Lemera kam ich zum ersten Mal im Rahmen einer mehrwöchigen Famulatur kurz vor dem Abschluss meiner akademischen Ausbildung. Ich hatte das Gefühl, in ein schwedisches Bergdorf versetzt zu sein: In Lemera wohnten vierzig schwedische Missionare und das Leben auf der Missionsstation war stark von der skandinavischen Kultur geprägt.

Und dies war nicht erst seit gestern so: Schon im Jahr 1924 waren die ersten schwedischen Evangelisten kurz vor Weihnachten im südlichen Kivu eingetroffen. Der Stammeskönig, der über die Gegend herrschte, zeigte ihnen einen Hügel, auf dem sie sich niederlassen durften. Allerdings machte er ihnen dieses „Geschenk“ nicht ohne Hintergedanken. Der Hügel lag in einer verlassenen Gegend und die Bevölkerung hielt ihn für einen Ort, an dem böse Geister wohnten. Man konnte also davon ausgehen, dass die Fremden dort keine Wurzeln schlagen würden.

Doch den Missionaren gefiel es gut und sie schätzten die frische Bergluft. Nur der Kontakt mit der Bevölkerung gestaltete sich schwierig. Die Leute verstanden nicht, was die Schweden überhaupt hier wollten. Allmählich gelang es ihnen jedoch, das Vertrauen der Leute zu gewinnen, und sie konnten mit ihren eigentlichen Tätigkeiten beginnen: Sie errichteten eine bescheidene Kirche, eröffneten eine Schule und zimmerten eine primitive Baracke als Kranken- und Entbindungsstation.

Die Krankenschwestern der Mission bauten umgehend eine medizinische Grundversorgung für Kinder und schwangere Frauen auf. Sie impften, stellten Diagnosen und behandelten die gängigsten Krankheiten. Mit heiklen Fällen wie schweren Unfällen oder Geburtskomplikationen jedoch war die Krankenstation überfordert; dann mussten die Kranken mit dem Auto in ein weit entferntes Hospital gebracht werden.

Nachdem die kleine Poliklinik fast fünf Jahrzehnte lang bestanden hatte, beschloss die Missionsleitung, die medizinische Arbeit auszuweiten: Zunächst wurde die Krankenstation vergrößert und in einem zweiten Schritt zu einem vollständigen Krankenhaus mit Röntgengeräten und Operationssälen ausgebaut. Es war sicher nicht einfach, diese Entscheidung zu treffen, denn Lemera lag buchstäblich am Ende der Welt. Aber nachdem sie erst einmal gefallen war, wuchs das Krankenhaus unaufhörlich und wurde ständig um neue Angebote ergänzt. Zehn Jahre später hatte es mehr als 300 Betten und war zu einer festen Größe in der Region geworden.

Allerdings gab es einen Wermutstropfen: Die Zahl der Ärzte wuchs nicht im selben Maß wie der Rest der Klinik, ganz im Gegenteil. Wie sollte man auch ein ganzes Ärztekollegium für einen Ort anwerben können, den man kaum erreichen konnte und der seit Jahrzehnten für seine gewaltsamen politischen und ethnischen Konflikte bekannt war? Als ich 1983 meine Famulatur antrat, gab es dort nur einen einzigen Arzt, einen Norweger namens Svein Haugstvedt.

Obwohl mein Aufenthalt in Lemera nur von kurzer Dauer war, sammelte ich dort einige Erfahrungen, die meine weitere berufliche Entwicklung entscheidend beeinflussten.

Ich war mit dem klaren Ziel ins Medizinstudium gegangen, Kinderarzt zu werden, und hatte gerade meine Doktorarbeit im Bereich Kinderheilkunde abgeschlossen. Sie beschäftigte sich mit der Frage, warum und wie sich Kinder während der

Schwangerschaft mit Hepatitis infizierten. Dabei war ich Teil eines ganzen Teams, das an der Universität zu diesem Thema forschte. Wir planten, ein Jahr lang alle Kinder zu erfassen, die bereits bei ihrer Geburt mit Hepatitis angesteckt waren. Zudem wollten wir die Übertragungswege der Hepatitis während der Schwangerschaft detailliert untersuchen. Zu diesem Zweck hatten wir mit der Hilfe Frankreichs und des Senegals eine Reihe neuartiger Testverfahren entwickelt. Wir hofften, die Ansteckungsrate senken und die Behandlung infizierter Kinder verbessern zu können, wenn wir erst einmal die genauen Übertragungswege entdeckt hatten.

Das war ein wichtiges und interessantes Projekt, das mich begeisterte, und meine Doktorarbeit hätte mir eigentlich als Sprungbrett für meine Karriere als Pädiater dienen sollen. Aber während meiner Zeit in Lemera sah ich Dinge, die mich so erschütterten, dass ich meine Zukunftsplanung zu überdenken begann. Bis zu diesem Zeitpunkt hatte ich keine Ahnung von den Leiden, durch die die Frauen in den entlegenen Bergdörfern bei ihren Geburten gehen mussten. Ich wurde Zeuge entsetzlicher Qualen und unmenschlicher Szenen. Ich habe Männer gesehen, die ihre bewusstlosen Frauen auf dem Rücken zum Krankenhaus schleppten, nachdem diese bei einer komplizierten Geburt zu viel Blut verloren hatten. Doch ihr Zustand war bereits so kritisch, dass wir trotz all unserer medizinischen Möglichkeiten nichts mehr für sie tun konnten. Diese Frauen kamen nicht, um gesund zu werden; sie kamen, um zu sterben. Ich habe andere Frauen über die Schwelle des Krankenhauses taumeln sehen, die sich kaum noch aufrecht halten konnten. Zwischen ihren Beinen baumelte ein toter Fötus, der bei der Geburt stecken geblieben war und nun seit Wochen dort hing. Dadurch waren ihre Genitalien völlig zerrissen. In diesem Zustand waren sie tagelang marschiert, um endlich Hilfe zu finden.

Nach und nach begriff ich, wie weit verbreitet das Problem geburtsbedingter Fisteln in unserer Gegend ist. Eine Fistel ist ein Riss, der sich bei einer komplizierten Geburt im Gewebe von Scheide und Gebärmutterhalskanal bilden kann. In armen Ländern sind Geburtskomplikationen weit verbreitet, weil die Mütter sehr jung sind, oft eigentlich noch zu jung, um Kinder zu gebären. Wenn das Knochengerüst noch nicht vollständig ausgebildet oder durch das Tragen schwerer Lasten während der Kindheit deformiert wurde, ist das Becken nicht weit genug und das Kind bleibt im Geburtskanal stecken. Doch die Wehen hören nicht auf. Das Kind stirbt und es dauert oft mehrere Tage, bis es schließlich herauskommt. Durch den ständigen Druck auf das Gewebe wird die Blutzufuhr blockiert und die Zellen sterben ab. Das Gewebe wird spröde und es bilden sich Risse in unmittelbarer Nachbarschaft zu Blase und Darmausgang. Das hat dramatische Folgen für die Frau: Urin und Stuhl entleeren sich unkontrolliert durch ihre Scheide; sie kann ihre Ausscheidungen nicht mehr zurückhalten und stinkt schrecklich. Das wird für sie selbst und für ihre Umgebung zu einem solchen Problem, dass sie aus der Gemeinschaft ausgegrenzt wird. Nun hat sie nicht nur ihr Kind verloren, sondern ihr ganzes früheres Leben.

Während der Wochen in Lemera bekam ich jeden Tag eine kräftige Dosis dieser schrecklichen Dinge zu sehen, aber erst viel später lernte ich, dass Fisteln auch infolge sexueller Gewalt entstehen können, indem man Stöcke, Bajonette oder andere Gegenstände in die Scheide einführt und so sein Opfer auf Lebenszeit verunstaltet.

Irgendjemand musste den Frauen in diesen Bergdörfern helfen. Jemand, der die Gegend und die Kultur kannte. Kinder auf die Welt zu bringen gehört zum Leben; es ist eine völlige natürliche Sache. Aber hier geschah es unter lebensbedrohlichen Bedingungen. Und die meisten dieser Frauen waren noch keine achtzehn Jahre alt.

Es gab zwar ein Krankenhaus mit mehreren Hundert Betten, aber nur einen einzigen Arzt, und das reichte bei Weitem nicht aus; der Bedarf an ärztlicher Hilfe war riesig und das augenfälligste Problem waren die schwierigen Geburten und ihre Folgen. Es wurde jemand gebraucht, der sich vorrangig diesem Bereich widmete. Nun war es schon schwer genug, Ärzte auch nur für kurze Zeit in diese abgelegene Gegend zu locken; wie sollte man darauf hoffen, einen Facharzt zu finden, der sich langfristig hier niederlassen wollte? Und so stellte ich mir instinktiv die Frage: Und was ist mit dir?

Der Same war nicht nur gesät, er hatte bereits zu keimen begonnen.

Während meiner Famulatur geschah noch etwas anderes, das eine große Bedeutung für mich hatte. Sveins Kinder gingen in einem Internat in Burundi zur Schule und es belastete ihn, dass er sie schon lange nicht mehr gesehen hatte. Deshalb bat er mich, ein paar Tage lang die Verantwortung für das Krankenhaus zu übernehmen, damit er seine Kinder besuchen konnte.

Hatte ich das richtig verstanden? „Ich?“, fragte ich ungläubig. „Die Verantwortung für das gesamte Krankenhaus?“ „Ja“, bestätigte er. „Ich werde nur wenige Tage weg sein.“

Ich hatte Bedenken, das ließ sich nicht leugnen. Schließlich war ich nicht mehr als ein Praktikant. Für das ganze Hospital verantwortlich zu sein, schien mir eine unlösbare Aufgabe. Ich hatte keinerlei Erfahrung und konnte nur darauf hoffen, dass es keinen Notfall gab, der meine Fähigkeiten überstieg.

Aber ich erkannte in Sveins Vorschlag auch einen Ausdruck seines Vertrauens in mich. Zudem gehörte die Übernahme von ärztlicher Verantwortung zu den Erfahrungen, die Svein mir während meines Praktikums vermitteln wollte. Wir kannten uns zu diesem Zeitpunkt schon recht gut. In den letzten Jahren waren wir uns immer wieder begegnet, und wenn er mir gegenüber Vorbehalte gehabt hätte, hätte er mir diese Aufgabe nicht anvertraut. Trotzdem schlug mir das Herz bis zum Hals, als ich mich am ersten Abend seiner Abwesenheit ins Bett legte und darauf hoffte, dass niemand kam, um mich zu wecken …

Aber natürlich geschah genau das, was ich befürchtet hatte: Mitten in der Nacht holte man mich wegen eines Notfalls aus dem Bett. Die Gebärmutter einer Frau war unter der Geburt gerissen. Sie hatte heftige Blutungen und schwebte in Lebensgefahr. Nur eine Operation konnte sie jetzt noch retten.

Aber wie entfernt man einen Uterus in einer Notoperation? Ich hatte keine Ahnung. Ich hatte lediglich eine grobe Idee vom allgemeinen Vorgehen in einem solchen Fall. Fieberhaft durchsuchte ich meine Handbücher und tatsächlich wurde in einem davon die Operation Schritt für Schritt beschrieben. Daraufhin weckte ich Epike, einen jungen Mann, der eigentlich als Gärtner und Mädchen für alles im Krankenhaus angestellt war. Er hatte jedoch ein derart großes Interesse an allem gezeigt, was im Operationssaal vorging, dass man ihm auch die Sterilisation der Instrumente anvertraut hatte. Inzwischen hatte er sogar damit begonnen, bei Operationen zu assistieren. Er hatte nicht die geringste medizinische Ausbildung, dafür aber einen wachen und lernbegierigen Geist und er war ein junger Mann mit großem Potenzial. Später begann er als Autodidakt zu operieren, holte dann eine reguläre Ausbildung zum Chirurgen nach und übernahm, als sich die sexuelle Gewalt im Ostkongo ausbreitete, gemeinsam mit mir die Verantwortung für die chirurgische Wiederherstellung der Opfer. Heute ist er einer der kompetentesten und erfahrensten Spezialisten des Landes im Bereich gynäkologischer Fisteln.

Aber in jener Nacht im Jahr 1983 war Epike nicht mehr als ein Assistent, wenn auch sehr begabt. Während mein Blick zwischen dem Handbuch und der sterbenden Frau hin und her wanderte, überwachte er ihren Blutdruck und erledigte all die Dinge, für die normalerweise ein komplettes Operationsteam verantwortlich ist. Ich befolgte wortwörtlich alle Anweisungen des Handbuchs und bat vor jedem Schnitt Gott um Hilfe. Immer wieder fragte ich mich, ob ich alles richtig verstanden hatte. Wenn ich unsicher war, besprach ich mich mit Epike und wir überlegten gemeinsam, was die logischste Variante war. Schließlich erreichten wir den letzten Schritt unserer „Gebrauchsanweisung" und beendeten die Operation. Würden wir die Patientin retten können? Ich wusste es nicht. Vielleicht hatte ich einen Fehler gemacht, der unausweichlich zu ihrem Tod führte. Vielleicht war die Operation zu spät gekommen. Ich konnte es nicht beurteilen. Ich war ein Anfänger und konnte nur darauf hoffen, dass alles gut ausging. Jetzt blieb uns nur noch, unsere Patientin in den Aufwachraum zu fahren und selbst wieder ins Bett zu gehen, um noch ein paar Stunden Schlaf zu bekommen.

Beim Aufwachen war mein erster Gedanke natürlich: Ist sie noch am Leben? Ich sprang auf, schlüpfte in meine Kleider und rannte hinüber zur gynäkologischen Station. Dort fand ich meine Patientin friedlich schlafend. Ungeduldig fragte ich die Krankenschwester, ob es nach der Operation Komplikationen gegeben habe. „Nein", erwiderte sie, erstaunt über meine Frage. „Alles ist normal. Alles läuft gut."

Diesen Moment werde ich nie vergessen. Ich war überglücklich! Mir wurde bewusst, dass ich meinen Mitmenschen tatsächlich helfen konnte. Diese Erfahrung bestätigte mir auch, dass ich in der Lage war, eine unerwartete und kritische Situation zu bewältigen – etwas, das auch von erfahrenen Ärzten ständig gefordert ist.

Vielleicht kann man sagen, dass der Gynäkologe, der ich geworden bin, an diesem Tag die erste Stufe seiner beruflichen Leiter erklomm.

18

Unter der drückend heißen Morgensonne war mein Durst unerträglich geworden. Mein Körper weigerte sich zu gehorchen. Nur mit übermenschlicher Anstrengung gelang es mir, mich weiterzuschleppen.

Ich war auf dem Weg durch die Berge von Lemera, um ins Krankenhaus zurückzukehren. Neben mir lief der Direktor der Missionsschule. Das Gelände war schwierig und die Steigung extrem. „Ich kann nicht mehr", sagte ich verärgert. „Ich bleibe einfach hier." „Das geht nicht", widersprach mein Reisegefährte, „die Sonne wird Sie umbringen. Kommen Sie, wir gehen weiter."

Wir waren am Vorabend mit dem Bus aus Bukavu gekommen und im Dorf Sange ausgestiegen. Eigentlich hatten wir gehofft, die 20 Kilometer bis zum Krankenhaus noch vor Einbruch der Dunkelheit zurücklegen zu können, doch als der Bus endlich in Sange ankam, mussten wir einsehen, dass wir unser Ziel niemals vor Sonnenuntergang erreichen würden. Also verbrachten wir die Nacht im Dorf und machten uns am nächsten Tag auf den Weg.

Und nun, auf halbem Weg, hatte mein Durst mich ans Ende meiner Kräfte gebracht, ein Durst, wie ich ihn noch nie verspürt hatte. Bei jedem Schritt befürchtete ich, dass mich mein Körper endgültig im Stich lassen würde. Ich war am Ende und drauf und dran aufzugeben. „Sie müssen durchhalten", ermutigte mich der Direktor, während die Sonne mit jeder Minute heißer auf uns herunterbrannte.

Es hatte schon seit Tagen nicht mehr geregnet und die Erde war völlig ausgetrocknet. Wir hielten inne und hofften, irgendwo das leise Murmeln eines Bächleins zu hören, aber das war vergebliche Mühe. Alles war totenstill.

Ich zwang mich dazu, weiter einen Fuß vor den anderen zu setzen und die brennenden Schmerzen in meinen Beinen zu ignorieren. Meine Schritte waren so langsam und schwer, dass ich mir nicht mehr vorstellen konnte, das Krankenhaus zu erreichen. Ich hätte mir nicht träumen lassen, dass Durst so schmerzhaft sein konnte. Diesmal war ich über meine Grenzen gegangen.

Doch dann, mitten in meinem Martyrium, entdeckte ich auf einmal Abdrücke im Boden. Es stand außer Zweifel, hier mussten Kühe weiden; man konnte eindeutig ihre Hufabdrücke sehen. Die Abdrücke waren ziemlich tief und an einer schattigen Stelle entdeckte ich auf ihrem Grund einige Wassertropfen. Ich steckte meine Hand in das Loch und es gelang mir tatsächlich, ein wenig Wasser herauszuschöpfen. Es war nicht genug, um zu trinken, aber wenigstens konnte ich meine Zunge damit befeuchten. Auf allen vieren leerte ich auf diese Weise alle Hufabdrücke aus. Nach einigen Minuten spürte ich, wie meine Kräfte zurückkehrten, sodass ich aufstehen und weitergehen konnte. Ich wusste sehr genau, dass mir heftige Magen-Darm-Beschwerden bevorstanden, denn diese kleinen Pfützen in den Hufabdrücken enthielten nicht nur Wasser … Deshalb verschrieb ich mir bei meiner Ankunft im Krankenhaus sofort eine kräftige Dosis Antibiotika.

Dieses Erlebnis hatte ich im Januar 1984. Sechs Monate zuvor hatte ich mein Staatsexamen abgelegt und war sofort vom Krankenhaus in Lemera angestellt worden. Endlich war ich Arzt. Der einzige Wermutstropfen waren die Wohnsituation und die Reisemöglichkeiten. Meine Familie war weiter gewachsen – inzwischen war noch unsere Tochter Zawadi dazugekommen – und Madeleine lebte mit den Kindern bei meinen Eltern in Bukavu.

Wir wären lieber alle zusammen gewesen, aber unter den aktuellen Bedingungen war das nicht möglich. Ich lebte auf der Missionsstation und musste meine Wohnung mit zwei anderen Angestellten teilen. Jeder von uns hatte sein eigenes kleines Zimmer, Küche und Bad benutzten wir gemeinsam. Das wäre nachvollziehbar gewesen, wenn es auf der Station nicht genug Wohnraum gegeben hätte. Aber so war es nicht, im Gegenteil: Mehrere Wohnungen und Häuser standen leer. Nur durften darin, laut den Regeln der Mission, nur Missionare wohnen. Dasselbe galt für die Fahrzeuge: Nur Weiße durften sie fahren.

Da ich kein Missionar war, sondern „nur" ein angestellter einheimischer Arzt, kam es nicht infrage, dass ich in einem der leer stehenden Häuser wohnte oder eines der Autos benutzte. Die Folge davon war, dass meine Frau und meine Kinder nicht bei mir auf der Missionsstation wohnen konnten, und wenn ich sie übers Wochenende besuchen wollte, durfte ich mir kein Auto ausleihen.

Deshalb waren ein Arzt und ein Schuldirektor gezwungen, eine lange Wanderung durch die Berge zu machen, um ihren Arbeitsplatz zu erreichen. So ging es jedes Wochenende: Zuerst mussten wir ins Dorf hinunterwandern, um den Bus zu nehmen, nur um ein oder zwei Tage später wieder hinaufzusteigen – hin und zurück waren das gut 50 Kilometer Fußmarsch.

Aber diesmal hatte ich genug. Von der Sonne heftig verbrannt und dazu gezwungen, Wasser zu trinken, das durch Kuhfladen kontaminiert war – jetzt war meine Grenze erreicht. Ich machte den Leitern der Missionsstation klar, dass ich nicht länger bereit war, unter diesen Umständen zu leben. Was für eine unwürdige Situation! Umso mehr, als mehrere Häuser leer standen. Wenn meine Familie nicht auf der Station wohnen durfte, war ich gezwungen, mir eine andere

Arbeit zu suchen. „Ich bin völlig erschöpft", schloss ich. „Ich kann so nicht länger weitermachen."

Mein Vater hatte mir oft gesagt: „Gott mutet uns manchmal Entbehrungen zu; wir müssen sie aushalten, bis er uns zeigt, dass er uns befreien will." Nach dieser Logik hätte ich in meiner unmöglichen Wohnsituation den „Willen Gottes" erkennen müssen. Bei aller Liebe, aber das konnte ich so nicht sehen. Diese Situation war untragbar und sie nagte je länger, je mehr an mir.

Es gab nur eine einzige Person, die sich über diese Regeln hinwegsetzen konnte, nämlich der Leiter der Pfingstkirche, Jean Ruhigita. Ruhigita war eine beeindruckende Persönlichkeit, die im Ostkongo einen geradezu legendären Ruf genoss.

Ich bat ihn um eine Unterredung und erinnere mich noch gut an die Gedanken, die mir auf dem Weg zu unserem Treffen durch den Kopf gingen. Ich befürchtete, dass er mir, ähnlich wie mein Vater, fehlendes Gottvertrauen vorwerfen würde. Nichtsdestotrotz sagte ich ihm dasselbe, was ich auch schon auf der Missionsstation geäußert hatte, und fügte hinzu: „Ich habe schon mit dem Gedanken gespielt, mir eine andere Arbeit zu suchen."

Mit einem Kopfschütteln gab Ruhigita mir zu verstehen, dass das nicht nötig sei. In seinen Augen war das alles kein Problem. „Arbeite weiter in Lemera", sagte er, „deine Familie wird dorthin ziehen. Ich kümmere mich darum." Er war sehr verständnisvoll und betrachtete die Sache nicht aus dem Blickwinkel der persönlichen Frömmigkeit, was mich ein wenig überraschte. Im Gegenteil: Er verstand mein Problem und suchte nach einer Lösung. Kurze Zeit später konnten meine Familie und ich in eines der leer stehenden Häuser einziehen.

Aber die Geschichte war damit noch nicht zu Ende, sondern hatte noch weitere wichtige Konsequenzen: Das gesamte alte Regelwerk wurde ausrangiert. Von nun an gab es keinen Unterschied mehr zwischen Missionaren und Afrikanern. Schluss mit den Privilegien! Endlich galt, dass die Ressourcen, die zur Verfügung standen, allen zugänglich waren, die sie brauchten, egal ob schwarz oder weiß.

Ich möchte betonen, dass ich in diesen alten Regeln keinen Ausdruck von Rassismus oder Kolonialismus sah. Dazu kannte ich die Missionare viel zu gut. Es waren einfach Vorschriften, nicht mehr und nicht weniger, auch wenn sie ihre Schwächen hatten. Sie waren vor Jahrzehnten aufgestellt worden und seither hatte niemand sie verändert. So blieben sie einfach in Kraft und man gewöhnte sich daran – eine Reaktion, die für uns Menschen nicht ungewöhnlich ist.

Ich war glücklich, dass ich endlich mit meiner Familie vereint war, und ein bisschen stolz auf mich: Schließlich hatte meine Hartnäckigkeit zu dieser Veränderung geführt, auch wenn ich bei einem anderen Ausgang teuer dafür bezahlt hätte.

Ich wusste, dass wir nicht ewig in Lemera bleiben würden, denn ich war fest entschlossen, mich zum Gynäkologen weiterzubilden.

Als mein Professor in Bujumbura von dieser Entscheidung erfuhr, rief er mich an, um mich zu warnen. „Dein Privatleben wird darunter leiden“, prophezeite er und fügte hinzu: „Gynäkologen bekommen fast immer Eheprobleme. Dieser Beruf hinterlässt Spuren und belastet die Beziehung zur Ehefrau. Irgendwann wird die Situation untragbar und endet in einer Scheidung. Ich habe das mehrere Male miterlebt.“ Vor Überraschung blieb mir der Mund offen stehen. Er fuhr fort: „Hast du mit deiner Frau darüber gesprochen? Weißt du, was sie denkt?“ Ich hatte mir diese Frage noch gar nicht gestellt, aber ich nahm an, dass er wusste, wovon er redete. „Du musst das mit deiner Frau besprechen“, ermahnte er mich zum Abschluss noch einmal. „Sie muss wissen, was diese berufliche Entscheidung mit sich bringen kann."

Genau das tat ich. Ich ging zu Madeleine und erzählte ihr von den Warnungen meines Professors. Dann fragte ich: „Denkst du, dass wir dadurch Probleme bekommen werden?" „Nein", erklärte sie, „nicht, solange wir unser gegenseitiges Vertrauen bewahren."

Sie verstand genau, warum ich mich für diesen Weg entschieden hatte. Schon bei unserem ersten Gespräch hatte ich ihr von meinen Projekten erzählt, von der Vision, die ich für meine Zukunft hatte. Natürlich wollte ich Arzt werden, aber mehr noch wollte ich auf der Seite der Ausgegrenzten stehen und Ungerechtigkeiten überwinden. Diese Haltung hatte mich bei meinem Vorbild Osvald Orlien, dem norwegischen Arzt aus Kaziba, immer wieder beeindruckt und inspiriert. Aber das konnte und wollte ich nicht im Alleingang schaffen. Madeleine musste Teil dieses Vorhabens sein. Ich wollte sie an meiner Seite, ich brauchte ihre Unterstützung.

Die Medizin betrachte ich als eine Berufung, eine Tätigkeit, für die man leidenschaftlich brennt und die tagtäglich eine besondere Hingabe fordert. Am Anfang wollte ich Kindern helfen, weil ihre Schutzbedürftigkeit mich berührte. Aber dann entdeckte ich die Not der Frauen in unserer Region und war so erschüttert, dass ich beschloss, mich ihnen zuzuwenden, denn sonst gab es niemanden, der sich um sie kümmerte. In gewisser Weise gab ich dadurch die Kinder nicht auf, sondern half ihnen weiterhin, insbesondere denen, die sonst während der Geburt gestorben oder aufgrund fehlender medizinischer Hilfe entstellt und behindert auf die Welt gekommen wären. Meine Berufung lautete, Tod und Leiden während der Geburt zu verhindern. Und ich war bereit, alle nötigen Weiterbildungen zu absolvieren, um dieses Ziel zu erreichen.

Nichtsdestotrotz hatte die Warnung meines Professors Befürchtungen in mir geweckt. Vielleicht war meine Berufung nicht vereinbar mit meiner Ehe? Doch Madeleine erinnerte mich an unsere Abmachung: Wir vertrauten uns gegenseitig. Und sie wies mit großem Nachdruck auf die Gründe hin, die mich zu meiner Entscheidung geführt hatten. Seit wir gemeinsam in Lemera lebten, belastete sie das Leiden der Patientinnen genauso sehr wie mich. „Diese Arbeit ist absolut notwendig", versicherte sie mir, „und ich werde an deiner Seite sein."

Einige Zeit später verließ ich zum ersten Mal meinen Heimatkontinent. Wir schrieben das Jahr 1984 und ich war neunundzwanzig Jahre alt. Meine gesamten Ersparnisse betrugen 2000 Dollar. Davon hatte ich 1000 für das Flugticket ausgegeben. Vom Rest musste ich leben.

Nach einer Zwischenlandung in Paris kam ich in Angers an. Es war Oktober, und als ich das Flugzeug verließ, begrüßte mich ein eisiger Wind. In Lemera konnte es auch kalt werden, aber das hier war anders. Es war eine feuchte Kälte, die einem bis in die Knochen fuhr. Allerdings muss man auch das relativieren, denn der Herbst in Angers ist kein Vergleich zum skandinavischen Winter, von dem die Missionare oft erzählten.

Ich war zunächst einmal in Frankreich, um eine Grundausbildung in Geburtshilfe zu bekommen. Erst wenn ich die abschließende Prüfung bestanden hatte, konnte ich mit meiner eigentlichen Weiterbildung beginnen. Und wenn alles gut ging, würde ich in fünf Jahren als Facharzt für Gynäkologie und Geburtshilfe nach Lemera zurückkehren.

Aber vorher musste ich die erste Hürde nehmen und die dreimonatige Grundausbildung erfolgreich abschließen. Für diese Phase hatte ich im Ganzen 1000 Dollar zur Verfügung, von denen ich in einem billigen Hotel ein Zimmer mieten, warme Kleider anschaffen, Essen kaufen und die öffentlichen Verkehrsmittel bezahlen musste.

Ich bestand die Abschlussprüfung ohne große Schwierigkeiten und so stand meiner Weiterbildung – zumindest von dieser Seite aus – nichts mehr im Weg. Aber mir ging das Geld aus und ich wusste nicht, wie ich finanziell weiterhin zurechtkommen sollte.

Das Abschlusszeugnis meiner Grundausbildung erlaubte mir, in Frankreich als Arzt zu arbeiten, und damit standen mir im Prinzip einige Türen offen. Unter anderem bot mir der Direktor des Universitätskrankenhauses an, während der Wochenenden Vertretungs- und Nachtdienste zu übernehmen. Allerdings gab es ein großes Hindernis: Ich hatte kein Auto. Ich wohnte weit vom Krankenhaus entfernt und würde bei einem Notfall nicht schnell genug vor Ort sein können, insbesondere nachts. „Sie haben also keinen Zugang zu einem Fahrzeug?“, fragte er, nachdem wir verschiedene Möglichkeiten durchgesprochen hatten. Ich schüttelte den Kopf: „Leider nicht.“

Die Situation war nicht zu lösen. Also begann ich mich mit dem Gedanken vertraut zu machen, meine Ausbildung zu verschieben. Ich würde zuerst ein oder zwei Jahre arbeiten und etwas Geld ansparen, um dann meine Ausbildung fortzusetzen. Mit dieser Perspektive fühlte ich mich gleich etwas wohler.

Einer meiner Mitstudenten aus dem Grundkurs arbeitete in einem kleinen Krankenhaus. Da er mit seiner Weiterbildung beginnen wollte, wurde seine Stelle frei und er schlug mir vor, mich dort zu bewerben. „Ich habe meinem Chef schon von dir erzählt“, sagte er, „und er will dich kennenlernen.“

Daraufhin rief ich Madeleine an und erklärte ihr die Situation. „Ich muss zuerst Geld ansparen“, sagte ich. „Vielleicht wäre es am besten, wenn ich zunächst einmal arbeite und meine Weiterbildung verschiebe.“ „Nie im Leben!“, gab sie zurück und ich konnte ihre Empörung durch die rauschende und knacksende Telefonleitung hören. „Du bist in Frankreich, um zu studieren und nicht um zu jobben. Streng dich an!“ „Mich anstrengen?“, fragte ich zurück. „Ich habe keinen Centime mehr. Ich weiß nicht, wie ich hier überleben soll.“

Ich befand mich in einem echten Dilemma zwischen der harten Wirklichkeit meiner Geldsorgen und den berechtigten Erwartungen meiner Frau. Noch wusste ich nichts von der großen Überraschung, die hinter der nächsten Wegbiegung auf mich wartete.

19

Ich stand im Supermarkt an der Kasse und hatte gerade bezahlt.

„Hier“, sagte die Kassiererin und drückte mir einen Zettel in die Hand. „Füllen Sie diesen Schein aus und stecken Sie ihn in den Kasten dort drüben.“

Ich warf einen kurzen Blick darauf. Die Supermarktkette feierte ein Jubiläum und veranstaltete zu diesem Anlass ein Gewinnspiel. Es kostete nichts, man musste lediglich auf der Rückseite Namen und Adresse eintragen.

Nachdem ich meinen Einkauf in meiner Tasche verstaut hatte – sechs Eier, einen Hähnchenschenkel und eine Packung Reis, wenn ich mich recht erinnere –, füllte ich den Schein aus und steckte ihn am Ausgang im Vorbeigehen in den bereitgestellten Kasten.

In der Annahme, für längere Zeit in Frankreich zu bleiben, war ich aus dem Hotel ausgezogen und hatte mir in einer Villa nicht weit vom Supermarkt entfernt ein Zimmer genommen. Die Suche nach einer neuen Bleibe war allerdings nicht einfach gewesen. Ich hatte auf mehrere Kleinanzeigen geantwortet und dabei immer wieder dasselbe Szenario erlebt. Selbst wenn ich erst eine Viertelstunde vorher mit dem Vermieter telefoniert hatte, hieß es bei der Wohnungsbesichtigung jedes Mal: „Leider ist das Zimmer nun doch schon vergeben.“ Allerdings konnte ich darauf wetten, dass es am nächsten Tag wieder inseriert war. Sicherlich lag es an meiner Hautfarbe. Es gab in Angers zwar Afrikaner, aber nicht allzu viele. Und einen von ihnen bei sich aufzunehmen, war für die meisten Einheimischen eben doch ein zu großer Schritt. Als offenen Rassismus würde ich es nicht bezeichnen. Ich glaube, dass die Leute einfach Berührungsängste hatten. So kam es gelegentlich vor, dass jemand im Bus den Platz wechselte, wenn ich mich neben ihn setzen wollte; aber unmittelbar bedroht fühlte ich mich nie. Es lag keine Gewalt in der Luft.

Nach vielen vergeblichen Anläufen erkannte ich, dass ich die Sache anders angehen musste, um mir die vielen unnötigen Wege zu ersparen.

Beim nächsten Mal begann ich am Telefon zunächst wie gewohnt: „Ich heiße Denis. In der Zeitung habe ich gelesen, dass Sie ein Zimmer vermieten."

„Ja, genau", entgegnete eine freundliche Stimme am anderen Ende der Leitung. „Es wohnen schon zwei andere Studenten im Haus, einer davon ist mein Sohn Dominique. Jeder hat sein eigenes Zimmer. Wohnzimmer, Küche und Bad nutzen sie gemeinsam. Das dritte Zimmer ist momentan frei. Möchten Sie es anschauen?"

„Heute?"

„Ja, das ließe sich einrichten."

Diesmal aber legte ich die Karten sofort auf den Tisch.

„Eines muss ich Ihnen gleich von vornherein sagen: Ich bin Schwarzafrikaner."

„Kein Problem. Ich heiße übrigens Paul. Wann möchten Sie vorbeikommen?"

Nach einigen Tagen zog ich in die Villa ein.

An dem Abend, als ich mit Eiern, Hähnchenschenkel und Reis in der Tasche aus dem Supermarkt kam, wohnte ich gerade seit einer Woche dort. Sosehr ich mich auch über meine neue Bleibe freute, holte mich doch schon bald wieder Ernüchterung ein. Wenn ich meine finanziellen Probleme nicht in absehbarer Zeit in den Griff bekam, blieb meine Zukunft ungewiss. Ich hatte gehofft, neben dem Studium halbtags arbeiten zu können, hatte wie gesagt jedoch nichts anderes gefunden als die Vertretungsdienste am Wochenende, für die ein schneller fahrbarer Untersatz erforderlich war. Es blieb noch das Angebot meines Studienkollegen, ihn in dem kleinen Krankenhaus zu vertreten, in dem er arbeitete. Das war vielleicht die realistischste Lösung. Sie hätte allerdings bedeutet, mein Studium noch einige Zeit aufschieben zu müssen.

Eine Woche nachdem ich im Supermarkt am Gewinnspiel teilgenommen hatte, leerte ich meinen Briefkasten. Neben einigen Werbeprospekten und zwei Luftpostsendungen aus Afrika fand ich einen weißen Umschlag mit französischem Poststempel. Als ich am Küchentisch meine Post öffnete, nahm ich diesen Brief zuerst zur Hand. Er hatte meine Neugier geweckt, trug er doch nicht einmal einen Absender.

Als ich das Schreiben herauszog, fiel mein Blick auf das vertraute Logo des Supermarktes in meinem Viertel. Ich musste die wenigen Zeilen gleich mehrmals lesen, denn ich traute meinen Augen nicht. Hatte ich den Text wirklich richtig verstanden oder handelte es sich vielleicht doch – wie so oft – nur um getarnte Werbung? Aber nein, es konnte kein Traum sein! Wie hätte der Absender sonst meine Anschrift kennen sollen? Ich lebte noch nicht lange in Frankreich und abgesehen von meinem potenziellen Chef im Krankenhaus kannte niemand meine neue Adresse. Nur auf dem Teilnahmeschein hatte ich sie angegeben.

Die Botschaft, die ich in meinen zitternden Händen hielt, musste also tatsächlich wahr sein: Beim Jubiläumsgewinnspiel der Supermarktkette hatte ich als Einziger einen nagelneuen weißen Renault 5 gewonnen.

Während ich noch auf den Text starrte, wurde mir ganz schwindelig. Schlagartig begriff ich, dass das Auto, das ich gewonnen hatte, die Lösung für meine Probleme war. Nun war ich mobil und konnte dem Direktor des Universitätskrankenhauses sagen: „Ja, ich kann die Wochenenddienste übernehmen."

Dieses Erlebnis war für mich ganz eindeutig kein Zufall. „Jemand" hatte hier in mein Leben eingegriffen und mir den Weg geebnet. Ich war nach Frankreich gekommen, um mich für einen großen Auftrag vorzubereiten: den leidenden Frauen in den Bergen von Lemera zu helfen.

Der Schöpfer hatte mir nicht nur ins Ohr geflüstert. Er hatte laut und deutlich zu mir gesprochen, um jedes Missverständnis auszuschließen.

20

Eine Patientin öffnete die Tür zu meinem Sprechzimmer und blieb wie angewurzelt auf der Schwelle stehen. In ihrem Blick lag Erstaunen.

„Oh, Verzeihung", sagte sie. „Ich wollte eigentlich zu einem anderen Arzt."

Die Frau trug nur ein einfaches Untersuchungshemd. Sie hatte sich in einer der Kabinen frei gemacht und darauf gewartet, dass eine Krankenschwester sie rufen würde.

„Zu welchem Arzt möchten Sie?", fragte ich, als sie die Tür gerade wieder schließen wollte.

„Zu Dr. Mikwesz", entgegnete sie.

„Sie sind bei mir schon richtig. Ich bin Dr. Mukwege."

„Ah, ich dachte, ich wäre bei einem polnischen Arzt."

„Keine Sorge, Sie sind hier richtig. Sie sind bei mir angemeldet. Kommen Sie doch herein!"

Ich konnte mir denken, warum sie so reagiert hatte. Der Gedanke, sich von einem schwarzafrikanischen Gynäkologen untersuchen zu lassen, schreckte sie ein wenig.

Ich trat auf sie zu, nahm sie sanft am Arm und sagte: „Kommen Sie nur, Sie sind bei Dr. Mukwege in genauso guten Händen wie bei Dr. Mikwesz, das kann ich Ihnen versichern."

„Das hoffe ich", sagte sie leise und schloss die Tür hinter sich.

Diese kleine Begebenheit trug sich im zweiten Jahr meines Frankreichaufenthalts zu. Damals hatte ich den Eindruck, dass der Hauptgewinn beim Gewinnspiel nur der Beginn einer ganzen Kette glücklicher Ereignisse gewesen war. Meine

Arbeit machte mir viel Freude, meine Vorgesetzten im Krankenhaus schätzten mich und mein Studium verlief wie erhofft. Kurz nach der Überraschung mit dem Auto hatte mich Ingrid Akerström angerufen, eine schwedische Krankenschwester, die früher in Lemera mit mir im OP gearbeitet hatte. Nachdem sie von meinen finanziellen Problemen gehört hatte, befürchtete sie, dass mein Studium darunter leiden könnte oder ich es gar aufschieben müsse.

„Kann ich dir irgendwie helfen?“, fragte sie mich. „Denn das würde ich von Herzen gerne tun.“

Ich erklärte ihr, dass das Ministerium mir für meine Facharztausbildung in Geburtshilfe Bedingungen auferlegt hatte: Ich musste im Ausland einen Mäzen finden. Es sei zwar nicht im Einzelnen geregelt, wie die Finanzierung zu erfolgen habe, aber die Person oder Organisation müsse sich für einen längeren Zeitraum verpflichten, für meine Studiengebühren zu bürgen.

„Um welchen Betrag geht es?“, fragte Ingrid.

„300 Dollar pro Monat, also 1800 Francs.“

„Du wirst vermutlich eine amtliche Urkunde brauchen?“

„Ja ...“

„Gut. Kannst du mir das entsprechende Formular zukommen lassen?“

„Gerne.“

Ingrid erklärte sich also tatsächlich bereit, für mich zu bürgen. Aber woher würde sie die Mittel dafür nehmen?

„Ich werde meine Familie und meine Freunde um Hilfe bitten“, versicherte sie mir. „Kein Problem. Das geht bestimmt in Ordnung. Hauptsache, du kannst wie geplant studieren.“

Wieder hatte sich eine Tür geöffnet, die ich verschlossen geglaubt hatte. Meinem Studium stand nun nichts mehr im Weg.

Ein Jahr später kamen Madeleine und die Kinder nach.

Mittlerweile war ich mit meinen Vermietern so gut befreundet, dass ich nicht allzu verwundert war, als sie uns anboten, das ganze Haus zu mieten. Für den Nachzug meiner Familie war es höchste Zeit geworden. Wären wir gezwungen gewesen, während der ganzen Studienzeit getrennt zu leben, hätten wir uns zu stark voneinander entfremdet. Ich wage gar nicht mir vorzustellen, was dann bei meiner Rückkehr in meine Heimat passiert wäre. Vielleicht wären unsere Ehe und mein Verhältnis zu den Kindern daran zerbrochen. Ich wäre in den Zaire zurückgekommen, ohne meine Erfahrungen aus einer ganz anderen Welt wirklich mit meiner Familie teilen zu können. Dass wir nun die Möglichkeit hatten, wieder zusammenzuleben, tat uns sehr gut.

Der Aufenthalt in Frankreich schweißte uns richtig zusammen. Daheim würde sich keiner von uns fragen müssen, wovon der andere eigentlich sprach.

Dank Ingrids Unterstützung konnte ich nun Arbeit und Studium verbinden und trotzdem für meine Familie sorgen. Nach unserem dritten Jahr in Frankreich teilte uns die Pfingstmission in Schweden mit, die Patenschaft für mich mit allen damit verbundenen Verpflichtungen von Ingrid zu übernehmen. Das ermöglichte auch Madeleine, ihr Studium zu Ende zu bringen. Sie absolvierte eine Ausbildung zur Fachkrankenschwester für Tropenmedizin. Somit würde unsere Beziehung auch die berufliche Seite mit einschließen.

Während all dieser Jahre in Frankreich war unser Leben einfach vollkommen. Anders kann ich es nicht ausdrücken. Wir hatten einen großen Freundeskreis und zudem noch einmal Nachwuchs bekommen: die kleine Sylvie, unser drittes Kind. Unser Verhältnis zu unseren Vermietern war ausgezeichnet. Selten habe ich so sympathische und zuvorkommende Menschen erlebt. Sie betrachteten uns schon fast als Teil ihrer Familie. Und sie haben uns gelehrt, dass man nicht reich sein muss, um zu geben: Wer wenig für sich selbst ausgibt, kann das, was ihm bleibt, mit anderen teilen. Bei gemeinsamen Mahlzeiten bemerkte ich, dass sie ihren Teller immer restlos leer aßen. Sie nahmen sogar noch mit einem Stück Brot die übrige Soße auf, bis der Teller ganz sauber war. Das mag in Südeuropa so üblich sein, ich fand es aber doch ein wenig übertrieben. Deshalb musste ich sie eines Tages einfach darauf ansprechen.

Ihre Antwort kam ganz selbstverständlich. Sie waren während des Zweiten Weltkriegs aufgewachsen und hatten ganz konkret erlebt, was Mangel und Hunger bedeuteten. Eine einzige kleine Kartoffel war viel wert, wenn es nichts anderes gab.

Aufgrund dieser Erfahrungen war jegliche Verschwendung für sie undenkbar.

„Die jungen Leute kennen das heute nicht mehr, sie lassen so viel umkommen. Aber uns, der Kriegsgeneration, liegt Maßhalten im Blut“, erklärte Georgette, unsere Gastgeberin.

Ich kann es nur immer wieder sagen: Unser Verhältnis zu dieser Familie war ganz außergewöhnlich. Wir verstanden uns so gut, dass sie sofort nachvollziehen konnten, wovon ich sprach, wenn ich ihnen von den Schwierigkeiten der Leute im Südkivu erzählte. Dabei hatten sie noch nie einen Fuß in meine Heimat gesetzt.

Als sich mein Studium dann seinem Ende zuneigte, begannen wir, über unsere Zukunft nachzudenken. Sollten wir tatsächlich in den Zaire zurückkehren, nachdem wir uns in Frankreich so gut eingelebt hatten?

„Ich würde gerne bleiben“, sagte Madeleine, „vor allem der Kinder wegen. Wäre es nicht besser für sie, wenn sie hier weiter zur Schule gehen könnten?“

Diese Möglichkeit war natürlich denkbar. Das Krankenhaus, in dem ich arbeitete, wollte mich liebend gerne behalten und bot mir ein hundertmal so hohes Gehalt, wie ich es im Zaire bekommen würde. Wir waren hier heimisch geworden und hatten Beziehungen aufgebaut. Ein Leben in Wohlstand erwartete uns.

Trotzdem konnte ich mich nicht zum Bleiben entschließen. Wir durften nicht vergessen, warum wir hierher gekommen waren.

Mit der Entscheidung, mich endgültig in Frankreich niederzulassen, würde ich meine Berufung verraten. Ich war es mir selbst schuldig, nach Abschluss meiner Facharztausbildung wie vereinbart nach Lemera zurückzugehen. An diesem Punkt ging es aber nicht nur um mein eigenes Versprechen. Ich musste auch an die denken, die an mich geglaubt und mir mit ihrer Unterstützung diesen Aufenthalt ermöglicht hatten. Bliebe ich hier, würde ich auch sie verraten.

Außerdem wurde ich in Frankreich nicht wirklich gebraucht. Allein in der Region um Angers gab es 35 Gynäkologen. Bestimmt würde ich mich bald überflüssig fühlen. Hingegen hatte ich nicht vergessen, wie erfüllend es war, Frauen in den Bergen von Lemera zu behandeln und ihnen zu helfen. Dies würde ich in Europa sicherlich niemals so stark empfinden.

„Ich könnte mit den Kindern hierbleiben und du würdest uns von Zeit zu Zeit besuchen“, schlug Madeleine vor.

Wir sprachen viel darüber und kamen sehr schnell zu dem Schluss, dass dies keine gute Lösung war: zu kompliziert und zu teuer. Schließlich wurde uns klar, dass die Rückkehr mit der ganzen Familie der einzig gangbare Weg für uns war.

Vor unserer Abreise wollte ich es nicht versäumen, mich von meinen Patientinnen zu verabschieden. An einem meiner letzten Tage im Krankenhaus brachte eine von ihnen mir Blumen und einen selbst gebackenen Kuchen. Es war dieselbe Frau, die mich für einen Polen gehalten und sich anfangs so reserviert gezeigt hatte, einen Afrikaner vor sich zu haben. Sie war weiterhin zu mir in die Sprechstunde gekommen und es hatte sich mit der Zeit sogar ein freundschaftliches Verhältnis entwickelt. Nach sechs Monaten hatte sie mir eine ihrer bereits erwachsenen Töchter zur Untersuchung geschickt und nach einem weiteren halben Jahr war auch deren Schwester zu mir in die Praxis gekommen.

„Ich möchte Ihnen aufrichtig danken", sagte die Frau mir beim Abschied. „Sie sind der erste Schwarzafrikaner, den ich richtig kennengelernt habe. Ich muss zugeben, dass ich bei unserer ersten Begegnung ein wenig befremdet war. Denn einen schwarzen Polen hatte ich noch nie gesehen ... Aber all meine Vorurteile wurden ausgeräumt. Sie haben Ihr Bestes getan, dass ich die Untersuchungen nicht als unangenehm empfunden habe. Einem Arzt wie Ihnen bin ich noch nie begegnet. Könnten Sie mir, nachdem Sie nun gehen, einen anderen Gynäkologen empfehlen?"

Viele meiner Erlebnisse in Frankreich haben mein Leben geprägt. Das entscheidendste war zweifellos der Gewinn des Autos. An diesem Tag hatten sich auf einen Schlag mehrere Probleme gelöst. Ich hatte diese gute Nachricht als ein deutliches Zeichen verstanden, an meinem ursprünglichen Plan festzuhalten. Noch heute muss ich oft daran zurückdenken. Dabei zählt für mich nicht so sehr der Gewinn selbst, als vielmehr das, was er für mein Leben bedeutete. Diese Geschichte erinnert mich daran, dass ich meinen Beruf nicht zufällig gewählt habe.

Hinter all dem verbirgt sich ein tieferer Sinn und ich könnte nie gegen meine Bestimmung handeln.

Und doch wäre es im September 2011 beinahe dazu gekommen. Denn an diesem Tag erhielt ich Drohungen, die ich nicht mehr auf die leichte Schulter nehmen konnte. Ich war vor die Wahl gestellt.

Mit diesem Einschüchterungsversuch begann für mich und meine Familie ein neuer, schwieriger Lebensabschnitt. Dreizehn Monate später, im Oktober 2012, mussten wir nach einem Anschlag auf mein Leben aus Bukavu fliehen.

Dass ich ihn überlebt habe, betrachte ich als ein Wunder – als eines von vielen.

21

Am Mittwoch, den 21. September 2011, saß ich kurz nach 21 Uhr im Erdgeschoss des Hotels Waldorf Astoria in Manhattan im Restaurant.

Mein Gegenüber war offensichtlich ein Abgesandter der Regierung in Kinshasa. Sein durchdringender Blick und seine Worte ließen mich erstarren, denn seine Botschaft war klar und unmissverständlich. Er stellte mich vor die Wahl und ließ keinen Zweifel daran, dass meine Zukunft auf dem Spiel stand.

Nie hätte ich mir vorstellen können, in eine solche Situation zu geraten. Ich war außer mir, gelähmt vor Angst. Die Worte dieses Mannes konnte ich nicht einfach vom Tisch wischen. Diesmal war die Drohung bitterer Ernst.

Eigentlich hätte ich am nächsten Tag beim Gipfel der Vereinten Nationen an einer Zusammenkunft zum Thema sexuelle Gewalt in Kriegszeiten teilnehmen sollen – einer Versammlung auf höchster Ebene, zu der zahlreiche Staatschefs und hochrangige Persönlichkeiten geladen waren. Der Präsident meines Heimatlandes, Joseph Kabila, stand ebenfalls auf der Gästeliste, sein Kommen war jedoch noch nicht bestätigt worden.

Mein Programm für diesen Tag war bekannt: Nach einer kleineren Diskussionsrunde mit ausgewählten Personen würde ich meinen Vortrag halten und anschließend noch für Fragen zur Verfügung stehen. Nun wurde mein Gegenüber immer deutlicher: Ich wäre gut beraten, auf dieses Treffen zu verzichten, da meine Worte unseren Präsidenten in Misskredit bringen könnten. Dieser sollte in Kürze an der UN-Vollversammlung teilnehmen.

Ich befand mich in einer Zwickmühle: Würde ich darauf bestehen, meine Rede zu halten, wäre ich gezwungen, ins Exil zu gehen; verzichtete ich, könnte ich zu Hause meine Arbeit fortführen. Vor der UNO zu sprechen und anschließend in den Kongo zurückzukehren, war völlig ausgeschlossen. Denn dann hinge mein Leben nur noch an einem seidenen Faden. Das war in groben Zügen das, was der Regierungsvertreter mir zu verstehen gab. In dieser zweistündigen Unterredung im Waldorf Astoria zerschlug er Stück für Stück mein Engagement für misshandelte Frauen.

„Wir kennen alle Ihre Äußerungen in Bezug auf den Kongo. Anderswo bemühen sich die Bürger, ihr Land in ein möglichst gutes Licht zu rücken. Und Sie? Sie tun genau das Gegenteil!"

Ich wusste, dass mein Gegenüber einen wichtigen Posten in der Regierung innehatte und aus einer Region des Kongo stammte, in der Konflikte nur allzu gern gewaltsam gelöst werden. Der Präsident höchstpersönlich war in diesem Hotel untergebracht und bereits angereist. Diese ganze Inszenierung diente nur dazu, mich einzuschüchtern und mir Angst einzuflößen.

Bei der Unterredung war auch ein kongolesischer UNO-Vertreter anwesend, den ich schon lange kannte. Er hatte unserem Gespräch aufmerksam zugehört. Angesichts dieser offenen Drohungen war er höchst befremdet und ebenso erschüttert wie ich.

Gemeinsam verließen wir das Restaurant und liefen im Regen zu Fuß zurück zu meinem Hotel. Mir fehlten die Worte, ich war wie betäubt. Schon bald jedoch gewann ich meine Fassung wieder. Ich rief Margot Wallström an, damals UN-Sonderbeauftragte zum Thema sexuelle Gewalt in Konflikten, um ihr von der unliebsamen Begegnung im Waldorf Astoria zu erzählen. In ihrer Rolle war sie für die bevorstehende

Konferenz verantwortlich. Eine ganze Weile herrschte Stille in der Leitung, dann rief sie aufgebracht:

„Das ist doch nicht möglich!“

„Meine Teilnahme am UN-Gipfeltreffen scheint auf dem Spiel zu stehen“, sagte ich.

„Ja, sieht ganz so aus, aber ist das nicht unglaublich!?“

„Diejenigen, die hinter all dem stehen, sind offenbar fest entschlossen, ihre Drohungen wahr zu machen. Wir haben es hier mit Leuten zu tun, die so schnell nichts vergessen“, bemerkte ich. „Ich will zurück in den Kongo und meine Arbeit dort fortführen. Unter diesen Umständen sehe ich mich gezwungen, meine Teilnahme an der Konferenz abzusagen.“

Das teilte ich schließlich auch dem Regierungsvertreter mit. Ich war über diesen Vorfall nicht nur bestürzt, sondern auch sehr enttäuscht, hatte ich doch vorgehabt, zu den schwerwiegenden Problemen im Ostkongo Stellung zu nehmen. Und ich hatte sogar Lösungsvorschläge im Gepäck. Aber wie so oft waren die führenden Politiker meines Landes an meiner Meinung offenbar nicht interessiert.

Bei Margot Wallström hatte meine Entscheidung, auf meinen Vortrag zu verzichten, dennoch nicht alle Bedenken zerstreut. Sie meinte, die Gefahr sei nicht völlig gebannt.

„Wir könnten die Vereinten Nationen in Bukavu vielleicht bitten, nach Ihrer Rückkehr Ihr Haus besser zu überwachen“, schlug sie vor.

Am nächsten Tag nahm ich an einer Zeremonie im Hotel Sheraton New York Towers in der Seventh Avenue teil. Ich war einer von sechs Preisträgern des Global Citizen Award. Diese Auszeichnung wird von einer Stiftung verliehen, die vom ehemaligen US-Präsidenten Clinton gegründet wurde. Meine Kollegen und ich erhielten den Preis als Anerkennung für unser Engagement für Frauen, die Opfer sexueller Gewalt geworden waren.

Fast tausend hochkarätige Gäste waren gekommen: Künstler, Schauspieler, Forscher, Politiker … Meine Dankesrede hatte ich besonders sorgfältig vorbereitet, denn es war meine allererste auf Englisch. Mithilfe eines Beraters hatte ich auch an der Betonung und den Redepausen gefeilt, denn ich wollte so gut wie möglich verstanden werden. Jede Silbe erschien mir bedeutsam.

Gleich zu Beginn erwähnte ich, dass ich diesen Preis mit gemischten Gefühlen entgegennähme: „Sie verleihen mir hier eine Auszeichnung für etwas, das es eigentlich gar nicht geben dürfte, denn meine Kollegen und ich wurden für ganz andere Aufgaben ausgebildet", erklärte ich meinen Zuhörern.

Dann sprach ich über den Betrieb des Krankenhauses und die Situation von Frauen in zwei Provinzen von Kivu. Nicht selten hätte ich den Eindruck, mit meinen Worten auf taube Ohren zu stoßen.

Gegen Ende meiner Rede beschwor ich die ganze Versammlung, nicht untätig zu bleiben. „Die Lage ist natürlich kompliziert", erklärte ich. „Aber im Grunde Ihres Herzens wissen Sie genauso gut wie ich, dass eine Lösung gefunden werden kann. Wir alle können unseren Beitrag leisten. Ich bin überzeugt, dass jeder Einzelne, wo immer er steht, eine Rolle spielt, sei es durch Taten oder durch Gleichgültigkeit. Sie, die Sie heute Abend hier versammelt sind, haben das Können, die Mittel, das Wissen und die Macht, an der Lösung der Probleme in der Demokratischen Republik Kongo mitzuwirken. Diese Hilfe kann unterschiedlich aussehen – von der materiellen Unterstützung des Krankenhauses bis hin zur Lobbyarbeit, um ein Umdenken in der Politik zu erreichen, sowohl in meinem Heimatland als auch auf internationaler Ebene."

Ich sah von meinem Manuskript auf und blickte in die

Reihen. Unter den Zuhörern erspähte ich manches bekannte Gesicht, wie die Sängerin Barbra Streisand, den simbabwischen Premierminister Morgan Tsvangirai und die Modeschöpferin Donna Kazan.

„Lassen Sie uns gemeinsam nach Lösungen suchen und tun, was in unseren Kräften steht. Ihr Mitleid brauchen die Frauen im Kongo nicht. Was sie sich wünschen, sind Taten. Wenn ich einen Wunsch äußern darf, dann den, dass jeder Einzelne unter uns seinen Beitrag leisten möge."

Meine Rede wurde mit stürmischem Beifall aufgenommen, und als ich die Bühne verließ, trat Bill Clinton auf mich zu. Meine Worte hätten ihn angerührt, gestand er mir und drückte meine Hand.

Später traf sich die ganze Versammlung noch im grünen Salon hinter der Konferenzhalle. Zu den Preisträgern des Abends zählte auch der Sänger Sting. Er und seine Ehefrau, die Schauspielerin Trudie Styler, hatten den Preis für ihr Engagement zum Schutz des tropischen Regenwaldes erhalten. „Sie haben diese Auszeichnung für eine große Sache bekommen", sagte Sting anerkennend.

Auch der Schauspieler Morgan Freeman war da – mit dem gleichen sanften Lächeln auf den Lippen, das man aus den Filmen kennt. „Sie machen eine fantastische Arbeit", bemerkte er.

Vor zwei Stunden noch hatte mich kaum jemand gekannt. Und auf einen Schlag hatte sich alles verändert. Was für ein Kontrast! Zweifellos hatten meine Worte meine Zuhörer tief berührt und jeder wollte mir gratulieren. Ja, was für ein Kontrast zum Vortag, als mir vor Furcht der kalte Schweiß ausgebrochen war! Hier wurde ich unaufhörlich umarmt und beglückwünscht.

Meine einzige Hoffnung war, dass sich daraus vor Ort etwas Konkretes ergeben würde.

Wieder zu Hause in Bukavu wusste ich, dass mein Leben nicht mehr dasselbe sein würde. Der Schuss vor den Bug im Waldorf Astoria hatte mir zu denken gegeben und es war mir klar, dass Vorsicht geboten war. Meine Frau hatte mich schon oft gewarnt: „Pass auf, was du sagst, es kann gefährlich sein."

Aber nach ein paar Stunden im OP gewannen Enttäuschung und Wut schnell wieder die Oberhand. Ich gehöre zu den Menschen, die ihr Herz auf der Zunge tragen, was nicht nur für mich, sondern auch für meine ganze Familie schwerwiegende Folgen haben kann.

Manch schmerzhafte Situation ist mir noch gut in Erinnerung, zum Beispiel der Tag, als unsere älteste, damals sechzehnjährige Tochter Zawadi tränenüberströmt aus der Schule kam. Sie erzählte uns, dass der Vater einer ihrer Schulfreundinnen gerade ermordet worden sei. Ich nahm damals öffentlich zu dem Vorfall Stellung. Dies ereignete sich Ende der 90er-Jahre, als wir von Ruanda besetzt waren. Es war ein offenes Geheimnis, dass eine schwarze Liste mit den Namen derer kursierte, die als „unerwünscht" angesehen wurden. Gerüchten zufolge war ich auf dieser Liste der Nächste. Zawadi beschwor mich, wir sollten aus Bukavu wegziehen.

„Ich möchte meinen Vater nicht verlieren", flehte sie mich an.

Kurz nach der Jahrtausendwende wurde die Lage für mich jedoch noch brenzliger. Damals hörte man in der Region von den ersten Fällen sexueller Gewalt. Schnell sollte sich das Phänomen ausbreiten wie ein Steppenbrand. Dazu konnte ich nicht mehr schweigen und begann, auch im Ausland Alarm zu schlagen. Bald erhielt ich sehr konkrete Drohungen: Meine Frau und meine Töchter würden das gleiche Schicksal erleiden wie die Frauen, die wir im Krankenhaus behandelten. Diejenigen, die mich einschüchtern wollten, kannten meinen wunden Punkt: meine Familie. Ich fühlte mich wie in einer Falle, aus der es kein Entrinnen gab. Mehrmals am Tag rief ich daheim an, um mich zu vergewissern, dass alles in Ordnung war. Und wenn nicht gleich jemand abnahm, stand ich tausend Ängste aus und fragte mich, ob ich einfach wieder an meine Arbeit gehen konnte. Ich weiß noch, wie wir zu Hause berieten: Sollten wir Bukavu oder vielleicht sogar das Land verlassen? Schließlich entschieden wir uns zu bleiben, denn Davonlaufen hätte bedeutet, uns vor der Gewalt und der Macht des Bösen zu beugen. Hier waren unsere Wurzeln und unser Lebensmittelpunkt.

„Mach weiter mit deiner Arbeit", ermutigten mich meine Frau und meine Kinder wie aus einem Mund. „Wir stehen an deiner Seite."

Bukavu ist für mich wirklich ein gefährliches Pflaster. Ich liebe meine Familie – und sie liebt mich. Natürlich verstehe ich ihre Ängste. Aber gibt es überhaupt irgendwo die totale Sicherheit? Ich glaube, Sicherheit ist immer ein relativer Begriff. Wer Augen und Ohren verschließt, ist damit längst nicht über jede Gefahr erhaben. Ganz im Gegenteil. Vielleicht ist Nichtstun sogar noch wesentlich gefährlicher. Der Tod kann überall lauern und gleich noch viele andere mitreißen.

Ich könnte natürlich in ein westliches Land fliehen, mir dort ein neues Leben aufbauen und mich fernab der Gefahr gemütlich mit einer Tasse Kaffee in der Hand in meinen Sessel setzen. Dann könnte *ich* mich zwar in Sicherheit wiegen, aber ist das wirklich alles, was zählt? Würde ich mich derartig um mich selber drehen, wozu wäre ich überhaupt auf dieser Welt? Für mich hat das Leben nur dann einen Sinn, wenn ich es mit anderen teilen kann – wobei es durchaus Momente gibt, in denen die eigene Berufung und der eigene Lebenssinn hintanstehen müssen.

Wir haben in der Familie schon viel darüber gesprochen

und sind doch immer wieder zum selben Schluss gekommen: Nur gemeinsam können wir widerstehen. Wenn wir zusammenbleiben, kann dem Einzelnen so schnell niemand etwas anhaben. Natürlich kann sich die Lage schnell ändern und es ist im Voraus schwer zu sagen, was zu tun ist. Wenn ich nicht mehr weiterweiß, bleibt mir immer noch mein Glaube an Gott. Es ist ohnehin ein Wunder, dass ich noch am Leben bin, wenn man bedenkt, wie oft ich dem Tod schon knapp entronnen bin.

Die Drohungen gegen mich hatten zu dieser Zeit eines gemeinsam: Sie waren anonym. Manchmal konnte man sich denken, von wem sie ausgingen, ein andermal tappten wir völlig im Dunkeln. Es gab so viele mögliche Spuren. Bei der klaren Botschaft, die ich in New York erhalten hatte, wusste ich allerdings ganz genau, wer dahinterstand. Dies war nicht nur ein einfacher Einschüchterungsversuch, sondern eine ernsthafte Drohung, mit der nicht zu spaßen war.

Im November 2011 – zwei Monate nach meinem Aufenthalt in New York – verlor ich unter tragischen Umständen einen sehr guten Freund. Er war ein Geschäftsmann, der nie ein Blatt vor den Mund nahm. Eines Tages fiel er in seinen eigenen vier Wänden einer tödlichen Kugel zum Opfer – am helllichten Tag. Seine Frau schleppte den schwer Verwundeten noch ins Auto und fuhr mit ihm zur Notaufnahme. Doch durch den hohen Blutverlust erlag er schon auf dem Weg dorthin seiner Schussverletzung. Er gehörte zu den Menschen, die es wagten, deutlich ihre Meinung zu sagen und dafür – wie viele andere auch – teuer bezahlten. In den letzten Jahren greift die brutale Gewalt in Bukavu mehr und mehr um sich, wobei die Täter meist im Dunkeln bleiben. Der Tod schlägt immer wieder zu und niemand weiß, wer seine Hand im Spiel hatte. Was noch schlimmer ist: Man hat den Eindruck, dass es auch keiner wissen will, denn wer allzu neugierig ist, lebt gefährlich.

Manchmal trauere ich der Zeit nach, als ich nach meinem fünfjährigen Frankreich-Aufenthalt als junger Gynäkologe in mein Heimatland zurückkehrte. Damals konnte ich mich unbehelligt mit Leib und Seele für die vernachlässigten Frauen in den Bergen einsetzen. Das war noch vor den Kriegen, den Massenvergewaltigungen und vielfachen Bedrohungen. Ich stürzte mich mit voller Begeisterung in diese Arbeit und es war ein erhebendes Gefühl für mich, das Leiden dieser Frauen tatsächlich lindern zu können. Dies war eine erfüllte Zeit, eine der glücklichsten in meinem Leben. Ich kann es nur bedauern, dass sie unwiderruflich vergangen ist.

22

Im August 1989 kehrten wir nach unserem Aufenthalt in Europa als Familie nach Lemera zurück. Ich hatte eine klare Vorstellung davon, was ich mit welchen Mitteln erreichen wollte. Mein Ziel war es, den Frauen in der Region vor und nach der Entbindung eine angemessene Versorgung zu bieten.

Allein würde ich dies natürlich nicht schaffen, ich brauchte ein Team um mich. Deshalb begann ich – inspiriert von den Kenntnissen, die ich in Frankreich erworben hatte –, Krankenschwestern auszubilden.

Das aber reichte mir noch nicht. Das Krankenhaus sollte seine eigene Krankenpflege- und Hebammenschule bekommen. Die Verantwortlichen der schwedischen Mission zögerten jedoch. Sie meinten, der Bedarf sei durch die bestehenden Schulen bereits gedeckt. Ganz davon abgesehen, dass eine neue Einrichtung eine weitere finanzielle Belastung darstellen würde.

Fest davon überzeugt, eine erstklassige Ausbildung bieten zu können, ließ ich mich von meinen Plänen jedoch nicht abbringen. Nachdem ich meine Kollegen vom Verein France-Kivu sowie die örtliche Bevölkerung für meine Idee gewonnen hatte, erklärte ich der Mission, wir würden die Verantwortung für diese Schule selbst übernehmen.

Trotz einer gewissen Skepsis legten sie uns keine Steine in den Weg, sodass wir das Projekt mit Unterstützung von Einheimischen in Angriff nehmen konnten. Den für die Bauarbeiten zuständigen ortsansässigen Handwerkern standen zahlreiche freiwillige Helfer zur Seite. Wir arbeiteten in der

Zwischenzeit nach den geltenden Anforderungen einen Lehrplan aus und schon im Herbst 1990 wurde die Schule eingeweiht. Sie war als Internat konzipiert und konnte 24 Schülerinnen aufnehmen. Unterstützt von einigen Kollegen war ich für die Ausbildung zuständig.

Aus den Stellen zu schließen, die unsere ehemaligen Schülerinnen heute innehaben, glaube ich sagen zu können, dass unsere Rechnung aufgegangen ist. Einige arbeiten in Panzi, andere verstreut über das ganze Land. Wir haben diesen Mädchen mehr mitgegeben als nur ein Zeugnis.

Mir ging aber noch eine andere Idee durch den Kopf und auch diese nahm schließlich Formen an: ein separates Haus, in dem wir schwangere Frauen vor der Entbindung aufnehmen könnten. So würden sie ein Mindestmaß an medizinischer Überwachung erhalten. Traditionell schuften die Frauen hier bis zum letzten Moment, sodass die Entbindung nicht selten einen tragischen Ausgang nimmt. Von nun an durften sie ab dem achten Schwangerschaftsmonat ins Krankenhaus kommen und sich auf das freudige Ereignis vorbereiten.

Zum ersten Mal konnten diese Frauen sich „frei" fühlen. Sei es Holz holen, am Brunnen Wasser schöpfen oder Mahlzeiten zubereiten: All ihre täglichen Pflichten mussten nun der Ehemann und der Rest der Familie übernehmen. Das war bewegend zu beobachten.

Angehörige brachten den angehenden Müttern oft Essen und blieben stundenlang bei ihnen am Bett sitzen. Da viele Frauen direkt nach der Geburt noch nicht in der Lage waren, nach Hause zu gehen, durften sie noch eine Weile bleiben und sich erholen. Auch da konnte die Familie den Frauen zur Seite stehen und sie unterstützen. Als die Ehemänner endlich begriffen hatten, dass Gebären Schwerstarbeit ist und die

Mütter einer guten Versorgung bedürfen, begannen sie, ihre Frauen mit anderen Augen zu sehen.

Die Bedingungen zur Aufnahme all dieser Patientinnen verbesserten sich rasch und die Anzahl der Geburten steigerte sich bald auf zehn Entbindungen am Tag. Ganz zweifellos trug unsere Arbeit Früchte und ich legte die 100 Meter Fußweg von unserem Haus bis zum Krankenhaus jeden Morgen mit freudiger Erwartung zurück.

Den Kopf voller Ideen war ich nach Frankreich aufgebrochen und nun konnte ich zusehen, wie sie Gestalt annahmen. Nicht eine Sekunde dachte ich an die Sicherheit und das üppige Gehalt, das Europa mir geboten hatte. Die Erfüllung, die ich damals erlebte, übertraf alle meine Erwartungen. Genau diese Arbeit wollte ich tun – so gern, dass ich sogar dafür bezahlt hätte. Ein anspruchsvoller Beruf, der mir viel abverlangte, von dem ich aber ein Vielfaches zurückbekam. Wie könnte ich diese Frauen vergessen, die ihre Neugeborenen in den Armen hielten, ihr Strahlen und ihre Freude darüber, dass sie ohne lang anhaltende Schmerzen, ohne Furcht vor einem bösen Ende entbinden durften. Diese Erfahrung ist für Mütter in der westlichen Welt eine Selbstverständlichkeit. Die Bafuliru-Frauen aus den Bergen hingegen sind meist klein, schmal gebaut und haben oft ein zu enges Becken, sodass wir häufig zum Kaiserschnitt gezwungen waren. Dies konnten die Hebammen in den Dörfern natürlich nicht leisten, wenn es denn überhaupt welche gab. Wir aber konnten schnell eingreifen und Komplikationen meist verhindern. So ging die Anzahl der Entbindungen, bei denen entweder die Mutter oder das Kind starben, stark zurück. Wenn das keine konkreten Ergebnisse waren!

23

Es war im Oktober 1991. Die Nachricht ging am frühen Morgen über den Äther: Der schwedische Botschafter in Kinshasa rief seine Landsleute in Ost-Zaire dazu auf, das Land zu verlassen.

Die Lage in der Region war angespannt und kaum beherrschbar. Die einzelnen Stämme und verschiedene bewaffnete Gruppen standen im offenen Konflikt zueinander und Mobutus Soldaten durchsuchten im Flachland ganze Dörfer.

Als unmittelbare Folge davon mussten die Missionare aus Lemera abreisen. Ohne Zeit zu verlieren packten sie ihre Habe ins Auto, um ins 100 Kilometer entfernte Burundi aufzubrechen. Vor der Abfahrt aber kamen sie mit den übrigen Mitarbeitern noch einmal in der Kirche der Missionsstation zusammen. Sie wussten nicht, wie lange sie weg sein würden, rechneten aber angesichts der chaotischen Lage mit Monaten, wenn nicht Jahren.

Das Krankenhaus verlor dadurch seinen Direktor, da auch Svein, der leitende Arzt, flüchten musste. Er legte seine vielfältigen Aufgaben von diesem Tag an in die Hände der kongolesischen Mitarbeiter und griff nach dem großen Schlüsselbund, der ihm als Direktor des Krankenhauses anvertraut war. Ich muss klarstellen: Für uns war dies keine ganz neue Situation. Schon einige Male hatten wir kurzzeitig ohne Missionsarzt auskommen müssen. Eines aber überraschte die meisten von uns: Als er mir die Schlüssel überreichte, versicherte er mir, er werde sie nie mehr zurückfordern.

„Von nun an bist du der Direktor dieses Krankenhauses", erklärte er lächelnd, „und zwar nicht nur vorübergehend, sondern endgültig. Dir und deinen Mitarbeitern obliegt jetzt die Leitung, ihr trefft von nun an die Entscheidungen. Und wenn ihr Dinge verändern wollt, habt ihr dazu freie Hand."

Dies war ein Wendepunkt in der Geschichte des Krankenhauses. Seit der Eröffnung vor 20 Jahren waren alle wichtigen Beschlüsse am Hauptsitz in Schweden oder von den Missionaren vor Ort gefasst worden. Nun waren wir selbst am Zug. Ich sah darin nicht nur einen Vertrauensbeweis, sondern auch eine Chance, das Krankenhaus weiterzuentwickeln. Und doch hatte ich dabei gemischte Gefühle. War damit der Einsatz der Schweden beendet? Meinten sie, wir sollten nun auf eigenen Füßen stehen? Das war für mich natürlich eine echte Herausforderung und ich machte mir keine Illusionen: Ohne die Unterstützung der Schweden hing der Fortbestand des Krankenhauses an einem seidenen Faden.

„Nein, mach dir keine Sorgen", beruhigte mich Svein. „Wir bleiben hier, aber als Partner. Von nun an bestimmt ihr den Bedarf und alle nötigen Maßnahmen selbst. Ich habe volles Vertrauen in euch, und wenn ich das nächste Mal den Fuß auf diesen Boden setze – Gott weiß, wann –, rechne ich damit, ein noch besser geführtes Krankenhaus vorzufinden als jetzt."

Nachdem er und die anderen Missionare abgereist waren, begriff ich schnell, was meine neue Stellung bedeutete. Die Patienten aus den umliegenden Dörfern sahen mich erwartungsvoll an. Ob ich die Schweden wohl gebührend ersetzen und mich als genauso großzügig und verständnisvoll erweisen würde wie sie? Die Missionare hatten auf die Unterstützung der schwedischen Kirchen und manchmal auch auf großzügige private Spender zählen können. Einen Teil des Geldes verwendeten sie, um der örtlichen Bevölkerung zu helfen, denn es musste auf jeden Fall ausgegeben werden, um die Spender nicht vor den Kopf zu stoßen. Die Missionare übernahmen also oft die Krankenhauskosten für finanziell benachteiligte Patienten. Das war natürlich gut gemeint, aber auf Dauer nicht zu halten, denn die Leute gewöhnen sich sehr schnell an diese Art der Unterstützung. Und diese Praxis hat auch eine Kehrseite: Es wird den Empfängern dadurch unwiderruflich der Stempel aufgedrückt, arm und ihrem Schicksal machtlos ausgeliefert zu sein. Ich jedenfalls verfügte nicht über solche Mittel und konnte die Erwartungen dieser Leute kaum erfüllen. Deshalb musste ich ihnen offen und ehrlich erklären, sie müssten sich von nun an darauf einstellen, selbst für ihre medizinische Versorgung aufzukommen.

„Aber wie sollen wir denn das machen? Wir haben kein Geld", klagten sie.

„Um ein Krankenhaus zu betreiben, brauchen wir die nötigen Mittel", erklärte ich ihnen. „Ohne Einnahmen kommen wir in große Schwierigkeiten, die ich nicht werde lösen können."

Ich begriff, dass etwas geschehen musste. Diese Menschen brauchten Hilfe, um ein anderes Selbstbild zu entwickeln. Fest davon überzeugt, dass sie im Rahmen ihrer Möglichkeiten durchaus in der Lage waren, durch ihrer Hände Arbeit selbst Geld zu verdienen, entwickelten wir im Krankenhaus ein Programm und stellten es anschließend in den Dörfern vor. Eigentlich war es gar nichts Besonderes. Wir erklärten den Leuten lediglich, wie sie ihre Arbeit vorausschauend planen und ihre Ersparnisse einteilen konnten, um für unvorhergesehene Ausgaben gerüstet zu sein. Unsere erste Zielgruppe waren Frauen, die Maniok anbauten, auch „Kartoffel der Tropen" genannt. Ihnen schlugen wir vor, mit dem Sparen zu beginnen, sobald sie wüssten, dass sie schwanger seien. „Wenn Sie jede Woche einen Teil Ihrer Einnahmen aus dem Verkauf von Maniok beiseitelegen, dann können Sie es sich leisten, zu uns zu kommen. Das ist viel sicherer, als zu Hause auf dem Fußboden zu entbinden."

Diese Vorsorgeberatung dehnten wir anschließend auch auf andere Zielgruppen aus und ein Jahr später konnten 92 Prozent unserer Patienten ihre Krankenhausrechnung selbst begleichen. Eine beeindruckende Zahl!

Parallel zu diesen pädagogischen Aktionen nahmen wir alle Einnahmen- und Ausgabenposten genau unter die Lupe und steckten die Aufgaben der einzelnen Mitarbeiter gründlicher ab. So schrieben wir bald wieder schwarze Zahlen und konnten den Schuldenberg tilgen, den das Krankenhaus angehäuft hatte. Nachdem dies geschafft war, stellten wir zufrieden fest, dass wir nun über genügend Mittel verfügten, um weitreichendere Pläne ins Auge zu fassen.

Zwei große Ideen gingen uns durch den Kopf: Wir wollten ein weiteres, kleineres Krankenhaus bauen – in Bukavu. Denn immer mehr Leute aus der Stadt nahmen manchmal mehrere hundert Kilometer auf sich, um nach Lemera zu kommen – nicht selten wegen kleinerer Verletzungen und relativ harmloser Krankheiten, die vor Ort schneller hätten behandelt werden können. Eine Einrichtung in der Hauptstadt der Provinz Südkivu würde zunächst all diese Patienten aufnehmen. Falls sich dann doch ein Facharzt oder eine längere Behandlung als nötig herausstellen würde, könnten sie dazu nach Lemera verlegt werden. Überzeugt von unserem Projekt erwarben wir ein Grundstück in der Region Panzi, etwa 8 Kilometer vom Zentrum von Bukavu entfernt, ohne genau zu wissen, ob wir neu bauen sollten oder ob eine einfachere mobile Einrichtung genügen würde. Aber immerhin hatten wir schon einen Standort und mussten nur noch einen günstigen Moment abwarten, um unser Vorhaben in die Tat umzusetzen.

Unsere zweite Idee war, eine eigene Station für wohlhabende Patienten zu eröffnen. Auf einer Studienreise nach Asien hatte ich beobachtet, wie Krankenhäuser, die eine gehobene Versorgung für Reiche anbieten, ein Mindestmaß an Gerechtigkeit schaffen können. Das Konzept ist einfach: Finanziell Bessergestellten wird ein höherer Komfort angeboten – zum Beispiel ein Zimmer mit eigener Nasszelle – und sie bekommen die Extras in Rechnung gestellt. Die Unterschiede sind jedoch auf die Unterbringung beschränkt, die sonstige Versorgung ist für alle gleich. Ich fand dieses Konzept für Lemera ideal. Manche Patienten fuhren im neuesten Mercedes vor und konnten sich den Aufenthalt bei uns – mit Kühlschrank und eigener Matratze – sehr wohl leisten. Bisher hatten sie auch nicht gezögert, sich für Tausende von Dollar in Europa oder den Vereinigten Staaten behandeln zu lassen. Ich fand es schon immer seltsam, von ihnen nicht mehr zu verlangen als von den Mittellosen.

Deshalb schlug ich vor, diesen Wahnwitz abzuschaffen. Doch für die Missionare kam dies gar nicht infrage. Sie fanden es völlig abwegig, Patienten unterschiedlich zu behandeln. Ich gab jedoch nicht nach und argumentierte, wir seien schließlich im Zaire und nicht in Schweden. Diese Leute hätten sich auf eine Art und Weise bereichert, die in Europa kaum vorstellbar sei, und wir hätten hier die vielleicht einzige Möglichkeit, sie „zur Kasse zu bitten".

Schließlich einigten wir uns zwar, fanden aber nicht mehr die Zeit, das Vorhaben umzusetzen. Denn kaum hatten die Umbauarbeiten begonnen, brach der Krieg aus mit verheerenden Folgen für das Krankenhaus.

Später brachte ich dieses Konzept dann mit nach Panzi, wo es hervorragend funktioniert. Die Patienten, die ein komfortables Einzelzimmer wählen, zahlen 25-mal mehr als diejenigen mit regulärer Unterbringung. Durch diese Preisunterschiede kann ein Großteil der Personalkosten gedeckt werden. Diese Art, von den Reichen zu nehmen, um es den Armen zu geben, ist völlig legitim und am Ende ist jeder zufrieden.

24

Die Situation war unbegreiflich und hatte etwas Tragisches. Ich lief geduckt, um den großen Steinen auszuweichen, die in meine Richtung geworfen wurden. Zwei Jahre war ich mittlerweile Chefarzt des Krankenhauses Lemera und wurde nun mit beispielloser Brutalität vertrieben.

Ich war von einer wütenden schreienden Menge umgeben und es flogen Steine. Der Hass war mit Händen zu greifen. Vergeblich hatte ich versucht, die Menschen zur Vernunft aufzurufen. Ich konnte unmöglich bleiben.

Zwei Pkw und ein Lastwagen standen bereit, um einen Teil des Personals und mich nach Bukavu zu bringen. Meine Frau und ich flüchteten uns in eines der Fahrzeuge und im Handumdrehen war der Lastwagen bis unter das Dach beladen. Durch die Scheiben unseres Wagens sah ich die Menge auf uns zustürzen – die einen mit Lanzen oder Schlagstöcken, die anderen mit erhobenen Fäusten. Sie schrien, sie wollten uns nie mehr sehen.

Aber was warfen sie uns eigentlich vor? Hatten wir im Krankenhaus Geld unterschlagen? Behandelten wir unsere Patienten nicht angemessen? Nein, nichts von alledem! Wir hatten nur einen einzigen Makel: Wir gehörten nicht dem lokalen Bafuliru-Stamm an und wurden zu Opfern eines ausgeprägten Stammesdenkens. Sie beschuldigten uns, den Einheimischen die Arbeit wegzunehmen.

Mittlerweile war das Klima völlig vergiftet. Alles hatte mit der Rückkehr eines jungen Mannes begonnen, der im Ausland eine Ausbildung absolviert hatte. Wieder zu Hause, verbreitete er unter anderen jungen Leuten fremdenfeindliche

Botschaften. Sie sollten nicht länger hinnehmen, dass „Ausländer“ im Krankenhaus die Stellen besetzten. Die Spannungen hatten immer mehr zugenommen, bis die Einstellung eines neuen Ingenieurs das Fass schließlich zum Überlaufen brachte und uns zum überstürzten Aufbruch zwang.

Wie war es dazu gekommen? Wir hatten einen schwedischen Techniker, zu dessen Aufgaben auch die Überwachung des kleinen krankenhauseigenen Kraftwerks gehörte. Da er nach Schweden zurückkehrte, mussten wir Ersatz für ihn finden. Jemand schlug uns einen erfahrenen Ingenieur namens Ngabo Asher vor, der in einer Tabakfabrik in Bukavu arbeitete. Ich lud ihn zu einem Vorstellungsgespräch nach Lemera ein. Da ich keine Sekunde an seiner Eignung zweifelte, bot ich ihm die Stelle ohne zu zögern an.

„Ich rauche nicht, aber ich rieche fürchterlich nach Tabak. Meine Ehefrau hält das nicht mehr aus“, gestand mir Ngabo. „Sehr gerne möchte ich hier arbeiten.“

Kurz nachdem er seinen Posten angetreten hatte, fuhr er mit dem Auto zum Kraftwerk, das in einem Tal hinter dem Krankenhaus lag. Auf dem Rückweg gelang es ihm plötzlich nicht mehr, den Wagen geradeaus zu halten, und er lief Gefahr, jeden Moment von der Straße abzukommen. Ngabo hielt an und musste mit Erschrecken feststellen, dass die Muttern an den Rädern lose waren. Verwundert zog er sie wieder an und setzte seine Fahrt fort. Dies sollte aber nicht das einzige Problem bleiben. Als er am Krankenhaus eintraf, gab es einen neuen Schrecken: Eines der Räder hatte sich komplett gelöst und lag nun am Straßenrand.

Es stellte sich heraus, dass am Fahrgestell fast alle Schrauben gelockert worden waren. Zweifellos hatte jemand den Wagen sabotiert in der Hoffnung, sich auf diese Weise des Neuankömmlings entledigen zu können. Gott sei Dank war er wohlbehalten zurück. Auf dieser schmalen kurvenreichen

Straße – links und rechts der Abgrund – hätte man das Schlimmste befürchten müssen.

Dieses fanatische Stammesdenken griff aber nicht nur bei der jüngeren Generation um sich. Auch Ältere hatte es schon angesteckt und unter den Steinewerfern befanden sich sogar ehemalige Gläubige der Missionsstation. Die Missionare hätten sich dem Wahnsinn natürlich widersetzen müssen, taten es aber nicht. Es waren schließlich ihre Schäfchen, die die Arbeitsstellen für sich beanspruchten. Wie hätten wir unter diesen Umständen standhalten können? Ohne die Unterstützung der Kirche konnte ich mir eine grundlegende Veränderung dieser Situation nicht vorstellen.

Die meisten Missionare der Station beschlossen, mit uns zu fliehen, ein Ehepaar aber wollte bleiben. Sie wohnten nur 20 Meter von der Kirche entfernt und im Hof vor ihrem Haus hatte sich die Mehrheit der Demonstranten versammelt. Kurz vor dem Aufbruch lief ich noch hinüber, trat in die Wohnung des Ehepaars und beschwor sie, das Haus nicht zu verlassen.

„Gehen Sie auf keinen Fall auf die Straße! Das ist zu gefährlich."

Sie waren massiv bedroht worden. Ein paar besonders Fanatische hatten sogar angekündigt, ihr Haus zu verwüsten, sobald wir abgereist wären. Ich hielt es für durchaus wahrscheinlich, dass diesen Worten Taten folgten. In der Region hatte es schon öfter tragische Vorfälle gegeben, wenn die Atmosphäre so aufgeheizt war. Aber vielleicht könnten die Eheleute Vandalismus verhindern, wenn sie im Haus blieben. Ein wenig hofften wir auch, dass die Hausmeister der Station – sofern sie nicht auch flüchteten – eingreifen würden.

Als unsere Fahrzeuge sich in Bewegung setzten, rannte die Menge uns nach und wieder flogen Steine. „Nun gehört das Krankenhaus uns", skandierten die Anführer. Sie hatten bereits selbstherrlich angekündigt, sie würden die Leitung der Klinik übernehmen und die verschiedenen Stellen unter sich aufteilen. Aber Prinzipien zu haben, ist eine Sache, gesunden Menschenverstand zu beweisen, eine andere. Nur wenige von ihnen hatten die nötige Ausbildung, um die vakanten Posten besetzen zu können.

Wie ich später erfuhr, hörte das Missionarsehepaar nicht auf meine Ratschläge. Kaum waren wir weg, traten sie schon auf die Straße, um die verlassenen Häuser zu inspizieren. Die Menge beschimpfte sie zwar, ließ sie aber ansonsten in Ruhe. Wieder zurück an ihrem Haus, begannen sie eine Art Protestmarsch um die Missionsstation. Nach jeder Runde liefen sie an der Menschenmenge vorbei. Das war nicht nur gefährlich, sondern auch ganz schön mutig. Ich sehe darin einen Akt der Loyalität uns gegenüber, die wir hatten gehen müssen.

Nach sieben Runden löste sich die Menge auf und die Station kam wieder zur Ruhe. Sicher fühlten die beiden Weißen sich dennoch nicht, denn sie befürchteten, dass die Fanatiker ihre Drohung doch noch wahr machen und ihr Haus verwüsten würden. Sie kamen aber nicht zurück und das Ehepaar nahm an, dass sie wohl im Laufe des Nachmittags ihre Strategie geändert hatten. „Jetzt, da wir gewonnen haben", hatten sie sich bestimmt gesagt, „wären wir doch dumm, ein so schönes Haus zu zerstören. Lassen wir es lieber ganz."

Es war seltsam, als „Vertriebener" nach Bukavu zurückzukommen. Natürlich fühlte ich mich unwohl und diese menschenunwürdige Behandlung hatte mir sehr wehgetan. Die Kirchenleitung beschuldigte mich, sie im Stich gelassen zu haben, denn meine Kirche war der rechtliche Eigentümer des Krankenhauses. Aber was hätte ich anderes tun sollen? Wären wir geblieben, wären die Folgen ganz bestimmt verheerend gewesen. Ich hatte mich zur Abreise entschlossen, als ich gespürt hatte, dass ein massiver Gewaltausbruch bevorstand. Da ich ein Blutbad befürchtete, blieb mir keine Wahl.

Aber an diesem Tag waren wir nicht die einzigen Flüchtlinge in der Stadt. Es war Mitte Juli 1994. In Ruanda war es endlich gelungen, die Massaker zu stoppen. Der Völkermord hatte mehr als drei Monate gedauert. Hutu-Flüchtlinge, an deren Händen nicht selten Blut klebte, erreichten nun in mehreren Wellen Bukavu. Über die kleine Brücke, die den Ruzizi überspannte, kamen etwa 10 000 Menschen pro Stunde über die Landesgrenze, als würde ein ganzes Land bei uns abgeladen. Einige hatten sich mit all ihrem Hab und Gut zu Fuß aufgemacht, manche saßen mit Sack und Pack zusammengepfercht auf dem Anhänger eines Traktors, der sie über die schmale Brücke zog, andere kamen mit vom Staat gestohlenen Autos. Diese waren meist völlig überladen – innen mit Passagieren, auf dem Dach mit Gepäck und Matratzen wie bei einem größeren Umzug.

Die Flüchtlinge wussten nicht, wohin. Jeder freie Winkel musste herhalten. Innerhalb weniger Tage verdoppelte sich die Bevölkerung der Stadt und es entstand eine Art Gemeinde in der Gemeinde. Die Gehsteige waren übervölkert, und da es weder genügend Nahrung und Trinkwasser noch sanitäre Anlagen für diese Menschenmassen gab, drohten die Cholera oder die Ruhr die Stadt jeden Moment lahmzulegen.

Mit Madeleine war ich zu meinen Eltern nach Kadutu geflohen, dem einzigen Ort, der sich uns anbot, bis sich die Lage in den Bergen wieder beruhigt hätte. Der Krankenhausbetrieb lief mehr schlecht als recht mit dem Personal, das geblieben war, aber genaue Informationen konnte ich aus dem Rundfunk nicht bekommen. Es wurde nur vom Konflikt gesprochen. Allerdings kam es auch vor, dass ich im Radio von Leuten aus der Region kritisiert wurde. Mit diesen Vorwürfen konnte ich leben. Was mir Sorgen machte, war vor allem der gute Ruf des Krankenhauses.

Nach zentralafrikanischen Maßstäben waren wir fortschrittlich und ausgezeichnet ausgestattet. Manche unserer Patienten kamen aus dem hintersten Winkel des Zaire oder sogar aus den Nachbarländern. Mittlerweile hatte sich die Gesamtsituation verändert. Man musste nicht mehr aus der Region stammen, um die Gründe dieser Unruhen zu verstehen. Aber wer wollte sich an einem Ort medizinisch versorgen lassen, an dem die ortsansässige Bevölkerung die Ärzte vertrieben hatte und an dem jeden Moment erneut das Chaos ausbrechen konnte?

Diese Ereignisse waren leider kein isoliertes Phänomen. Viele Kongolesen grenzten sich stark gegenüber Angehörigen anderer Stämme oder Menschen anderer regionaler Herkunft ab, um sich dadurch zu schützen. In diesem vergifteten Klima, das insbesondere im südlichen Katanga vorherrschte, riskierten alle, die dort nicht ihre Wurzeln hatten, vertrieben zu werden.

Gründe für diese Situation waren die schwere Finanzkrise und der politische Stillstand im Zaire. Lange Jahre hatte Mobutu die Lage im Griff gehabt. Nun waren ihm die Zügel völlig entglitten und er war nur noch ein Schatten seiner selbst. Der nationale Druck und die Forderungen der internationalen Gemeinschaft hatten ihn zu Zugeständnissen gezwungen. Ein Mehrparteiensystem war eingeführt worden und das Parlament hatte eine neue Verfassung beschlossen, die seine Rechte drastisch beschränkte. Der Präsident hatte diese Neuregelungen abgelehnt und eine Regierung aus Linientreuen gebildet und damit das Land praktisch in den Ruin getrieben.

Die Inflation stieg in schwindelerregende Höhen und unter

diesen Umständen war es für uns immer schwieriger, unseren Betrieb aufrechtzuerhalten. Ich ermutigte meine Mitarbeiter ständig, fällige Neuanschaffungen nicht aufzuschieben, denn das Geld würde von heute auf morgen nur noch einen Bruchteil wert sein.

Allmählich rutschte das Land immer tiefer in die Krise und die einzelnen Gemeinschaften schotteten sich immer stärker von anderen ethnischen Gruppen ab. Diejenigen, die nicht „dazugehörten“, waren nicht mehr willkommen, selbst wenn sie schon lange in der Region lebten oder arbeiteten.

In Lemera gab es nur einen, der eingreifen und das Krankenhaus retten konnte: Sven-Erik Grön, der ehemalige Chef der schwedischen Mission im Zaire.

Auch wenn das Tagesgeschäft meine Aufgabe war, lag die Gesamtverantwortung nach wie vor bei den Schweden. Grön ließ mich mit einigen Kollegen nach Lemera kommen, um uns seine Position und die der Mission darzulegen. Er hatte eine große Versammlung einberufen und dazu auch die Bevölkerung, Verantwortliche aus Kirche und Politik sowie Vertreter der umliegenden Dörfer eingeladen. In einer leidenschaftlichen Rede warnte er sie: Dieses Stammesdenken dürfe auf keinen Fall toleriert werden, weder in der Kirche noch im Krankenhaus.

„Das ist etwas, was wir Schweden niemals akzeptieren werden“, stellte er von Anfang an deutlich klar. „Wenn Dr. Mukwege und seine Kollegen nicht mehr unbehelligt von Drohungen und Gewalt ihre Arbeit tun können, werden wir das Krankenhaus schließen. Dafür werde ich gegebenenfalls persönlich sorgen.“

Diese Versammlung entspannte die Stimmung zwar ein wenig – aber noch nicht so weit, dass wir neu Vertrauen hätten fassen können und bereit gewesen wären, unsere Arbeit wieder aufzunehmen. Einen Monat war es nun her, seit wir vertrieben worden waren, und der örtlichen Bevölkerung war bewusst geworden, dass der Krankenhausbetrieb auf Sparflamme lief. Für uns aber war das Maß voll. Jeder verstand jetzt, dass die Einheimischen nicht in der Lage waren, uns zu ersetzen. So schickte die Kirche vor der drohenden Schließung des Krankenhauses eine Delegation zu mir nach Bukavu.

Diese Boten waren sichtlich betreten und baten mich um Verzeihung – für ihr eigenes Verhalten und das der jungen Menschen. Von Gewissensbissen geplagt räumten sie ein, sich schändlich benommen zu haben, wie es Christen unwürdig sei, und flehten meine Kollegen und mich an zurückzukommen.

„Das, was geschehen ist, wird nie mehr vorkommen!", versicherten sie mir.

Wir ließen uns von ihren Bitten und Versprechen erweichen, kehrten jedoch nicht alle auf einmal zurück. Ich nahm als einer der Ersten wieder meinen Platz ein, wusste aber, dass es nie mehr sein würde wie vorher. Die Stimmung war belastet. Wie sollten wir unter diesen Bedingungen unsere Arbeitsmoral aufrechterhalten? Glücklicherweise konnte ich auf die Unterstützung der Missionare zählen. Ohne sie hätte ich vielleicht nicht die Kraft gehabt zu bleiben.

Die Geschichte der Schwedischen Pfingstmission im Ostkongo reicht bis zum Anfang der 1920er-Jahre zurück. Für die Ausgesandten der ersten Stunde waren die Bedingungen hart: drückende Hitze im Flachland, unzugängliches Gelände, Infektionskrankheiten, Skepsis oder sogar Feindseligkeit seitens der Einheimischen, bürokratische Hürden seitens der belgischen Kolonialmacht … Allmählich jedoch wurden sie akzeptiert und gründeten eine Missionsstation nach der anderen. Immer mehr Missionare kamen ins Land, darunter im Jahr 1934 auch ein gewisser Oscar Lagerström. Er begegnete eines Tages dem Evangelisten Matteo Mukwege – meinem Vater. Sie wurden Freunde und trafen sich von Zeit zu Zeit in Bukavu, um Gottesdienste zu halten oder Krankenhäuser, Kasernen und Gefängnisse zu besuchen.

Etwas später, gegen Mitte der 1940er-Jahre, gab es schon eine ganze Reihe von Kirchengemeinden. Die erste davon war in Lemera gegründet worden. Diese Bewegung nannte sich CEPAC *(Communauté des Eglises de Pentecôte en Afrique Centrale* – etwa: Bund der Pfingstgemeinden in Zentralafrika). Nach der Unabhängigkeit gab die Mission alle Kirchengemeinden und ihr ganzes Vermögen an ihre Außenstellen vor Ort ab. Aber es wäre niemals infrage gekommen, dass die Missionare gegangen wären. Alle waren sich einig, dass sie weiterhin gebraucht wurden.

Anfang der 1990er-Jahre jedoch ging ihre Anzahl stark zurück und die wenigen, die heute noch anzutreffen sind, bleiben nur eine begrenzte Zeit für ganz bestimmte Projekte. Ich persönlich bin der Meinung, dass sich die Missionare zu schnell zurückziehen. Man darf nicht vergessen, dass der Kongo ein armes Land ist, das auf Wissen und Erfahrung von außen angewiesen ist.

Wie dem auch sei, die Skandinavier haben unsere Region zweifellos geprägt. Heute umfasst die CEPAC fast eine Million Mitglieder in mehr als 700 Kirchengemeinden. Sie unterstützt soziale Projekte und greift dort ein, wo der Staat seiner Verantwortung nur unzureichend oder auch gar nicht nachkommt. Die Bewegung betreibt 1400 Schulen, 5 Krankenhäuser (darunter das in Panzi, das das bedeutsamste ist), 15 Spezialkliniken, 288 Krankenstationen und eine Apotheke.

Ich wurde in die CEPAC hineingeboren, sie nimmt einen wichtigen Platz in meinem Leben ein und war in all den

Jahren mein Arbeitgeber. Man kennt mich als Chefarzt des Krankenhauses Panzi, das ich selbst gegründet habe, ich bin aber auch Präsident des medizinischen Bereichs der Kirche und damit verantwortlich für alle Therapie- und Gesundheitseinrichtungen. Nicht zuletzt bin ich auch Pastor einer kleinen Gemeinde in Bukavu mit 700 Mitgliedern.

Die Tätigkeit der CEPAC und meine eigene sind letztlich untrennbar verbunden mit der Ankunft der ersten Missionare vor fast hundert Jahren. Wenn ich daran denke, bin ich immer wieder sehr berührt. Mir kommt die Reaktion meiner Mutter in den Sinn, die mich zur Verleihung des Olof-Palme-Preises nach Stockholm begleitet hatte. Nachdem die Missionare beinahe von Anbeginn zu ihrem Leben gehört hatten, durfte sie endlich deren Heimatland kennenlernen. Im Alter von fast achtzig Jahren kam sie mitten im strengen nordischen Winter nach Schweden – in so dicke Kleidung eingehüllt wie nie zuvor – und war sehr beeindruckt, welch lange Reise die ersten Missionare auf sich genommen hatten. Damals konnte man Afrika nur mit dem Schiff erreichen und die Überfahrt dauerte mehrere Monate. Die Gedanken überschlugen sich in ihrem Kopf. Nicht nur die geografische Distanz, auch die kulturellen Unterschiede waren enorm. Alles, was diese Missionare damals im Kongo vorgefunden hatten, war ihnen fremd, und umgekehrt war alles, wofür sie standen, den Kongolesen fremd.

„Sie hätten hier in Schweden bleiben und ein geordnetes Leben in Wohlstand haben können“, bemerkte meine Mutter nachdenklich, „aber sie haben all ihren Komfort hinter sich gelassen, um sich für andere einzusetzen, und dies in einem für sie praktisch unbekannten Umfeld. Das war großartig und sehr uneigennützig.“

25

Ich wünschte, ich könnte sagen, dass die tiefer liegenden Ursachen der Situation in Lemera – das ausgeprägte Stammesdenken und die Ausgrenzung von Menschen anderer Herkunft – im Aussterben begriffen sind. Leider ist dies nicht der Fall. Dieses Phänomen lastet weiterhin auf unserer Gesellschaft und behindert ihre Weiterentwicklung. Ich vergleiche es oft mit einem Gift, das eine ganze Gemeinschaft durchsetzt und sie schließlich lähmt.

Auch die Kirchen, die selbst Teil dieser Kollektive sind, können sich dem unterschwelligen Zwang zur Spaltung nicht entziehen. Das Stammesdenken ist allgegenwärtig und manche Kirchengemeinden wenden sich nur noch an die Mitglieder einer bestimmten ethnischen Gruppierung. Dies ist äußerst bedauerlich, da das Haus Gottes für alle offen stehen sollte.

Für mich ist diese starke Abgrenzung nach außen ein Zeichen von Schwäche, das man bei denen findet, die keine Vision haben und misstrauisch sind gegenüber jeder Veränderung. Ich könnte noch viel erzählen über das Regime Mobutu und die Jahre, in denen es an der Macht war. Dass es viel Schaden im ganzen Land angerichtet hat, ist unstrittig. Aber ich versuche immer, beide Seiten der Medaille zu betrachten, und in einem wichtigen Punkt führte Mobutu das Land in die richtige Richtung.

Ich erinnere mich, dass ich in meiner Kindheit, kurz nachdem der Kongo seine Unabhängigkeit erlangt hatte, zum ersten Mal mit Gewalt in Berührung kam. Damals definierten sich die Menschen allein über ihre ethnische Zugehörigkeit. Sie hatten praktisch keine andere Wahl.

Der Präsident hat hier vieles verändert. Er wollte die Macht zentralisieren. Deshalb baute er einen riesigen Verwaltungsapparat auf, in dem die Posten im Wesentlichen nach Fähigkeiten vergeben wurden. Die Beamten schickte man überall dorthin, wo sie gerade gebraucht wurden. Viele davon heirateten, ohne sich um Stammesgrenzen zu kümmern. So gewann das kongolesische Nationalgefühl allmählich die Oberhand über lokale Identitäten. Obwohl es im Kongo mehr als 400 ethnische Gruppen gibt, sank durch diese auferlegten Ortswechsel das Risiko regionaler Konflikte unter der Regierung Mobutu erheblich.

Nach dem Zerfall des Regimes bröckelte der nationale Zusammenhalt jedoch wieder und im Nu kam das eingefleischte Stammesdenken zurück an die Oberfläche. Es folgten abscheuliche Massaker in Katanga, einer Provinz, die über reiche Kupfervorkommen verfügt. Die Minen waren damals für viele Menschen, die ursprünglich aus der Nachbarprovinz Kasaï stammten, ein begehrter Arbeitsplatz. Doch sie, die schon seit Generationen in Katanga lebten, waren plötzlich nicht mehr erwünscht und wurden in mehreren Wellen vertrieben – was für Tausende ein tödliches Ende nahm. Noch ein dunkles Kapitel in der jüngeren Geschichte unseres Landes.

Jedes Mal, wenn ich von Plänen höre, den Kongo in mehrere unabhängige Verwaltungseinheiten aufzuteilen, muss ich an diese Ereignisse denken. Dies würde ganz sicher zu einem Blutbad nationalen Ausmaßes führen. Viele Stämme sind schlicht zu klein, um aus ihnen einen funktionierenden Staat aufbauen zu können. Im Gegenteil – sie würden sich als Belastung herausstellen, damit zur Zielscheibe werden und es würde wohl fast das ganze Land in eine Spirale der Gewalt hineingerissen.

„Der Kongo ist zu groß, um regiert und weiterentwickelt

zu werden“, ist wohl das häufigste Argument, das von den Anhängern einer Aufteilung in Kleinstaaten vorgebracht wird. Es ist aber leicht zu widerlegen, da es zahlreiche Länder gibt, die gerade deshalb stark sind, weil sie über eine große Fläche verfügen und die Vielfalt der ethnischen Gruppen zur Gestaltung des Ganzen beitragen. Nehmen wir als Beispiel die USA – die viel größer sind als der Kongo – oder China, Brasilien und Indien.

Einige glauben, die Kongolesen wären gar nicht in der Lage, in ihrem Land für Ordnung zu sorgen. Diese Ansicht halte ich für respektlos und beleidigend. Ich bin sicher, dass sie Berge versetzen könnten, wenn sie nur daran glaubten und es als Herausforderung betrachteten. Man müsste meinen Mitbürgern nur das Gefühl geben, dass Veränderungen denkbar sind. Mit einem gut ausgearbeiteten Plan könnte der Kongo seine Würde wiederfinden und zu einer Nation werden, in der die Größe und die ethnische und kulturelle Vielfalt Vorteile entfalteten, statt Hindernisse zu sein. Wenn ich an der Macht wäre, würde ich als eine meiner ersten Maßnahmen die Menschen weit von zu Hause wegschicken. Die aus dem Süden müssten sich in den Norden aufmachen, die aus dem Norden in den Westen usw. Ich würde die Bevölkerung so weit wie möglich durchmischen, um gegen die Feindseligkeiten zwischen den Stämmen vorzugehen. Gleichzeitig würde ich Bedingungen dafür schaffen, dass dort, wo Menschen aus unterschiedlichen Lebenswelten zusammenleben, eine dynamische Entwicklung stattfinden kann.

Gleichzeitig müsste man den Unternehmergeist wecken und die Gesinnungen verändern. Heutzutage wird ein Unternehmer an seinem Gewinn gemessen, als sei Geld der einzige Maßstab für Entwicklung. Wem es wirklich um den Fortschritt geht, der müsste Erfolg anders definieren. Denn was zählt, ist nicht so sehr der Gewinn des Unternehmens, als vielmehr die Anzahl der Arbeitsplätze, die es schafft, denn damit ermöglicht es die Teilnahme an der Weiterentwicklung der Gesellschaft. Geld hat nur insoweit einen Wert, als es Entwicklung begünstigt, insbesondere in einem Land, in dem Eigeninitiative und Unternehmertum zu einem radikalen Wandel beitragen können.

Was der Kongo braucht, sind Gründer mit Gemeinsinn. Dies ist eine der Bedingungen, damit das Land wiederaufgebaut und zu einer Nation werden kann, auf die wir stolz sein können. Viele von uns hoffen, dass dieser Traum Wirklichkeit wird.

Veränderungen sind auch auf anderen Gebieten zwingend geboten: Ich denke an bestimmte Traditionen, die für mich viel mit Stammesdenken zu tun haben. In meiner Arbeit an Opfern sexueller Gewalt bin ich ständig mit Chauvinismus konfrontiert. Wir leben hier in einer von Männern beherrschten Kultur, die Frau wird „niedergehalten" und als Untergebene betrachtet. Die Kongolesen, einschließlich zahlreicher Christen, sind überzeugt, dass Vergewaltigung unrein macht und zu allen möglichen Problemen führt. Dies erklärt, warum die „beschmutzten" Frauen häufig aus dem Familienkreis und der Kirchengemeinde ausgeschlossen werden und gezwungen sind, sich vor der ganzen Gemeinde zu entschuldigen.

Ich versuche bei jeder Gelegenheit, diese rückständigen Einstellungen zu bekämpfen, und erkläre, dass die Welle der Vergewaltigungen in unserer Region nichts mit sexueller Lust zu tun hat. Die Motive sind bei den meisten Tätern ganz andere. „Es geht hier nicht um Geschlechtsverkehr und um Vergnügen, sondern um bestialische Praktiken", sage ich oft. „Die Peiniger glauben, sie könnten damit Macht ausüben und Bodenschätze an sich reißen. Andere tun es aus Rache, weil die Armee ihnen ihren Sold nicht zahlt und sie in ihrer Armut verkommen lässt."

Wenn es gelingt, diese Botschaft den Kirchenverantwortlichen verständlich zu machen, kann sich vieles verändern. Ich habe auch den Eindruck, dass sich tatsächlich etwas bewegt, dass zahlreiche Kirchen anfangen, am Schicksal der Frauen Anteil zu nehmen, zumindest stärker als früher.

Das reicht aber noch nicht. Der Wandel muss tiefgreifender, er muss grundlegender sein. Warum dürfen Frauen keinen vollwertigen Platz in der Gesellschaft einnehmen? Manche Kirchengemeinden legen viel Wert auf Äußerlichkeiten, zum Beispiel auf angemessene Kleidung im Gottesdienst. Geschminkte Frauen, die Schmuck oder gar Hosen tragen, ernten missbilligende Blicke, ihr Verhalten wird als Sünde angesehen. Die Pastoren rechtfertigen dies mit dem Hinweis auf die ersten Missionare: „Wir pflegen lediglich ein Erbe", verteidigen sie sich. Dabei scheinen sie zu vergessen, dass die Auslegung der Bibel und die moralischen Werte der Schweden aus einer ganz anderen Zeit stammen.

Ich persönlich halte ihre Argumente nicht für stichhaltig. Der christliche Glaube hat nichts mit diesen äußeren Zeichen zu tun und es käme mir niemals in den Sinn, Menschen aus meiner Gemeinde auszuschließen, nur weil sie sich schminken oder Ohrringe tragen. Was bei Gott zählt, sind nicht solche Banalitäten, sondern allein unsere Beziehung zu ihm. Dieses Thema liegt mir sehr am Herzen und ich fordere die Glieder meiner Gemeinde bewusst dazu auf, sich aufgeschlossen und einladend zu zeigen.

Zur CEPAC gehören in Bukavu und Umgebung sechzig Gemeinden mit unterschiedlichsten Grundhaltungen und Wertvorstellungen. Ich stehe nicht für die Mehrheit und habe manchmal das Gefühl, dass ich richtig kämpfen muss, um mit meinen Ansichten Gehör zu finden. Aber ich kann von meiner Position nicht abrücken, denn es geht hier um den Platz der Frauen in unserer Gesellschaft. Sie verdienen einen anderen, einen besseren Platz und die Kirchen können sich aus dieser Entwicklung nicht heraushalten. Zu viele Pastoren sind am Weltgeschehen zu wenig interessiert, dabei ist es doch so einfach, sich zu informieren. Vielleicht könnten sie ihr Umfeld dann mit anderen Augen sehen. Aber manche Kirchenverantwortliche verschließen anscheinend lieber die Augen und halten an ihren altvertrauten Moralvorstellungen fest, um sich das Leben nicht unnötig kompliziert zu machen. Für sie ist es wohl zu viel verlangt, mit ihren Traditionen zu brechen und Stellung zu beziehen.

Als Gynäkologe empfange ich pro Woche mindestens 70 Patientinnen. Diese Frauen kommen natürlich in erster Linie zu mir als Arzt, aber zuweilen sprechen wir durchaus auch über andere Themen wie moralische Werte oder Glaubensfragen – sie alle wissen, dass ich auch Pastor bin. In unserer Kultur sind Körper und Geist nicht voneinander zu trennen. Es ist also ganz normal, dass ich mich auch für geistige Aspekte interessiere. Eine theologische Ausbildung habe ich nicht und glaube auch nicht, dass ich ein Diplom brauche, um Gott zu verstehen. Die Verbindung mit ihm ist eine Herzenssache, keine Kopfsache. Wenn ich studieren müsste, um Pastor zu sein, würde ich es aufgeben. Aber würde ich deswegen aufhören zu predigen? Nein, ich würde anderswo weitermachen, vielleicht auf der Straße oder an öffentlichen Orten. Ich kann es nicht lassen, denn mein Glaube und mein Verständnis des Evangeliums machen einen wesentlichen Teil meiner Identität aus. Mein ganzes Tun ist darin begründet, weil hier meine Berufung liegt. Im Grunde habe ich gar keine andere Wahl.

26

Langsam setzte sich unser Zug im Hauptbahnhof von Stockholm in Bewegung. Es war 12.10 Uhr an diesem Dienstag, dem 5. Juli 2012. Zusammen mit Madeleine war ich auf dem Weg nach Göteborg, wo wir eine Woche Urlaub machen wollten.

Vor wenigen Tagen waren wir auf Gotland, der größten schwedischen Insel, eingetroffen, um an einer großen Zusammenkunft teilzunehmen. Das einwöchige Programm umfasste Diskussionsrunden und Seminare mit Politikern verschiedener Parteien, Lobbyisten und Vertretern unterschiedlichster Organisationen.

Dann waren wir nach Stockholm weitergereist und hatten uns für eine Nacht ein Hotelzimmer genommen. Nachdem wir geschlafen hatten wie die Murmeltiere, waren wir an diesem Morgen ausgeruht und erwartungsvoll in den Tag gestartet. Mittags wollten wir den Zug zur Westküste nehmen, um eine Woche auszuspannen. Unser Feriendomizil lag auf einer Insel und wir würden nichts weiter tun, als den schwedischen Sommer zu genießen.

In unserem Waggon saßen noch zwei andere Kongolesen, die bereits auf dem Bahnsteig auf uns zugekommen waren, um uns zu begrüßen. Ich hatte sie gefragt, ob wir uns kennen. „Nein, aber wir haben Sie erkannt“, sagten sie. „Wenn man Kongolese ist, weiß man, wer Sie sind.“

Bevor sie ihre Plätze im vorderen Teil des Waggons einnahmen, halfen sie uns, unser Gepäck in den Ablagen über den Sitzen zu verstauen. Die beiden gaben mir das Gefühl, hier zu Hause zu sein.

Nach gerade einmal zehn Minuten wurden mir die Lider schwer und auch Madeleine konnte sich nur mühsam wach halten, was nach der erholsamen Nacht ein wenig seltsam war. Schließlich schliefen wir ein.

Nach einer halben Stunde fuhr ich hoch. Im Halbschlaf hatte ich gemerkt, dass wir aus einem Bahnhof ausfuhren. Ich rieb mir die Augen und richtete mich in meinem Sitz auf. Madeleine schlief noch. Ich beschloss, meinen Computer herauszuholen, um ein paar E-Mails zu beantworten. Dazu war ich schon länger nicht mehr gekommen. Ich streckte den Arm und wollte in der Gepäckablage nach meiner Tasche greifen – aber sie war nicht mehr da. Vielleicht hatte ich mich in der Stelle getäuscht? Doch auch über den Sitzen gegenüber fand ich sie nicht.

Sofort begriff ich, was geschehen sein musste: Höchstwahrscheinlich waren wir bestohlen worden, während der Zug angehalten hatte und wir geschlafen hatten. Bestimmt hatte jemand die Tasche spontan an sich genommen und sich damit davongemacht. Ich fühlte Panik in mir aufsteigen. Madeleine war mittlerweile aufgewacht und ich berichtete ihr von unserem Unglück. Außer meinem Computer befanden sich auch mehrere USB-Sticks mit wichtigen Dokumenten in der Tasche, die ich für meine Aufklärungsvorträge verwendet hatte. Einige Unterlagen hatte ich sogar extra mitgenommen, weil ich dies für sicherer hielt, als sie zu Hause im Kongo zu lassen. Nicht zuletzt befand sich in der Tasche auch mein Reisepass.

In Göteborg fragte ich meine beiden Landsleute, die im selben Waggon gesessen hatten, um Rat. Was sollte ich tun wegen des Reisepasses? Sie versicherten mir, ich könne mir vor unserer Rückreise provisorische Papiere ausstellen lassen. Auch kannten sie den kongolesischen Botschafter in Stockholm und gaben mir seine Telefonnummer.

Nun begannen wir uns Fragen zu stellen: Wozu dieser Diebstahl? Wer steckte dahinter? Ein Kleinkrimineller, der gerade knapp bei Kasse war und seine Beute weiterverkaufen wollte? Oder handelte es sich um eine politische Tat? Ahnte jemand, dass mein Laptop sensible Informationen barg?

Ich erstattete Anzeige bei der Polizei, machte mir aber keine Illusionen. Die Chancen, meinen Computer wiederzubekommen, gingen gegen null. Ganz abgesehen vom materiellen Verlust fühlte ich mich, als hätte mich jemand eines Teils meiner selbst beraubt.

Doch dies sollte an diesem Tag nicht unsere einzige Sorge bleiben: Auch aus dem Kongo hörten wir beunruhigende Nachrichten. Eine neu gegründete Rebellengruppe, die M23, hatte gerade einen Angriff auf Goma, die Hauptstadt der Provinz Nordkivu, gestartet. Im Osten des Landes drohte also wieder ein Krieg auszubrechen. Die beiden Städte Goma und Bukavu liegen, 200 Kilometer voneinander entfernt, am nördlichen und südlichen Ende des Kivusees. Würden die Rebellen weiter nach Süden vordringen, wären sie in zwei oder drei Tagen bei uns. In der Vergangenheit hatten wir ähnliche Situationen schon mit Angriffen anderer Rebellengruppen erlebt. Was tun? In Schweden bleiben und den Verlust des Computers beklagen? Wohl kaum, denn unsere beiden jüngeren Töchter zu Hause in Bukavu zu wissen, beunruhigte uns und die Lust, noch länger in Europa zu bleiben, war uns ohnehin vergangen.

Ich hatte immer geglaubt, unsere Familie müsse trotz der Unruhen in unserer Region zusammenbleiben. Drei unserer Kinder wohnten zwar ohnehin nicht mehr unter unserem Dach und waren ins Ausland gezogen – übrigens nicht aus Sicherheitsgründen. Wie das Leben so spielt, hatte unter anderem die Liebe sie an andere Orte geführt. Aber jetzt fragte ich mich ernsthaft, ob meine beiden jüngsten Töchter die Region nicht auch besser verlassen sollten.

Die Hoffnung auf Frieden war schon mehrmals zerschlagen worden und mit dem Auftreten der M23 wurde die Region wieder zu einem Pulverfass. Wenn ich auch Tausende Kilometer von zu Hause weg war, gaben mir der Diebstahl meines Computers – dessen Motiv rätselhaft blieb – und die Berichte aus Goma das Gefühl, ganz nah am Geschehen zu sein. Daran änderte auch die sanfte Brise auf den skandinavischen Inseln nichts.

Ich frage mich manchmal, ob mein Umgang mit den Schweden über so lange Jahre nicht ein wenig auf mich abgefärbt hat. In erster Linie fühle ich mich natürlich als Kongolese und Afrikaner, aber die Schweden und die Norweger haben mein Denken und meine Weltsicht ganz sicher beeinflusst. Und das ist nicht verwunderlich.

Bei einem Familienurlaub im Sommer 1983 setzte ich zum ersten Mal meinen Fuß auf schwedischen Boden. Wir wohnten damals in Frankreich. Während dieses ganz besonderen Besuchs konnte ich mit eigenen Augen das Land sehen, von dem ich seit meiner Kindheit schon so viel gehört hatte. Dort traf ich Menschen, die ich bereits aus dem Kongo kannte.

Seither bin ich oft dort gewesen und konnte so manches Rätsel lösen. In meiner Jugend in den 1970er-Jahren strahlten zwei Namen wie Sterne am Firmament: Björn Borg und ABBA. Der schwedische Tennisspieler beeindruckte mich sehr. Oft verfolgte ich zu Hause im Fernsehen seine Wettkämpfe. Auch die Musik von ABBA begeisterte mich. Ich war stolz auf ihre Erfolge, sicherlich wegen meiner Verbindungen zu ihren Landsleuten, wobei ich die Reaktion der Schweden selbst nicht nachvollziehen konnte. Dass die Schallplatten von ABBA in aller Welt gespielt wurden und dass Borg alle seine Gegner in den Schatten stellte, schien sie kalt zu lassen! Auf ihre Art sagten sie höchstens beiläufig:

„Nicht schlecht.“ Wie bildet sich ein nationales Selbstverständnis heraus? Schwer zu sagen, aber was die Schweden betrifft, erklärt wohl die Kälte und die Dunkelheit der langen Wintermonate, dass es schlichtweg nicht in ihrer Natur liegt, Gefühle auszudrücken.

Mittlerweile bin ich Doktor honoris causa der Universität Umeå, einer typisch schwedischen Stadt mit langen, endlosen Wintern, monatelangen heftigen Schneefällen und Temperaturen von 25 Grad unter null. Die Sonne geht dort schon um 14 Uhr unter. Wer das einmal kennengelernt hat, versteht das Temperament dieser Menschen wohl besser.

Aber nur wenige Kongolesen bekommen die Gelegenheit, diese Erfahrung zu machen, sodass es manchmal unweigerlich zu Missverständnissen kommt. Ich muss an einen Aufenthalt in Schweden vor ein paar Jahren denken. Estelle, eine meiner Mitarbeiterinnen aus dem Krankenhaus, begleitete mich. Wir wollten in Stockholm die U-Bahn nehmen und mussten auf dem Bahnsteig einige Minuten warten. Estelle setzte sich auf eine Bank. Es waren zwar mehrere frei, aber sie entschied sich für die einzige, auf der bereits jemand saß.

„Hallo!“, sagte sie und lächelte ihren Sitznachbarn an.

Die Reaktion folgte auf dem Fuße: Der Mann blickte Estelle misstrauisch an, stand dann auf und setzte sich auf eine freie Bank. Meine Kollegin fühlte sich etwas vor den Kopf gestoßen und konnte dieses Verhalten nicht einordnen. Ich musste ihr erklären, dass das in Schweden ganz normal ist. Die Leute mögen es nicht, wenn ihnen jemand zu nahe kommt. „Deine Geste könnte leicht als Annäherungsversuch verstanden werden, als hättest du dabei Hintergedanken.“

Bei uns im Kongo ist das ganz anders. Wenn sich jemand an einem öffentlichen Ort alleine auf eine Bank setzt, obwohl er sich ebenso gut neben jemanden setzen könnte, gilt das fast schon als Beleidigung. In Afrika bestimmen Kontakte und Gespräche den Lebensrhythmus. Die Einsamkeit zu suchen ist bei uns die absolute Ausnahme, in den Ländern Nordeuropas hingegen nichts Ungewöhnliches.

Kürzlich wurde die Buchführung des Krankenhauses in Panzi sehr genau unter die Lupe genommen. Das hat mich offen gestanden ziemlich gekränkt. Einer unserer Kreditgeber, die schwedische Behörde für internationale Entwicklungszusammenarbeit (Sida), hatte alle Zahlungen an die CEPAC – nach wie vor Eigentümerin des Krankenhauses – „eingefroren", nachdem es angeblich Unregelmäßigkeiten gegeben hatte.

Es hieß, ich hätte in die eigene Tasche gewirtschaftet. Hier in Bukavu verbreiten sich solche böswilligen Unterstellungen schnell. Im Kongo ist Lesen für viele Menschen mühsam. Selbst wer Lesen gelernt hat, redet lieber. Je weniger Bedeutung das geschriebene Wort hat, desto mehr aber zählt das gesprochene. Das zeigte sich auch, als mir meine erste Anerkennung, der Menschenrechtspreis der UNO, verliehen worden war. Kurz darauf ging in Bukavu das Gerücht um, ich hätte 5 Millionen Dollar erhalten; dabei ist diese Auszeichnung gar nicht mit einem Preisgeld verbunden.

Das Geld, um das es jetzt ging, hatte ich zum Teil im Rahmen anderer Preisverleihungen erhalten, zum Teil handelte es sich um Zuwendungen verschiedener Organisationen. Dieses kleine Vermögen diente im Krankenhaus zur Finanzierung von Sonderprojekten. Den Gerüchten zufolge konnte ich mir nun die teuersten Autos und ein Leben in Saus und Braus leisten. Andere sagten: „Wer einen solchen Betrieb wie das Panzi-Hospital leitet, kann nicht arm sein. Er muss Geld für fünf Krankenhäuser haben." Die Schwätzer, die so etwas behaupteten, kannten mich oft noch nicht einmal. Ich kann aufrichtig sagen, dass ich keine großen materiellen Bedürfnisse habe. Denn mehr als satt essen kann auch ich mich nicht.

Die Verwendung meiner Preisgelder war für mich nie eine Frage: Sie fließen grundsätzlich ins Krankenhausbudget und dienen dazu, Leiden zu lindern. Nie käme ich auf die Idee, das Geld als mein eigenes zu betrachten, solange die Einrichtung es dringend benötigt. Unsere Ausstattung haben wir zum größten Teil gebraucht übernommen und sie kommt langsam in die Jahre, da das Haus schon eine ganze Zeit lang besteht. Sie muss also immer wieder erneuert und auch ergänzt werden. Dazu kommt, dass wir zu dem Zeitpunkt, an dem diese Gerüchte kursierten, gerade eine neue Radiologieabteilung bauten und erst kurz zuvor ein sehr modernes Ultraschallgerät angeschafft hatten. Nichts davon wäre ohne die Preisgelder möglich gewesen.

Das Krankenhaus wurde zwischen 1999 und 2002 mitten im Krieg erbaut. In unserem Umfeld warfen unsere Pläne damals manche Fragen auf, da um uns herum die Kämpfe tobten. „Sie müssen völlig verrückt geworden sein!“, hieß es nicht selten. Das war vielleicht ein guter Grund dafür, erst recht an unserem Vorhaben festzuhalten. Wir wollten denen, die es für hoffnungslos hielten, das Gegenteil beweisen. Im Leben können Glaube und Hoffnung Berge versetzen.

Dass das Krankenhaus gebraucht wurde, war keine Frage. Aber es sollte auch als Zeichen der Hoffnung verstanden werden. Wenn die Leute sähen, wie wir den Grundstein legten, würden sie vielleicht glauben, wir hätten Informationen aus erster Hand und es würde möglicherweise bald Frieden geben. „Dr. Mukwege hat so viele Kontakte. Er weiß schon, was er tut. Er würde sich nicht auf den Bau einlassen, wenn er wüsste, dass der Krieg noch ewig dauert.“

Dabei wussten wir genauso wenig wie alle anderen, wie es weitergehen würde. Wann würde wieder Friede einkehren? Niemand konnte das vorhersagen. Und doch durften wir in dieser äußerst angespannten Lage den Leuten ihre Zuversicht nicht nehmen, denn ein Mensch ohne Hoffnung läuft Gefahr, sich nur noch von seinen niedersten Instinkten leiten zu lassen.

Während der Bauarbeiten ging die medizinische Versorgung weiter. Das ununterbrochene Rattern der Waffen führte uns ständig ins Bewusstsein, dass um uns herum der Krieg tobte. Manchmal stürmten Soldaten herein, rissen eine Patientin aus ihrem Bett und nahmen sie mit – keiner wusste, wohin. Nur eines wussten wir: Wir würden sie nie wiedersehen.

Der Bau war mit fast 1,4 Millionen Dollar veranschlagt. Schweden hatte über seine Behörde für internationale Entwicklungszusammenarbeit (Sida) eine Million bereitgestellt, der Rest kam von der Nichtregierungsorganisation Läkarmissionen. In dem Wissen, dass der Verdacht auf Korruption und Unregelmäßigkeiten eine ebenso große Bedrohung darstellte wie der Krieg, zählte ich während der Bauzeit jeden Abend die Zementsäcke. Ich wollte prüfen, wie viele im Laufe des Tages verbraucht worden waren, und sicherstellen, dass von den vollen Säcken keiner fehlte. Ich kann bestätigen, dass in dieser Zeit kein einziger abhandengekommen ist, und bin stolz darauf.

Und doch ging dieses Gerücht um: In Panzi habe es Unregelmäßigkeiten gegeben. Das vernahm auch die schwedische Entwicklungsbehörde und schickte daraufhin Fachleute nach Bukavu, um die Bücher des Krankenhauses zu prüfen. Die Prüfer waren äußerst pedantisch. Anschließend kamen noch belgische und englische Kontrolleure, sodass wir binnen eines Jahres acht verschiedenen Prüfungen unterzogen wurden. Niemand konnte auch nur die kleinste Unregelmäßigkeit feststellen und bald begannen die Gelder aus Schweden wieder zu fließen.

Kurze Zeit später nahmen dieselben Buchprüfer aus Stockholm erneut Kontakt mit uns auf und kündigten an, sie hätten eine Sportveranstaltung organisiert, um Geld für das Krankenhaus zu sammeln. Es kamen dabei 15 000 Dollar zusammen.

Abgesehen von der angenehmen Überraschung konnte ich nicht umhin, darin eine Art Entschuldigung zu sehen. Dieses Geld fand gute Verwendung und ermöglichte uns, noch mehr Frauen mit Fisteln durch eine Operation wieder Lebenssinn zu geben.

27

Es war der 27. Juli 1998. Der Gouverneur, also der oberste Regierungsbeamte der Provinz Südkivu, ein Kirchenchor, einige meiner Mitarbeiter und ich waren an dem Ort zusammengekommen, an dem unser Krankenhaus entstehen sollte – das hofften wir zumindest.

Da sich der Beginn eines neuerlichen Krieges bedrohlich abzeichnete, hatte ich die Dinge eilig vorangetrieben, damit die Grundsteinlegung so bald wie möglich stattfinden konnte. Den Gouverneur hatte ich förmlich gedrängt: „Es muss morgen sein. Wir können es keinen einzigen Tag mehr aufschieben!" Es war mir wichtig, den hohen Würdenträger mit dabei zu haben – nicht nur, weil er der Feier eine gewisse Legitimität verleihen würde, sondern auch, damit an diesem Tag alle Dokumente unterzeichnet werden konnten.

Als Standort hatten wir Panzi im Süden von Bukavu gewählt. Dieser Stadtteil verzeichnete einen starken Bevölkerungsanstieg und es mangelte an öffentlichen Einrichtungen. Ich hatte schon oft auf die Lage der schwangeren Frauen in diesem Viertel hingewiesen. Im Falle von Komplikationen – wenn zum Beispiel ein Kaiserschnitt nötig war – blieb ihnen bisher nur das Allgemeinkrankenhaus, das 10 Kilometer entfernt am anderen Ende der Stadt lag.

Aber nicht nur die Entfernung war das Problem, auch Sicherheitsmaßnahmen behinderten einen schnellen Transport ins Krankenhaus. An jeder Straßenecke gab es Absperrungen; Soldaten hielten den Verkehr auf. Schon mehrere Frauen waren wegen dieser Zwischenfälle verblutet. Das passierte praktisch vor meinen Augen. Ich war erschüttert. Deshalb lag mir so viel daran, an dieser Stelle eine mobile Klinik einzurichten. So könnte den Frauen vor Ort geholfen werden.

Nur kurze Zeit zuvor hatte ich ein anderes Grundstück im selben Viertel gekauft. Da es jedoch direkt unter einer Hochspannungsleitung gelegen war, hatten mir alle Fachleute dringend abgeraten, dort zu bauen. Ich hatte daraufhin die städtischen Behörden um ein anderes Grundstück gebeten. Da erfuhr ich, dass erfreulicherweise mein Arbeitgeber, die CEPAC, kurz zuvor Grund erworben hatte. Darauf befanden sich zwei alte, halb zerfallene Bauernhäuser, die während der Kolonialherrschaft einer belgischen Familie gehört hatten. Auf diesem Grundstück wollten wir unser mobiles Krankenhaus errichten. Dafür hatte uns das UN-Kinderhilfswerk UNICEF zugesagt, ein Zeltkrankenhaus aus Europa zu liefern. Leider hatten wir keine Gelegenheit, davon Gebrauch zu machen, denn kaum war es angekommen, da wurde es auch schon gestohlen.

Nachdem sich der Plan mit dem mobilen Krankenhaus also zerschlagen hatte, schien unser Projekt gescheitert, noch bevor es so richtig begonnen hatte – und jeden Moment konnte der Krieg ausbrechen. Doch da wir uns dieses Grundstück auf keinen Fall entgehen lassen durften, wollte ich schnellstmöglich den Grundstein für ein festes Krankenhausgebäude legen.

Endlich war der feierliche Moment gekommen. Der Gouverneur hielt eine Rede und der Chor brachte mit seinem Gesang die Versammlung in Schwung, bevor schließlich unter den neugierig interessierten Blicken auch mancher Zaungäste aus dem Viertel der Grundstein gelegt wurde.

Ich stieß einen Seufzer der Erleichterung aus und drückte die Eigentumsurkunden, die ich in den Händen hielt, ganz fest an mich. Sieben Tage später brach der Zweite Kongokrieg aus und Bukavu wurde wieder bombardiert.

Hätte sich der Gouverneur nicht darauf eingelassen, dann hätte die Armee oder irgendjemand anders das Grundstück bestimmt beschlagnahmt und es wäre unwiderruflich verloren gewesen.

Diese Ereignisse in unserem Land waren nur die Fortsetzung einer sehr langen Geschichte, die in Ruanda ihren Anfang genommen hatte und 1994 mit dem Völkermord ihren Höhepunkt erreichte. Die Massaker hatten in der Nacht vom 6. auf den 7. April begonnen. Radikale Hutu hatten nicht nur alle Tutsi, sondern auch gemäßigte Hutu ins Visier genommen.

Das Land steuerte ungebremst auf eine humanitäre Katastrophe zu. Die CEPAC erklärte sich sofort bereit, mit ihrer ruandischen Schwesterorganisation, der Celpa, zusammenzuarbeiten, die damals von norwegischen Missionaren gegründet worden war. Gemeinsam richteten wir 25 Kilometer südlich von Bukavu ein Camp für Tutsi-Flüchtlinge ein.

In unserem Nachbarland dauerte diese Hölle drei Monate, bevor die Tutsi-Rebellen in Kigali die Macht an sich rissen. Nun waren die Hutu in der Rolle der Flüchtlinge. Hunderttausende strömten auf zairischen Boden und brachten gewissermaßen ihr ganzes Land mit – samt Armee, Verwaltung und Regime. In den Tutsi-Flüchtlingslagern an der Grenze gingen die Verbrechen weiter. Vielen Hutu, die am Völkermord beteiligt gewesen waren, gelang es, dort größere Mengen von Hilfsgütern zu unterschlagen und Terror zu verbreiten. Gleichzeitig bereiteten sie ihren Vergeltungsschlag vor.

Dies sind die Hintergründe der beispiellosen Katastrophe, die schließlich den Osten meines Heimatlandes erschütterte. Als die Tutsi in Ruanda begriffen, was sich in den Lagern zusammenbraute, fingen sie an, im Zaire im Landesinneren zu operieren, und gingen schließlich zum Angriff über. Der

Krieg begann mit dem Blutbad im Krankenhaus Lemera. Kurze Zeit später war ich wie erwähnt gezwungen, im Kofferraum eines Pkw Bukavu zu verlassen.

Das Missionsflugzeug brachte mich mit meiner Familie in den Norden des Landes. Von dort aus reiste ich weiter nach Nairobi, Kenia, um an einer Pressekonferenz zur erneuten Krisensituation teilzunehmen. Kurze Zeit später kehrte ich in der Absicht zurück, einen Bericht über die Menschenmassen zu schreiben, die aus Bukavu flüchteten. Ihr Ziel war Kisangani im Norden des Landes. Die beiden Städte lagen allerdings 700 Kilometer voneinander entfernt und mehr als eine halbe Million Menschen drängte sich auf der Straße. Ohne etwas zu essen und ohne Trinkwasser waren sie in größter Not – eine unbeschreiblich furchtbare Situation. Unter diesen vielen Menschen, die ums nackte Überleben kämpften, befanden sich auch meine Schwiegereltern.

Wo sie genau waren? Dafür hatten wir zunächst überhaupt keinen Anhaltspunkt. Erst einige Zeit später traf ich Leute, die ihnen begegnet waren und uns ein wenig beruhigen konnten: Meine Schwiegereltern hatten Kisangani nach einem Monat erreicht. Und doch hat diese Tortur bei meinem Schwiegervater Spuren hinterlassen – körperliche und seelische. Er verbrachte ein ganzes Jahr in Nairobi und unterzog sich verschiedenen Behandlungen. Ganz erholt hat er sich jedoch nicht. Zwei Jahre nach diesen schweren Erfahrungen musste er von uns gehen.

Anfangs war es Notfallhelfern verboten, zu den Vertriebenen vorzudringen, denn die zairischen Behörden lehnten jeden humanitären Einsatz ab. Ihr Argument: Bei mehr als der Hälfte der Flüchtlinge handle es sich um Hutu aus Ruanda. Wenn sie Unterstützung suchten, dann könnten sie dies in ihrem eigenen Land tun.

Ich aber betrachtete das Problem vom humanitären Standpunkt aus. Deshalb flog ich nach Kinshasa, um die Entscheidungsträger unseres Landes zum Umdenken zu bewegen. Ich sprach dort mit dem Premierminister und dem Verkehrsminister und machte sie darauf aufmerksam, dass sich unter diesen Flüchtlingen 250 000 Kongolesen befänden. „Sie können sie nicht einfach ignorieren!" Schließlich stimmten sie zu, das Verbot aufzuheben.

Norwegen schickte Transportflugzeuge mit Lebensmitteln, UNICEF verteilte Wasser. Diese Notfallhilfe hat sicher vielen Menschen das Leben gerettet. Aber wie viele haben überlebt? Niemand weiß es. Die angreifende Armee unter Laurent-Désiré Kabila rückte rasch vor und zahlreiche Flüchtlinge wurden grausam ermordet.

Alle Helfer vor Ort schwebten genau wie ich in ständiger Gefahr. Dreimal wurde auf mich geschossen. Einmal wäre ich beinahe „irrtümlich" getroffen worden, als kongolesische Soldaten die Cessna, in der ich saß, für ein feindliches Flugzeug hielten. Die Schüsse hörten erst auf, als der Pilot ein Manöver flog, bei dem sie unser Erkennungszeichen sehen konnten.

Während dieser ganzen Zeit lebten wir in Nairobi. Erst nach Mobutus Sturz, als die Waffen weitgehend schwiegen, kehrten wir nach Bukavu zurück. Die Ruhe sollte jedoch nicht lange anhalten. Nachdem Kabila die Macht ergriffen hatte, verschlechterten sich die Beziehungen zu seinen ehemaligen ruandischen und ugandischen Verbündeten rapide.

Es war abzusehen, dass bald ein neuer Krieg ausbrechen würde, sodass wir wieder in Kenia Exil suchten. Dort bot mir die Nothilfeorganisation der norwegischen Kirche einen Posten als medizinischer Koordinator in Bahr al-Ghazal im Südsudan an, wo gerade ein anderer Krieg wütete. Ich sollte eine mobile Klinik leiten und erklärte mich auch bereit dazu. Aber jedes Mal, wenn ich an meinen neuen Einsatzort aufbrechen wollte, kam irgendetwas dazwischen. Es war, als sagte mir eine innere Stimme: *Nein, dein Platz ist nicht dort. Bleib hier!*

Die unterschiedlichsten Zwischenfälle verhinderten meine Abreise in den Sudan. Einmal hatte ich einen Flug gebucht, der dann kurzfristig gestrichen wurde. Ein anderes Mal konnte ich wegen heftiger Kämpfe oder aus anderen Gründen die Reise nicht antreten.

Nach vier ausgefallenen Flügen begann ich meine Pläne aufzugeben. Da erhielt ich einen Anruf von Svein. Er sei unterwegs nach Bukavu. Die Pfingstmission hatte ihn beauftragt, den Hilfsbedarf in der Stadt zu ermitteln, und er fragte mich, ob ich ihn begleiten würde.

Die Lage im Ostkongo schien unlösbar. Die Region Bukavu war von ruandischen Truppen besetzt. Wie hätte ich vor dieser schwierigen Lage die Augen verschließen können! Ich stimmte also zu, mit Svein mitzukommen. Auf das, was mich dann erwartete, war ich allerdings nicht vorbereitet. Nachdem unser Auftrag in Bukavu erfüllt war und ich nach Nairobi zurückkehren wollte, wurde ich an der Grenze aufgehalten und durfte nicht weiterreisen.

„Wir haben Befehl, Sie nicht aus dem Land zu lassen. Sie bleiben hier!“, gab mir ein Beamter zu verstehen.

Ich wurde in meiner eigenen Stadt zum Gefangenen.

Dies war der Beginn einer sehr schwierigen Zeit, die sich zwei Jahre hinziehen sollte. Mir wurde genau vorgeschrieben, wo ich mich aufhalten durfte und wo nicht, und ein Beamter folgte mir auf Schritt und Tritt. Ich tat alles, um diese „Schutzengel“ zu verwirren – blieb niemals lange am selben Ort und übernachtete jeden Tag bei einem anderen Freund.

Nach einigen Monaten durfte ich meine Familie wiedersehen, wurde aber weiterhin streng überwacht. Der ständige psychische Druck lastete schwer auf mir. Manchmal riss mich mitten in der Nacht ein Anruf aus dem Schlaf. Angeblich würde ich direkt vor meiner Tür bei einem medizinischen Notfall gebraucht. Ich gab darauf immer die stereotype Antwort, der Betreffende solle die Krankenstation aufsuchen. Wenn ich am nächsten Tag jedoch dort nachfragte, wusste niemand etwas von dem nächtlichen Notfall. Es war klar, dass jemand mich nachts vor die Tür locken wollte. Aber warum? Da kann ich nur spekulieren …

In dieser schwierigen Zeit bewegte mich wieder der Gedanke, ein Behandlungszentrum im Bezirk Panzi einzurichten – auf dem Grundstück, das die Behörden der CEPAC zuerkannt hatten. Auf meinen Vorschlag hin erklärte sich die Pfingstmission bereit, die Häuser aus der Kolonialzeit, die dort noch standen, zu renovieren.

Die Arbeiten wurden im Frühjahr 1999 aufgenommen und wenige Monate später war das Zentrum betriebsbereit. Unsere erste Patientin war eine Frau, die von sechs Soldaten vergewaltigt und danach auch noch angeschossen worden war. Mein finnischer Kollege Veikko Reinikainen operierte sie. Aufgrund ihrer schweren Verletzungen dauerte der Eingriff sehr lange und es waren zehn Bluttransfusionen erforderlich.

Während der Nacht betreuten zwei Pfleger die geplagte Frau und schon am Morgen bei der Visite war sie nicht mehr unsere einzige Patientin. Zwischenzeitlich waren drei Frauen zur Entbindung gekommen und lagen nun in ihren Betten, jede mit ihrem Baby im Arm.

Niemand hatte die Eröffnung des Krankenhauses angekündigt, aber als die Leute Mitarbeiter im weißen Kittel im Hof gesehen hatten, waren sie einfach gekommen. So war der Betrieb bald in vollem Gang. Patienten strömten von überall her und nahmen lange Wartezeiten auf sich. Vor dem Eingang lagerten von den Renovierungsarbeiten noch einige Bretter, auf denen sie sich niederließen. Viele brachten Proviant mit, was später zur Folge hatte, dass prächtige Avocadobäume dieses provisorische Wartezimmer unter freiem Himmel säumten. Eine fantastische Vegetation, die wir nicht geplant und erst recht nicht gepflanzt hatten. Sie war aus den Kernen gewachsen, die die Wartenden weggeworfen hatten …

Die Pläne, das Krankenhaus weiterzuentwickeln, nahmen schon bald Gestalt an, und als Schweden uns seine Unterstützung zugesagt hatte, beauftragte ich einen mir bekannten Architekten. Ich erklärte ihm in groben Zügen meine Vorstellungen und nach und nach wurden die Gebäude errichtet. Genau drei Jahre nach Baubeginn konnte das Krankenhaus offiziell eingeweiht werden. Alle, die zu seinem Entstehen beigetragen hatten, waren mit Fug und Recht stolz darauf: eine Errungenschaft gemeinsamer Anstrengungen. Das Ergebnis konnte sich sehen lassen.

Natürlich war nicht alles perfekt. Und ich spürte, dass etwas fehlte: eine Fachabteilung für Frauen, die Opfer sexueller Gewalt geworden waren. Sie litten körperlich genauso wie seelisch. Auf diesen Bedarf hatte ich schon lange aufmerksam gemacht, zunächst in meinem Heimatland, dann auch auf meinen Reisen nach Europa. Aber wie schwer war es, mit meinem Anliegen Gehör zu finden! Als sei es ein Skandal, von „sexueller Gewalt“ zu sprechen! Ich hatte den Eindruck, dass die Menschen den Blick abwendeten, sobald ich diese Worte aussprach.

Die Jahre vergingen, ohne dass sich eine Lösung abzeichnete. Schließlich begann die internationale Öffentlichkeit zu begreifen, welch entsetzlichen Albtraum die Frauen im Ostkongo erlebten – ein abgrundtiefes, beispielloses Grauen. Noch nie hatte es so viele Fälle sexuellen Missbrauchs gegeben, noch nie waren die Täter so brutal vorgegangen. Die internationalen Medien griffen das Thema auf und berichteten ausführlich. Daraufhin entschloss sich die Organisation der EU für humanitäre Hilfe (ECHO), die Einrichtung einer Fachabteilung für diese gemarterten Frauen zu unterstützen.

Im Januar 2004 wurde unser Vorhaben endlich Wirklichkeit. Seit der ersten Operation im Jahr 1999 wurden im Panzi-Krankenhaus bisher insgesamt mehr als 50 000 Opfer von Sexualverbrechen behandelt.

Jeden Tag kommen durchschnittlich sieben Frauen zu uns, die ein- oder mehrmals vergewaltigt wurden. Auch wenn die Anzahl der Opfer zurückgeht und Gewaltexzesse seltener geworden sind, ist das immer noch zu viel.

Solange Frauen zu uns kommen, und sei es auch nur eine einzige, werde ich nicht aufhören, meinen Zorn hinauszuschreien.

EPILOG

Nun sind schon einige Jahre vergangen, seit ich 2012 vor meinem Haus in Bukavu nur knapp einem Mordanschlag entging. Wie schwer diese Erfahrung meine Familie erschüttert hat, brauche ich wohl nicht noch einmal zu erwähnen.

Ich wünschte, sagen zu können, wir wären zur Normalität zurückgekehrt, aber das ist leider nicht der Fall. Noch immer wohnen wir streng überwacht auf dem Krankenhausgelände. Die Arbeitsabläufe sind zwar wie gewohnt, ich werde aber selbst im Krankenhaus bei jedem Schritt von bewaffneten Soldaten der UNO begleitet.

Diese Situation ist sehr belastend, nicht nur für mich und meine Angehörigen, sondern auch für die Patienten und das Personal. Ein Krankenhaus sollte ein Ort des Friedens sein, ein neutraler Bereich, in dem Gewalt keinen Platz hat.

Es gab Zeiten, da konnte ich das Gelände verlassen, wenn auch nur in Begleitung von Leibwächtern. Ich ging sonntags in die Kirche, besuchte meine Mutter und nahm an verschiedenen Versammlungen und Konferenzen in der Stadt teil. Aber diese Zeiten sind vorbei, ganz einfach deshalb, weil ich wieder ganz konkret bedroht wurde. Ich kann sogar genau sagen, wann die Lage wieder kippte: Es war Ende 2014, als ich in Straßburg den Sacharow-Preis erhielt.

Diese Auszeichnung für geistige Freiheit, die nach dem Friedensnobelpreisträger Andrei Sacharow benannt ist, wird vom Europäischen Parlament verliehen. Ich bin sehr stolz darauf. Unter den vielen Preisen, die ich schon bekommen habe, ist dieser für mich etwas ganz Besonderes, denn 28 Länder, vertreten durch 751 Parlamentarier, haben ihn mir einvernehmlich zuerkannt. Das bedeutet, dass diese Länder meine Arbeit, die Arbeit des Krankenhauspersonals und meinen Kampf gegen sexuelle Barbarei unterstützen. Das ist für mich ein äußerst wichtiges Zeichen der Anerkennung.

Aber wie paradox! Der Preis feiert das Recht auf freie Meinungsäußerung – und in meinem Heimatland wird genau dieses Recht mit Füßen getreten.

Im Kongo hüllten sich die Medien über die Auszeichnung in Schweigen. Das war ungefähr die Zeit, in der wir im Krankenhaus die beschriebenen bürokratischen Schikanen und das Einfrieren der Konten hinnehmen mussten. Uns fehlte das Geld für Lebensmittel und die Pflege der Patienten und wir konnten unsere Mitarbeiter nicht mehr bezahlen. Als ich nach der Preisverleihung nach Bukavu zurückkehrte, brach eine wahre Flut von Beschimpfungen über mich herein: am Telefon, in E-Mails oder Briefen. Ich war Ähnliches zwar bereits gewohnt. Warum hätte ich mich also darüber wundern oder aufregen sollen? Diesmal allerdings war der Tonfall deutlich schärfer und einige dieser Drohungen waren nicht nur heftig, sondern auch sehr konkret.

Kurze Zeit später fielen meinen Leibwächtern Hinweise zu, die ich an dieser Stelle nicht näher ausführen kann. Nur so viel: Es ging um die offenbar schon weit fortgeschrittene Planung eines ähnlichen Anschlags, wie er 2012 auf mich und meine Familie verübt worden war. Mich beruhigte diese Nachricht sogar ein wenig, denn wenn es gelungen war, die Pläne zu vereiteln, dann schien das Sicherheitsteam um mich und um das Krankenhaus gut zu funktionieren.

Dennoch bewege ich mich ausschließlich mit Leibwächtern und verlasse das Krankenhausgelände nie, es sei denn für Auslandsreisen. Diese Reisen werden immer schon lange Zeit im Voraus geplant und ich erhalte auf der Fahrt zum Flughafen Personenschutz.

Aber wie lange können wir noch so leben wie in einem Gefängnis? Meine einzige Hoffnung sind die nächsten Präsidentschafts- und Parlamentswahlen in der Demokratischen Republik Kongo, auf dir wir nun schon so lange warten. Ich wünsche mir sehr, dass es keine Unregelmäßigkeiten gibt und dass das Regime nicht gegen die Verfassung verstößt.

Ich bin überzeugt, dass es in diesem Land fähige Menschen gibt, die den Kongo in eine neue Richtung führen könnten. Und dies wünschen sich so viele meiner Mitbürger – einen echten Wandel. Aber werden diejenigen, die für eine andere Politik eintreten, eine Chance bekommen? In einem so großen und gleichzeitig so armen Land wie dem Kongo Wahlkampf zu betreiben, ist nicht einfach. Die Machthaber und ihre engen Vertrauten sind immer im Vorteil. Sie können in die hintersten Winkel des Landes reisen und scheuen sich nicht, der hungernden Bevölkerung das Blaue vom Himmel zu versprechen. Mit Coca-Cola oder frischem Fisch kaufen sie sich Stimmen.

Wer mit leeren Händen kommt, hat von vornherein verloren.

Wenn wir wirklich einen Richtungswechsel wollen, müssen die Dinge anders ablaufen. Ich wünsche mir, dass das kongolesische Volk selbst wählen darf, wer seine Geschicke lenkt, und sich nicht mehr von Politikern einfangen lässt, die sich die Macht buchstäblich kaufen und, wenn sie erst einmal auf ihren Posten sitzen, der Gesellschaft in keiner Weise mehr verpflichtet fühlen.

Als Arzt sehe ich jeden Tag Auswirkungen dieser politischen Missstände. Meine Kollegen und ich können Frauen operieren, behandeln und wieder nach Hause entlassen. Und doch kommen sie kurze Zeit später mit den gleichen Verletzungen wieder. Denn wir können nur die Symptome behandeln und sind machtlos gegenüber der Krankheit, die unsere

Gesellschaft zerfrisst. Um die Dinge in diesem Land zum Besseren zu wenden, brauchen wir Sie alle.

Wie kann sexuelle Gewalt bekämpft oder zumindest reduziert werden? Im Laufe der Jahre habe ich unzählige Male versucht, mit den Politikern meines Landes zu reden. Immer wieder stieß ich mit meinem Anliegen auf taube Ohren. Schlimmer noch, sie haben mir sogar deutlich zu verstehen gegeben, dass sie hier kein Problem sehen. Wer jedoch vor Problemen die Augen verschließt und sie leugnet, wird keine Lösungen finden. Die Mächtigen weisen immer wieder jede Verantwortung von sich. So haben sie längst Verrat am Vertrauen begangen, das die Bevölkerung in sie gesetzt hat, und sich damit an den Geschehnissen im Ostkongo mitschuldig gemacht.

Meine Kollegen und ich sind nicht allein. Ich weiß, dass unsere Sache in aller Welt Unterstützer hat. Gleichzeitig bin ich aber überzeugt, dass sich die Wende im Inland vollziehen muss. Es ist in Wirklichkeit an uns, den Kongolesen, eine Lösung für dieses Problem zu finden.

Ich verzweifle dennoch nicht und glaube fest, dass die Lage in diesem Land nicht unveränderlich ist. Veränderungen müssen von unten ausgehen, vom Volk, und sich von dort aus nach oben fortsetzen. Die Konflikte im Ostkongo und die barbarische Gewalt sind kein unabänderliches Schicksal, genauso wenig wie die Korruption und der illegale Handel mit Bodenschätzen. Es ist möglich, all dem ein Ende zu setzen. Der Weg dorthin führt nicht zwangsläufig über Teillösungen oder Sondervereinbarungen. Was wir brauchen, ist ein kollektives Engagement, eine moralische Revolution und ein Wandel der Mentalitäten. Wir brauchen Politiker, die eine klare Vision für das Volk haben, eine Vision, die in moralischen und ethischen Werten gegründet ist. Diese Politiker dürfen nur an das Wohl ihrer Bürger denken, sodass sich das

Land unter ihrer Führung aus der Asche erheben kann. Ist es naiv, an ein solches Szenario zu glauben? Ich meine nicht. Der Beweis sind für mich die Länder, die einst schlecht regiert wurden und heute blühen und gut funktionieren.

Ich wünsche mir sehr, dass die Machthaber unseres Landes die Lage der Frauen nicht länger ignorieren, sondern deutlich verbessern. Die Gräueltaten müssen aufhören. Die Frauen müssen sich in ihrer Gemeinschaft wieder sicher fühlen können. Möge ihre Würde und damit die Würde eines ganzen Volkes wiederhergestellt werden. Dafür kämpfe ich und setze mein Leben aufs Spiel. Mein größter Wunsch ist es, diesen Tag zu erleben.

CHRONOLOGIE

1955
Kurz nach meiner Geburt im Haus meiner Eltern in Bukavu kämpfe ich mit einer schweren Infektion. Dank des beherzten Eingreifens einer schwedischen Lehrerin bleibe ich am Leben.

1960
Am 30. Juni erlangt der Kongo seine Unabhängigkeit. Die Bevölkerung jubelt. Ich aber verstehe nicht, warum es die Weißen plötzlich alle so eilig haben, Bukavu zu verlassen.

1961
Premierminister Patrice Lumumba wird ermordet. In dieser schwierigen Zeit wird mein Vater zu einer Vernehmung ins Polizeipräsidium mitgenommen und entgeht nur knapp dem Tod.

1963
Ich beschließe, *Muganga* zu werden – ein Mann im weißen Kittel, der Medikamente verteilt.

1964
Der Kongo wird von einem gewaltigen Rebellenaufstand erschüttert. Als ich mich zusammen mit meiner Familie und mit Freunden in Sicherheit zu bringen versuche, werde ich Zeuge, wie mehrere Menschen vor unserer Kirche umgebracht werden.

1965–1966
Durch einen Staatsstreich ergreift Mobutu mithilfe des Militärs die Macht. Vier Minister der Vorgängerregierung werden zum Tode verurteilt und öffentlich hingerichtet. Die Fotos, die sie am Galgen hängend zeigen, erschüttern mich zutiefst.

1967
Eine Söldnerarmee greift Bukavu an. Beim Einschlag einer Bombe in unser Haus werden zwei Jugendliche in meinem Zimmer getötet. Ich selbst war zu dieser Zeit vor den Schrecken dieser Gewalt aufs Land geflohen.

1971
Präsident Mobutu propagiert eine „Authentizitätspolitik". Er schreibt eine andere Kleiderordnung vor und verbietet alle westlichen Namen. Der Kongo wird in Zaire umbenannt und meine Mutter gibt mir den neuen Namen Mukengere – „Der, der nicht vergessen ist".

1974
Nach dem Abitur bereite ich mich auf ein Medizinstudium vor. Die Behörden zwingen mich jedoch zu einem Ingenieursstudiengang.

1977
Ich beginne endlich mein Medizinstudium in Bujumbura (Burundi) und habe meine erste Begegnung mit Mapendo (Madeleine), der Tochter des wohlhabenden Geschäftsmanns Kaboyi.

1980
Madeleine wird meine Frau. Wir lassen uns in einem kleinen Haus in Bujumbura nieder.

1981
Unter schwierigen Bedingungen wird Alain, unser erster Sohn, geboren.

1983
Nach Abschluss meiner Ausbildung beginne ich im Krankenhaus Lemera als Arzt zu arbeiten.

1984
Zur Facharztausbildung in Gynäkologie und Geburtshilfe gehe ich nach Frankreich. Dort habe ich mit großen finanziellen Schwierigkeiten zu kämpfen. Meine Probleme lösen sich, als ich bei einer Lotterie ein Auto gewinne.

1989
Ich kehre in den Zaire in das Gebirge von Kivu zurück, um dort Frauen in Not zu behandeln.

1991
Die Missionare werden aufgrund von Unruhen in der Region evakuiert und übertragen mir die Verantwortung für das Krankenhaus Lemera.

1992
Ich werde offiziell zum Chefarzt ernannt. Das Land befindet sich politisch in einer Sackgasse und versinkt in Gewalt.

1994
Die örtliche Bevölkerung vertreibt mich und einen Teil des Personals aus dem Krankenhaus. In diesem Jahr fliehen nach dem Völkermord in Ruanda Hunderttausende Hutu nach Ost-Zaire.

1996
Mit einem Angriff auf das Krankenhaus Lemera bricht der Erste Kongokrieg aus. Viele Patienten und ein Teil meines Personals werden umgebracht. Ich selbst bin zu diesem Zeitpunkt nicht vor Ort und überlebe wie durch ein Wunder. Im Anschluss engagiere ich mich in einer großen humanitären Aktion. Etwa 500 000 Personen sind in Richtung Kisangani geflohen.

1997
Der Anführer der Rebellen, Laurent-Désiré Kabila, marschiert in Kinshasa ein und ergreift die Macht. Er, der für das Massaker in Lemera verantwortlich ist, wird unser Präsident.

1998
Der Zweite Kongokrieg bricht aus. Ich fliehe mit meiner Familie nach Kenia. Nach einem kurzzeitigen berufsbedingten Aufenthalt in Bukavu darf ich nicht mehr ausreisen. Ich werde ständig überwacht und damit zum Gefangenen in meiner eigenen Stadt.

1999
Nach der Renovierung zweier Häuser aus der Kolonialzeit wird darin das Panzi-Krankenhaus eröffnet. Die ersten Patienten kommen im September. Ursprünglich wollten wir uns auf pränatale Versorgung spezialisieren. Als es in der Region zu einer Welle äußerst brutaler Vergewaltigungen kommt, setzen wir jedoch andere Prioritäten.

2001
Nach der Ermordung von Präsident Kabila wird dessen Sohn Joseph sein Nachfolger. Während der Bauarbeiten am neu-

en Krankenhaus setzen wir die Operationen und die Versorgung von Kranken fort.

2002
Genau drei Jahre nach dem ersten chirurgischen Eingriff wird das Panzi-Krankenhaus offiziell eingeweiht.

2004
Die Stadt Bukavu wird wieder angegriffen, dieses Mal durch Soldaten unter Jules Mutebutsi und Laurent Nkunda. Hunderte von Frauen werden vergewaltigt und zahlen einen hohen Tribut. Dank eines Freundes entgehe ich einem erneuten Mordanschlag.

2006
Im Kongo finden die ersten demokratischen Wahlen seit Erlangung der Unabhängigkeit statt. Ich werde eingeladen, vor der Vollversammlung der Vereinten Nationen zu sprechen. Dort stelle ich fest, dass alle Botschafter anwesend sind, außer einem: dem Vertreter meines Heimatlandes.

2010
Joseph Kabila besucht zum ersten und bisher einzigen Mal das Krankenhaus.
Ein schwerer Schlag für unsere Familie: Zwei Jugendliche, die für uns wie unsere eigenen Enkelkinder waren, werden an einem Grenzübergang getötet.

2011
Während eines Aufenthalts in New York werde ich von einem hochrangigen Regierungsvertreter bedroht.

2012
Fünf mir völlig unbekannte Männer versuchen mich im Hof unseres Anwesens zu ermorden. Die Polizei nimmt keinerlei Ermittlungen auf. Daraufhin verlasse ich mit meiner Familie das Land.

2013
Nach kurzzeitigem Exil in Europa und den Vereinigten Staaten kehren wir nach Bukavu zurück. Aus Sicherheitsgründen dürfen wir fortan das Krankenhausgelände nicht mehr verlassen. Im Herbst reise ich zur Verleihung des Preises der Jacques-Chirac-Stiftung nach Frankreich, anschließend nach Schweden, wo ich den Right Livelihood Award (inoffiziell auch Alternativer Nobelpreis genannt) erhalte.

2014
Anfang August fliege ich mit Madeleine auf Einladung von Barack Obama nach Washington. Bei einem Dinner im Weißen Haus begegne ich 46 afrikanischen Präsidenten. Im November ehrt mich das Europäische Parlament mit dem Sacharow-Preis.

2018
Am 10. Dezember erhalte ich den Friedensnobelpreis in Oslo. Dieser Preis ist allen Frauen im Kongo gewidmet, die Schreckliches durchgemacht haben und Opfer sexueller Gewalt geworden sind. Es hat lange gedauert, aber nun hat die Welt endlich angefangen, ihnen zuzuhören – ja nicht nur zuzuhören, sondern ihre Probleme tatsächlich wahrzunehmen. Wissen allein reicht jedoch nicht. Die Welt muss auch verstehen, dass die misshandelten Frauen ein Recht auf Entschädigung haben, ein Recht darauf, ihre Würde wiederzuerlangen.

Diese Auszeichnung wird in unserem gemeinsamen Kampf nur dann eine Bedeutung haben, wenn diese Frauen dabei im Mittelpunkt stehen, wenn ihre Stimmen dadurch gehört und ernst genommen werden. Wir müssen sexuelle Gewalt unbedingt weiterhin bekämpfen, und zwar gemeinsam.

Sie sollen wissen, dass das Panzi-Krankenhaus ein Ort des Friedens ist, an dem jede von ihnen willkommen ist. Ich werde meine Arbeit dort fortführen und niemals aufhören, für den Frieden und für das Leben meine Stimme zu erheben. Meine Strategie ist es, dem Hass umso mehr Liebe entgegenzusetzen und damit zu zeigen, dass das Böse nicht das letzte Wort hat. Liebe weiterzugeben heißt für mich, Kranken und Misshandelten wieder Zukunft und Hoffnung zu schenken.

Kennen Sie schon unseren Brunnen-Blog?
brunnen-verlag.de/blog
Entdecken Sie dort spannende Hintergrundinfos
zu unseren Büchern und Autoren
sowie kostenlose Downloads.

Wenn Sie Denis Mukwege und seine Arbeit im
Panzi-Krankenhaus unterstützen möchten,
können Sie spenden an:

Mukwege Foundation
www.mukwegefoundation.org/get-involved/

oder an:

Brot für die Welt
www.brot-fuer-die-welt.de/mukwege
Stichwort: Panzi-Krankenhaus